거인의 어깨

거인의 어깨 2

초판 1쇄 발행 2022년 12월 12일
초판 5쇄 발행 2024년 3월 15일

지은이 홍진채
펴낸이 김선준

편집이사 서선행
책임편집 송병규 **편집4팀** 이희산
표지·본문 디자인 유어텍스트
마케팅팀 권두리, 이진규, 신동빈
홍보팀 조아란, 장태수, 이은정, 권희, 유준상, 박미정, 박지훈
경영관리팀 송현주, 권송이

펴낸곳 ㈜콘텐츠그룹 포레스트 **출판등록** 2021년 4월 16일 제2021-000079호
주소 서울시 영등포구 여의대로 108 파크원타워1 28층
전화 02) 332-5855 **팩스** 070) 4170-4865
홈페이지 www.forestbooks.co.kr
종이 ㈜ 월드페이퍼 **인쇄·제본** 한영문화사

ISBN 979-11-92625-14-0 (03320)

거인의 어깨

치밀한 전략가 필립 피셔에게 배우다

2

홍진채 지음

Shoulders of Giants

포레스트북스

추천사

미국의 독립운동가 패트릭 헨리의 <자유가 아니면 죽음을 달라>의 연설문에는 이런 구절이 있습니다. “내가 가는 발길을 인도할 등불은 오직 하나, 경험의 등불입니다. 미래를 판단하는 기준은 과거밖에 없습니다.” 과거의 투자 세계를 지배했던 거인들의 사고와 철학을 이해하고 그에 따른 명확한 해석과 적절한 대응책을 마련하는 것만이 미래를 대비하는 최고의 투자 전략이 될 것입니다. 그간 업계에서 최고의 성과를 달성하고 작금의 가치투자 2세대를 이끌어가고 있는 홍진채 저자의 면도날 같은 분석과 청개구리처럼 톡톡 튀는 기상천외한 발상이, 여러분을 성공 투자의 세계로 인도할 것입니다. 이제 이 책이 출간되고 나면 사람들은 아마 이렇게 이야기할 겁니다. “대가의 고전을 탐독했어도 제대로 써먹지 못한 이유는 오직 이 책을 읽지 않았기 때문이다.”

– 이채원(現) 라이프자산운용 이사회 의장, 前) 한국투자밸류자산운용 대표이사)

나는 홍진채 저자를 투자계의 과학자 혹은 철학자라 부른다. 생각의 깊이가 남다른 그의 말은 농담조차 흘려들을 게 하나도 없다. 그런 그가 자신이 깨달은 모든 진리를 쏟아부어 이런 역작을 탄생시켰으니 어찌 읽지 않을 수 있겠는가? 이 책은 투자자들이 할 수 있는 것과 할 수 없는 것, 중요한 일과 중요하지 않은 일, 잘하는 법과 더 잘하는 법을 구별할 수 있도록 돕고 있다. 한국판 ‘현명한 투자자’라 불러도 손색이 없다.

– 최준철(VIP자산운용 대표이사)

투자자 대부분은 주식투자에 대한 잘못된 믿음과 노력으로 인해 주식시장에서 지속해서 돈을 잃게 된다. 이 책은 우리가 잘 알고 있는 투자 대가들의 투자 철학과 방법론을 통해 우리가 잘못 알고 있는 투자 상식은 무엇인지, 그리고 주식투자의 정도가 무엇인지를 아주 재미있고 명확하게 설명해주고 있다. 책을 읽다 보면 마치 투자 구루들의 인체 해부도를 보는 듯한 전율까지 느끼게 된다. 주식투자에 대한 회의와 한계를 느끼는 투자자라면 이 책을 통해 투자의 본질에 대한 깊은 통찰과 현명한 지혜를 얻길 바란다.

– 박세익(체슬리투자자문 대표이사)

투자 천재 홍진채 저자가 들려주는 거인의 어깨 너머 투자 이야기. 투자에 대한 깊은 고민과 통찰에 감탄하며 잡자마자 끝까지 단숨에 읽어버렸다. 기업분석과 가치평가의 기초부터 거장들의 핵심 사고 체계까지, 현명한 투자자가 되어가는 과정에서 한 번은 부딪히게 되는 질문들과 홍진채 저자의 대답이 흥미롭다. 이보다 더 멋진 투자서는 당분간 나오기 힘들 듯하다.

– 박성진(이언투자자문 대표)

거인들의 어깨로 오르는 길에는 계단이 없다. 잘못하면 오히려 큰 손실을 보게 될 어렵고 험한 암벽등반이다. 홍진채 저자 또한 때로 미끄러지며 힘겹게 올라가는 중이다. 이 책은 굳이 편한 산행로를 마다하고 암벽에 도전하는 후배들을 위해 저자가 박아둔 선등자의 볼트와 같다. 그것을 지지로 삼아 오를 체력만큼은 스스로 키울 수밖에 없겠지만 수십 년의 긴 등반 끝에 거인들의 어깨 위 풍경을 보게 될 그날을 기대한다.

– 김주영(안다자산운용 이사)

홍진채 저자와의 미팅은 항상 손꼽아 기다려지는 시간이다. 그의 깊은 고민과 통찰을 익히 알고 있어서다. 그런 그가 추천사를 의뢰해왔을 때, 저자의 날 원고를 볼 수 있다는 반가움과 서평을 남길 수 있다는 감사한 마음을 더해 일독했다. 방대한 분량에도 허투루 넘길 페이지가 없었다. 저자가 짚어준 거장들의 철학과 그 해석에서의 통찰은 주식시장에 발을 담그고 있는 모든 투자자에게 특별한 의미를 선사할 것이다. 주식의 긴 역사에서 깃발을 꽂고 뿌리를 내렸던 거인들의 발자취가 이 책을 통해 널리 퍼져나가길 기대한다.

– 박석중(신한투자증권 글로벌전략 애널리스트)

"투자의 세계는 정해진 하나의 정답이 없습니다", "투자는 종교가 아닙니다. 투자 원칙은 믿음의 대상이 아니라 의심과 검증의 대상입니다"라는 저자의 말에 100% 동의한다. 자산배분 투자자에게도 주식은 빠뜨릴 수 없는 핵심 자산이라 많은 책을 읽어 보았지만, 이 책만큼 쉽고 흥미롭게 어려운 주식 이야기를 풀어내는 책은 처음이다. 장밋빛 스토리텔링이 아닌 통계와 확률을 이야기하며, 주식과 투자에 대한 깊은 통찰을 보여준다. 저자의 글에 묻어나는 유머와 독자에 대한 애정은 책 읽는 시간을 더욱 즐겁게 해주었다. 주식투자에 관심이 있다면 반드시 읽어봐야 할 책이다.

– 김성일(프리즘 투자자문 최고투자책임자, 《마법의 연금 굴리기》 저자)

수많은 희비가 교차하는 욕망의 섬 여의도에서 드물게 거인의 발자취를 탐구하며 거인의 어깨에 올라 눈 맞추기 위해 꾸준히 집요하게 노력하는 훌륭한 투자자가 있다. 그가 더 젊은 날의 자신에게 밤새 들려주고 싶었을 이야기로 가득한 고전의 해설서이자 분석 기법의 친절한 귀띔으로 가득한, 투자를 시작하기에 필요충분한 출발점이 되어줄 책을 집필했다. 나만 알고 싶은 이 책을 흘려보낸다면, 당신의 투자는 이미 손해의 여정으로 접어든 것이다.

– 강민구(벤처캐피털리스트, 에스브이인베스트먼트 이사)

주식 책을 살피다 보면 대가들의 투자법을 다룬 책을 심심치 않게 접하게 된다. '거인의 어깨' 너머로 세상을 보자고 말하는 책들이다. 투자 구루의 철학을 배우려는 이들이 많기 때문에 이런 책들도 출간되고 있겠지만, 과연 이 책들이 대가들의 투자 철학의 정수를 하나하나 살피며 제대로 이해하고 쓰였는지는 알 수가 없다. 반면에 홍진채 저자는 이보다 더 정통하기 어려울 정도로 구루의 투자 철학의 핵심을 간파했으며 실전 투자 경험을 바탕으로 나날이 변화하는 투자 환경에서도 적용이 가능한 최적화된 투자법을 정립하여 놀라운 성과를 창출하고 있다. 이 책이 복잡한 투자 환경에서도 주식투자의 진정한 가치를 발견하려는 모든 투자자에게 신뢰할 수 있는 이정표이자 길잡이가 되어줄 것으로 생각하며 일독을 권한다.

– 빈센트(업라이즈 빅데이터 이코노미스트, MFO(Multi Family Office) 총괄)

그레이엄, 버핏, 린치 등 투자의 대가를 다룬 책들은 정말 많습니다만 이 책은 단연 최고입니다. 대가들은 명성에 비해 의외로 잘못 알려진 경우가 많은데 이 책은 그런 편견을 깨며 그들의 투자와 행동의 이면에 무엇이 있는지를 집요하게 파고듭니다. 이 책을 통해 우리는 현대의 투자가 어떻게 시작됐고, 어떻게 발전해왔는지 단숨에 경험할 수 있습니다.

– 김동주(유튜버 김단테, 업라이즈투자자문 대표)

워런 버핏은 많은 사람이 그의 간단한 투자 전략을 따라 하지 않는 이유를 "천천히 부자가 되고 싶은 사람이 없기 때문"이라고 했습니다. 모든 것이 빠르게 변하는 세상에서 사람들은 차분해지기보다는 조급해지기 쉽다는 점에서 버핏의 대답은 충분히 중요한 메시지를 줍니다. 하지만 저자는 이 책을 통해서 이렇게 질문하는 것 같습니다. 대가들의 투자법을 따라 하지 못하는 이유가 과연 그것 때문일까? 혹시, 우리에게 이미 익숙한 벤저민 그레이엄, 워런 버핏, 피터 린치의 생각과 전략을 제대로 이해하지 못하거나, 또는 잘못 이해하고 있는 것은 아닐까? 이 책은 거인들을 모르는 사람에게도 유용하지만, 잘 알고 있다고 생각하는 사람에게는 더 필요할 것 같습니다.

– 이효석(업라이즈 이사)

워런 버핏 같은 투자의 대가를 꿈꾸는 이들에게 대한민국 주식 대가가 투자의 거인들에 관한 이야기를 풀어 놓는다. 의아하다. 이렇게 두꺼운 책이 이토록 재미있을 수가 있을까? 시장에서 승자로 남고 싶다면 이 책을 따라가며 호흡해보자. 성공한 투자자가 되기 위해서는 많은 능력과 기술이 아니라 시장의 본질을 보는 안목이 중요하다는 사실을 깨닫게 될 것이다. 이 책을 통해 대가들이 주는 교훈을 21세기 한국 주식투자자의 관점에서 제대로 이해하게 된 것만으로도 유익한 아이디어를 얻을 수 있었다. 2권까지 읽고 나면 워런 버핏보다 필립 피셔가 더 많이 생각날지도 모르겠다.

– 김경민(한국아이알협의회 애널리스트, 《반도체 애널리스트의 리서치 습관》 저자)

주식투자를 잘하기 위해서는 지속가능한 투자 원칙을 정립해야 한다. 그러기 위해선 주식의 기초 개념들을 먼저 익히고, 벤저민 그레이엄, 워런 버핏, 피터 린치, 필립 피셔와 같은 투자자로서 검증된 대가들의 투자법을 배워야 한다. 이 책은 대가들의 투자법을 몇 개의 명언으로 설명하는 여느 책들과는 격이 다르다. 각기 다른 대가들의 투자법을 단편적으로 해석하는 것이 아니라, 시대를 관통하여 한 줄로 꿰는 주식투자 철학으로 집대성하여 풀어내고 있다. 마지막 페이지를 덮고 나면 다른 누군가에게 추천하고 싶은 마음이 들 수밖에 없는 책이다. 강력히 추천한다.

– 송선재(와이민, 《스스로 좋은 투자에 이르는 주식 공부》 저자)

투자를 잘하기는 어렵습니다. 하지만 만약 성공한 투자자들이 작성해 놓은 정답지를 보고 갈 수 있다면? 그 길이 한결 수월해질 것입니다. 자료가 범람하는 시대이기에 성공한 투자자들과 거장에 대한 정보도 어느 정도까지는 알 수 있지만, 거장을 제대로 공부하고 이해하기란 쉬운 일이 아닙니다. 대부분의 자료가 수박 겉핥기로 거장들의 투자법을 다루기 때문입니다. 하지만 이 책 《거인의 어깨》는 다릅니다. 거인의 투자 철학의 정수와 투자 노하우가 잘 정리되어 있고 우리가 거인에 대해 잘 못 알고 있었던 것과 몰랐던 점까지 상세히 해설되어 있습니다. 홍진채 저자와 함께 거인의 어깨에 올라타서 지금의 혼란스러운 시장을 바라보신다면, 조금은 마음의 평안을 얻으실 수 있으실 겁니다.

– 정광우(주식경제 유튜브 채널 〈86번가〉 대표)

부자들의 투자 상담을 하는 경우가 많긴 합니다만, 마음속으로는 자산이 적은 사람들이 자산을 크게 키워나가는 것을 진심으로 응원하는데, 이번에 홍진채 라쿤자산운용 대표의 《거인의 어깨》를 읽고 감히 이 책이 그것을 가능하게 해줄 수 있겠다는 생각이 들었습니다. 더불어 그가 대한민국 모든 개인투자자의 멘토가 되어도 좋겠다는 바람도 생겼습니다. 제가 대중에게 어느 정도의 인지도와 영향력이 있는지 모르겠으나, 저의 모든 명예를 걸고 이 책을 추천하겠습니다. 그냥 반드시 읽으세요. 두 번은 더 좋습니다.

– 채상욱(부동산 애널리스트, 크리에이터)

투자의 세계에 발을 들이기 전에 읽어야 할 책을 딱 한 권만 추천해야 한다면 이 책을 고르겠다. 워런 버핏과 피터 린치 등 전설적인 투자자들에게서 일반인이 배워야 할 점을 깔끔하게 정리한 것도 훌륭하고, 재무제표와 기업분석 등 투자자에게 요구되는 기초적인 지식 역시 잘 갈무리되어 있다. 투자를 하기는 해야 할 것 같은데 엄두가 나지 않는다면 일단 이 책을 읽는 것으로 시작해보자. 나에게 어떤 선택지들이 있는지 알 수 있게 될 것이다.

– 윤수영(《트레바리》 대표)

서문

파운데이션을 찾아서, 두 번째 이야기

"기업분석은 어떻게 하나요?"

참 많이 받았던 질문입니다. 주식은 기업의 자기자본에 대한 소유권이기 때문에, 주식에 투자하려면 당연히 그 근간이 되는 기업을 파악할 수 있어야 합니다. 기업분석 과정은 어느 정도 정해진 길이 있고, 기업분석 능력은 훈련해서 익힐 수 있습니다. 경험이 쌓일수록 더 나아지기도 하고요.

막상 기업분석을 시작하려고 하는 사람에게는 한없이 막막하게 느껴지기도 합니다. 재무제표는 얼마나 깊게 알아야 하며, 산업은 얼마나 공부해야 하며, 거시경제는 또 무엇인지, 파도 파도 끝이 안 보입니다.

어떻게든 방법을 찾아서 기업분석을 하다 보면, 이런 질문을 하는 시기가 반드시 옵니다.

"기업분석이 주식투자에 도움이 되나요?"

나름대로 열심히 분석을 하고 좋은 기업이라고 생각해서 샀는데 주가가 빠지고, 별로라고 생각했던 기업의 주가가 급등하고, 나보다 열심히 하지 않은 사람이 돈을 버는 걸 보면, 도대체 나는 지금까지 무엇을 한 것인가, 과연 이게 투자에 도움이 되는 일이었나 하는 자괴감이 듭니다.

주식투자에서 기업분석이 가지는 의미는 포커에서 패를 보는 것과 같습니다. 패를 보지 않고 아무렇게나 베팅을 해도 몇몇 판을 이길 수는 있습니다. 혹은 상대방의 표정, 몸짓, 베팅 스타일 등으로 심리를 간파하여 꾸준히 이길 수도 있습니다. 주식도 마찬가지입니다. 아무렇게나 주식을 사고팔아도 가끔 돈을 벌 수는 있습니다. 기업분석보다는 거시경제 요인이나 전반적인 투자자의 심리에 더 방점을 두어서 의사결정을 할 수도 있습니다. 그렇게 해서 돈을 잘 버는 투자자도 있을 것입니다. 어쨌거나 투자에서 가장 중요한 것은 '지속가능하게 돈을 벌 수 있는가'이지 않겠습니까.

1권에서 우리는 지속가능하게 돈을 벌 수 있는, 건전한 이성을 가진 인간이라면 누구나 사용할 수 있는 원칙의 집합을 살펴보았습니다. 실제 훌륭한 성과를 냈고, 그 성과를 공유하고자 여러 자료를 남겼고, 그것을 배워서 성공을 일구어낸 사례가 있는 원칙들, 그 원칙들을 하나씩 쪼개고 다시 합쳐보는 길을 함께 지나왔습니다.

요약하자면 이렇습니다. 주식의 이면에는 기업이 있고, 따라서 주식에는 가치가 존재하는데, 가치는 모두가 동의하는 하나의 값으로 주어지지 않기 때문에 가격이 늘 변동하고, 우리는 기업의 가치를 범위로 추정하고 시장의 변동성으로부터 기회를 찾을 수 있습니다. 그럼에도 불구하고 개별 투자에서는 실패할 수 있기 때문에, 유리한 확률을 실제 수익률로 만들기 위해서는 분산투자가 필요합니다.

이 원칙을 실제 내가 사용할 수 있는 '기술'로 만들기 위해서는 나의 '기초 체력'을 키우는 과정이 필수적입니다. 축구 시합에서 내가 아무리 전략 전술에 능하다 하더라도, 공을 다루는 기본기가 안 되어 있으면 '입으로 하는 축구'밖에 안 됩니다. 깊은 고민의 결과 '거인의 어깨'에서 훌륭한 투자 원칙을 발견했다 하더라도, 기업분석 능력이 뒷받침되지 않으면 좋은 투자 성과로 이어질 수 없습니다. '기초 체력'이 잡혀 있지 않으면 1권 내용의 절반도 흡수하지 못할 것입니다.

9장 '기초 체력 테스트'에서는 모두가 궁금해하는 기업분석 방법을 다룹니다. 기업분석을 크게 사업 모델, 재무제표, 산업, 경쟁력으로 나누어 각각을 분석하는 방법을 이야기합니다. 기업분석을 알려주는 책은 시중에 적지 않게 나와 있습니다. 제가 똑같은 이야기를 해서 지면을 낭비하는 건 아마존의 나무에게 미안한 일이겠지요. 각각의 세부 항목들에서 제가 실제로 투자를 하며 겪었던 이야기들, 빠지기 쉬운 함정들, 통속을 깨는 아이디어들을 싣고자 노력했습니다. 그리고 1권의 핵심 결론 중 하나인 '능력 범위'를 확인하는 방법도 다룹니다. 이 책만으로 기업분석의 모든 것을 할 수 있다고 할 수는 없지만, 앞으로 계속 경험을 쌓아가면서 서재 한편에 두고 곱씹어볼 수 있는 내용들을 담았습니다.

10장 '가치평가라는 환상'에서는 역시나 모두가 궁금해하는 가치평가를 다룹니다. 다른 가치평가 서적에서 볼 수 있는 다양한 계산 기법을 상세히 이야기하지는 않습니다. 앞장의 기업분석으로부터, 그리고 1권의 원칙들로부터 이어져 내려오는 논의, '그래서 이 사업은 얼마짜리입니까'라는 질문에 대답하기 위해서 근본적으로 던져야 하는 질문들을 다룹니다. 기업의 가치란 무엇이고, 할인율은 무엇이며, 궁극적으로 투자자가 기대할 수 있는 '수익률'이란 무엇인지에 대해서 대답하는 시간이 될 것입니다.

"'싸다'는 건 도대체 무엇인가요?"

가치 기반의 투자를 하다 보면 반드시 이 질문을 던지게 됩니다. 10장의 논의를 쭉 따라가다 보면, '싸다'라는 개념이 단순히 '내가 계산한 가치 대비 몇 퍼센트 이상 가격이 낮다'라는 개념이 아님을 알게 되실 겁니다. 또한, '싸게 샀는데 더 싸지는' 상황을 근본적으로 피해갈 수 있다는 점도 알게 되실 겁니다. '싸다'는 건 '내가 남에게 내일 더 비싸게 팔 수 있어서' 싼 게 아닙니다. '기업이 나에게 주는 것이 내가 기업을 살 때 지불한 것보다 많으면' 싸게 산 것입니다. '싸다'는 건 향후의 가격 추이에 따라 바뀌는 개념이 아니라, 매수하는 시점에서 기업의 펀더멘탈에 대한 판단이 정확했다면 그것으로 완결되는 개념입니다. 이후는 펀더멘탈이 어떻게 변해가느냐만 있을 뿐입니다. 흥미롭나요? 본문을 읽어보시기 바랍니다.

11장 '생선 가게 고양이'는 경영진에 대한 이야기입니다. 주식을 산다는 건 '고양이에게 생선 가게를 맡기는' 일과 같습니다. 정말로요. 앞의 모든 장의 논의를 따라가다 보면 결국 투자자가 돈을 버는 데에는 '경영진이 사업과 주주를 대하는 태도'가 핵심 요인이라는 점을 깨닫게 됩니다. 생선 가게를 맡은 고양이는 어떻게든 자기가 생선을 가져가고 싶은 욕구에 직면합니다. 사업을 잘하기도 힘들지만 사업의 성과를 주주에게 돌려주려면 정말 강력한 의지와 도덕성이 필요합니다. 세상에는 드물게도 그 어려운 일을 해내는 '생선 가게 고양이'들이 있습니다. 11장에서는 경영진이 어떻게 다양하게 사익을 편취할 수 있는지, 투자자는 어떻게 그런 성향을 가진 경영진을 걸러낼 수 있는지, 믿을 수 있는 경영진은 어떻게 파악할 수 있는지 다룹니다.

명색이 '거인의 어깨'이니 거장의 이야기를 하지 않을 수 없지요. 저를 잘 아시는 분이라면 1권에서 필립 피셔가 빠진 걸 의아해하셨을 겁니다. 필립 피셔는 특별한 사람입니다. 필립 피셔의 아이디어가 투자 세계에 미친 영향은 지대합니다. 그레이엄과 마찬가지로 지나치게 단편적으로 이해되고 있습니다. 그레이엄의 아이디어가 단순하고 조악한 '저평가 가치주 투자'로 곡해되고 있다면, 피셔의 아이디어는 흔하고 단순한 '성장주 장기투자'로 폄하되고는 합니다.

단순히 성장 가능성이 큰 기업을 장기간 보유하는 것만으로는 훌륭한 성과를 낼 수 없습니다. 이 책의 마지막인 12장에서는 필립 피셔의 아이디어가 도대체 무엇인지, 일반적인 '성장주 투자'가 왜 이론적으로 잘못되었으며, 필립 피셔의 투자는 단순한 '성장주 투자'와 근본적으로 무엇이 다른지를 밝힙니다.

필립 피셔의 투자법 하나만 잘 익혀도 투자자가 한평생 먹고사는 데 지장이 없다고 생각합니다. 사실은 그 훨씬 이상을 기대할 수도 있긴 하지만요. 당장 워런 버핏만 보더라도 그가 일궈낸 부의 크기는 스승인 벤저민 그레이엄보다 훨씬 크고, 그렇게 될 수 있었던 데에는 필립 피셔의 영향이 막대합니다.

저는 필립 피셔의 투자법을 설명하려면 책 한 권이 필요하다고 종종 이야기했습니다. 몇 번 강연이나 방송에서 설명을 시도해보았지만, 여러 한계로 충분한 설명이 되지 못했던 것 같습니다. 피셔의 투자법을 이해하려면 주식, 기업, 가치, 수익률, 경영진을 바라보는 관점을 새로이 정립해야 합니다. 이 과정을 거치고 나면 필립 피셔가 왜 그렇게 경영진을 비롯한 정성적인 요소에 집착했는지, 왜 그것만 가지고 훌륭한 수익률을 일궈낼 수 있었는지, 거시경제나 재무제표, 산업의 경쟁 구도, 심지어 주주환원까지도 부수적인 요인이 되는지 이해할 수 있습니다.

그리고 9장, 10장, 11장이 바로 그 내용입니다. 이 책의 전반부는 기업분석과 가치평가 방법론에 대한 이야기이기도 하면서, 필립 피셔를 이해하기 위한 긴 '빌드업'이기도 합니다.

사실상 이 책 전체가 필립 피셔에 대한 헌정입니다. 이 책은 제가 과거 '서울대투자연구회의 성공 투자노트'를 썼던 시절, 혹은 그 이전부터 마음에 담아왔던, 가치와 가격, 돈을 벌 수 있는 원칙, 기업분석과 수익률의 관계에 대한 총집편입니다. 그 중심에는 필립 피셔가 있고요.

오랫동안 숙원이었던 책을 '거인의 어깨'라는 이름을 빌려 출간할 수 있어 감개무량합니다. 부디 독자분들의 평온한 투자에 도움이 되길 바랍니다.

이제, 시작해봅시다.

일러두기

저자의 20년 지기가 보내는 당부

1권을 보고 웃으면서 2권에 오셨다면 조심하세요. 갈수록 위트는 줄고, 문체는 진지해지고, 이론은 늘어나며, 거인들의 옛이야기는 체력 단련으로 넘어가기 위한 떡밥에 불과했을지도 모른다는 생각이 드실 수도 있습니다. 저자의 역대 저서 중 가장 친절하게 기술되었지만, 구성에는 다소 트릭(?)이 숨어 있으니, 웃으며 앞쪽을 대충 훑어보고 재미있다며 쉽게 쉽게 페이지를 넘기신다면 어느 순간 후회하실 수도 있습니다. 저자의 전작들이 어땠는지도 한번 살펴보시고, 2권부터는 호흡을 천천히 가다듬으면서 차분히 페이지를 넘기시기를 당부드립니다.

_강민구(여의도 미생(물))

차례

03

발차기 만 번

"삼백 번 연습하면 흉내를 낼 수 있고
삼천 번 연습하면 실전에 쓸 수 있는 무기가 되고
삼만 번 연습하면 자신도 모르게 그 기술이 나와서
상대방을 제압할 수 있다."

최배달

9 기초 체력 테스트

> "주식시장에서 막대한 보상을 얻기 위해서는 다른 모든 분야에서
> 그러하듯이 마땅히 투입해야 하는 노력을 해야 한다."
> _필립 피셔[1]

1권 1부에서 우리는 삶에 있어서 주식투자의 중요성 및 굳이 열심히 하지 않고도 남들만큼의 성과를 올리는 방법을 배웠습니다. 2부에서 우리는 굳이 열심히 하겠다면 어떤 사람들을 롤모델로 삼아서 무엇을 배울 수 있을지를 살펴보았습니다. 거장들의 핵심 사고 체계에는 공통점도 있었고, 차이점도 있었습니다. 주식을 사업의 일부로 보는 것, 사업을 제대로 파악하기 위해 노력하는 것이 주가의 단기적인 흐름이나 거시경제를 보는 것보다 훨씬 승률이 높다는 점, 틀릴 가능성을 고려하여 대비책을 세워놓아야 한다는 점(안전마진, 분산투자) 등은 거장들이 공통적으로 전하는 메시지였습니다. 한편 사업을 평가할 때 어떤 요소(양적인 요소 vs. 질적인 요소)에 집중할 것인가, 얼마나 높은 기준을 통과해야 투자에 나설 것인가 등은 거장들이라 할지라도 서로 차이가 있었습니다.

모든 대가가 공통적으로 전하는 메시지는 투자자의 역량이 중요하다는 점입니다. 사업이 잘되고 못 되고는 모두 미래에 대한 이야기이며, 투자자가 스스로 사업의 미래를 그려보고 적절한 가치를 매기는 역량을 습득하지 못하면 모든 논의는 물거품이 됩니다.

총을 쏘는 법을 배운다고 해봅시다. 사격할 때의 마음가짐, 호흡법, 총기를 대하는 자세 등을 배우는 건 분명 도움이 될 겁니다. 그러나 실제로 총을 들고 조준하고 방아쇠를 당기고 탄창을 교환하는, 가장 기초가 되는 행동을 몸에 익히지 않고 뜬구름 잡는 이야기만 해서는 살아남기 어려울 것입니다.

워런 버핏은 투자를 잘하기 위해서는 '능력 범위'를 잘 인식해서 그 밖에서 투자하는 '바보짓'만 피하면 된다고 했습니다. 어디 그게 쉬운가요. 애초에 기초 체력이 안 되어 있는 사람에게 이런 이야기는 썩 와닿지 않을 것입니다.

이제 대가들의 이야기는 잠시 옆으로 밀어놓고, 제 얘기를 좀 해보겠습니다. 이세돌에게 바둑을 배우는 것도 좋겠지만 집 근처 바둑학원에서는 좀 더 친근하게 잘 알려줄 수 있지 않겠습니까.

저는 '기업을 분석하는 노하우'를 알려달라는 요청을 수없이 많이 받았습니다. 언제 한번 책으로 써야지 하는 생각을 늘 하고 있었는데, 이

번 기회에 좀 풀어보도록 하겠습니다. 그런데 사실 대단한 저만의 '노하우'가 있는 건 아닙니다. 김연아 선수의 유명한 인터뷰 장면을 아시나요? 앵커가 "무슨 생각하면서 스트레칭을 하세요?"라고 질문하자 김연아 선수는 "무슨 생각을 해…. 그냥 하는 거지"라고 대답했습니다.

세상에는 요령 있게 해야 할 일도 있고, '그냥' 해야 할 일도 있습니다. 요령이란 수많은 '그냥'이 쌓이면서 각자에게 편안한 형태로 최적화된 자연스러운 행동양식입니다.

앞에서 거장들의 사고 체계와 기법을 알아보았으니 이제는 우리만의 기법을 닦을 때가 되었습니다. 아무것도 없는 바탕에서 '원칙'이니 '철학'이니 하는 우아한 말들로 예쁘게 큰 그림만 그려서는 제대로 된 한 걸음을 디딜 수 없습니다. 아무리 재미없고 지루하더라도, '그냥 할 일'들을 익힌 이후에 우리는 '기법'을 이야기할 수 있습니다.

복싱을 처음 배울 때 우리가 상상하는 모습은 현란한 스텝을 밟으면서 위빙 더킹으로 공격을 피하고 스트레이트 훅 어퍼컷 연타를 날리는 것이죠. 그러나 맨 처음 시작은 줄넘기부터입니다. 잽 하나를 제대로 날리려 해도 몇 달이 걸리곤 합니다.

기초를 익힌 다음에는 실제로 써먹을 수 있는 기법들에 대해서 알아볼 예정입니다. 그중에는 거의 어느 시기에나 사용할 수 있는, 적은 노력을 투입하고도 장기적으로 큰 수익을 낼 수 있는 기법도 있습니다. 그리고 꽤 위험하고 성공 확률도 반 이상이 되리라고 장담할 수 없지만 잘 됐을 때 짜릿한 희열을 느낄 수 있는 기법도 있습니다. 모든 건 기초가 쌓인 다음입니다. 스스로 선택한 길이니 어렵더라도 참고 따라가봅시다.

노파심에 미리 말씀드리자면, 이 책 한 권에서 모두의 눈높이를 맞추며 갈 수는 없습니다. 매출액과 영업이익의 차이도 모르는 분이라면 일단 이 책을 멈추고 재무제표의 기초를 알려주는 책을 읽고 오시기를 권합니다. 가능한 차근차근 설명드리기는 할 텐데, 기초가 되는 내용은 워낙 방대하기 때문에 너무 세세하게 기초적인 내용을 설명하기에는 지면이 부족합니다.

어느 정도 경험과 지식이 있는 분들은 10장이나 11장, 혹은 12장으로 바로 넘어가셔도 됩니다. "어느 정도의 경험과 지식이면 되는데?"라고 하실 수 있으니, 각자의 기초 체력을 파악하기 위한 질문들을 준비해보았습니다. 다음 질문들에 스스로 답해본 후, 각자에 맞게 진행하시면 되겠습니다.

기업 분석의 기초

- **사업 모델이 무슨 뜻인지 안다.**
- **매출액과 원가가 무슨 말인지 안다.**

- 규모의 경제가 이익률에 어떤 영향을 미치는지 안다. 고정비와 변동비를 구할 수 있다.
- 설비투자가 진입장벽에 미치는 영향을 설명할 수 있다.
- 산업의 사이클이 존재하는 이유를 안다.
- ROE와 ROA를 계산할 수 있고, 두 값이 어떤 차이인지 설명할 수 있다.
- BCG 매트릭스, SWOT 분석, 포터의 5가지 경쟁 요인 등을 들어본 적이 있다.

→ 9장은 넘기셔도 됩니다.

가치평가의 기초

- PER, PBR을 계산할 수 있다. PER, PBR의 상대비교를 할 수 있다. PER, PBR 밴드 차트가 무엇인지 안다.
- ROIC가 ROE, ROA와 어떻게 다른지 설명할 수 있다.
- WACC를 직접 계산해본 적이 있다.
- 할인율의 결정 요인을 안다.

→ 10장은 넘기셔도 됩니다.

경영진의 역량과 신뢰성 확인

- 포지셔닝 맵을 그릴 줄 안다.
- 투자 집행기와 투자 회수기를 구분할 수 있다.
- 기업이 내놓은 신제품을 보고, 의도하는 전략과 재무구조에 미칠 영향을 파악할 수 있다.
- 기업이 인수합병을 하면서 주장하는 시너지에 반박할 수 있다.
- 연구개발비의 자본화와 당기 비용 처리가 ROA, ROE에 미치는 영향을 설명할 수 있다.

- **재무제표를 딱 보면 '깔끔하다' 혹은 '지저분하다'라는 느낌이 온다.**

  → 11장은 넘기셔도 됩니다.

이 질문들에 전부 '뭐 이런 쉬운 걸 묻냐'라는 느낌이 들었다면, 바로 12장으로 가셔도 됩니다. 무슨 얘기인지 대충은 알겠는데, 그래도 막상 실제로 질문을 받았을 때 자신 있게 대답할 수 없을 것 같다면 가볍게 다음 페이지들을 훑어보시면 좋겠습니다. 이게 무슨 말인지 하나도 모르겠다면요? 자, 열심히 해봅시다.

참고로 앞으로 다양한 실제 사례들이 나올 텐데요. 해당 회사 주식에 대한 호불호 의견이 절대로 아니니, 직접적인 투자 의사결정의 근거로 삼으시면 안 됩니다.

사업 모델 분석

사업 모델은 사업의 가장 핵심이 되는 구조입니다. 무엇을 만들어서 돈을 벌 것이냐에 대한 이야기입니다. 만들 때 든 비용보다 고객이 지불하는 가격이 높으면 이윤이 생깁니다. 기업은 이윤을 내야만 존재가치가 있습니다. 제품과 서비스를 만들 때 어떤 비용이 들어가는지, 고객이 이 제품과 서비스에 왜 돈을 내는지, 앞으로 얼마나 더 오래, 더 많이 돈을 낼 의사가 있는지 등을 파악하는 것이 사업 모델 분석입니다.

비용

사업을 영위할 때 어떤 비용을 들여야 하는지, 과거에 들인 비용은 현재의 사업에 어떤 형태로 영향을 미치는지(시간이 지날수록 더 새로운 비용을 요구하는지, 혹은 과거에 들였던 비용 덕분에 미래에는 추가 성장을 위해서 오히려 더 적은 비용이 필요한지) 등을 파악하는 것이 사업 분석의 첫걸음입니다.

비용은 일일이 꼽자면 수도 없이 많은데요. 우선 물건을 만들 때 직접 들어가는 재료비를 생각할 수 있습니다. 옷을 만들려면 원단과 실이 필요하고, 책을 만들려면 종이와 잉크가 필요하지요. 이런 요소를 '원재료'라고 합니다. 재료만 있다고 물건이 만들어지지는 않지요. 재료를 다루는 설비들이 필요합니다. 옷을 만드는 기계, 활자를 찍는 기계 등 설비를 사거나 임차해야 물건을 만들 수 있습니다. 이런 요소를 '자본재'라고 합니다. 원재료를 자본재에 넣어서 돌리면 물건이 뿅 하고 나오지 않습니다. 누군가의 손으로 그 작업을 해줘야 하지요. 사람이 필요합니다. 사람에게 들어가는 돈을 '인건비'라고 합니다. 물건을 만들기만 하면 팔리나요? 가끔 그럴 수도 있지만, 보통은 물건을 팔러 돌아다녀야 하지요. 홍보를 해야 합니다. 이를 '마케팅비'라고 합니다. 물건을 팔았다고 끝나는 건 아니지요. 배송을 해줘야 하면 '물류비'가 발생하고요. 사후처리, 즉 불량이나 고장에도 대응해야 합니다.

비용을 다 열거하자면 끝이 없겠네요. 비용은 크게 구분하자면 고정비와 변동비로 나눌 수 있습니다. 고정비는 물건을 팔기 위해서 꾸준히 지출해야 할 비용입니다. 붕어빵을 판다고 해봅시다. 일단 붕어빵 틀을 사야 하지요. 직원을 고용한다면 직원의 월급도 줘야 합니다. 이 비용들은 붕어빵이 단 한 개도 팔리지 않더라도 반드시 나가는 비용입니다. 그리고 하루에 붕어빵 10개를 팔다가 100개를 판다고 해서 더 늘어나지도 않는 비용입니다. '고정된' 비용이라고 해서 '고정비'라고 부릅니다.

변동비는 단위 제품 하나를 팔 때마다 추가로 들어가는 비용입니다. 붕어빵에는 빵 반죽과 팥(혹은 크림), 우유 등이 들어갑니다. 붕어빵 20개를 팔면 10개를 팔 때보다 두 배의 재료비가 들어가겠지요. 생산량에 따라 함께 '변하는' 비용이라고 해서 '변동비'라고 합니다.

규모의 경제

고정비와 변동비를 구분할 수 있으면 '규모의 경제'를 이야기할 수 있습니다. 큰 규모로 사업을 벌였을 때 작은 규모의 사업자보다 이점을 가질 수 있으면 규모의 경제가 발생한다고 합니다. 붕어빵 틀을 사러 갔더니 한 번에 10개씩 붕어빵을 찍어내는 빵 틀과 2개밖에 못 찍어내는 빵 틀이 있었다고 해봅시다. 비용은 당연히 10개짜리 빵 틀이 비싸겠지만, 10개나 20개를 생산해낼 때 1개당 들어가는 생산비용(고정비와 변동비의 합 ÷ 생산개수)은 더 적을 것입니다(전문용어로 '단위원가가 낮다'고 합니다). 그러면 붕어빵의 가격을 더 낮출 수 있을 것이고, 2개짜리 빵 틀을 가지고 사업을 하는 사업자보다 유리한 위치에 설 수 있습니다.

규모의 경제는 다양한 영역에서 발생할 수 있습니다. 붕어빵의 사례처럼 생산비용을 낮추는 것이 가장 쉽게 생각할 수 있는 방법입니다. 그 외에도 물류(한 번에 여러 개 배송), 구매(대량 구매 할인), 마케팅, 연구개발 등에서도 규모의 경제가 나올 수 있습니다.

같은 사업이라도 어떤 구조로 하느냐에 따라 규모의 경제가 날 수도 있고 안 날 수도 있습니다. 애플의 아이폰은 소수의 라인업으로 모델당 판매량이 높습니다. 삼성전자는 휴대전화 라인업이 고가에서 저가까지 매우 다양하여, 핵심 모델 한두 개를 제외하고는 모델당 판매량이 낮습니다. 모델별로 서로 다른 부품을 사용하기 때문에 전체 판매량이 많아도 영업이익은 크지 않습니다.

'규모의 비경제'라는 것도 존재합니다. 10개짜리 빵 틀이 2개짜리 빵 틀보다는 유리하겠지요. 그러나 어떤 공장에 붕어빵을 하루에 100만 개 찍어낼 수 있는 설비를 갖추고 직원을 1만 명 정도 고용했다고 해봅시다. 사람 1명 고용해서 붕어빵을 하루에 100개 찍어낼 때보다 더 효율적일까요? 개당 생산원가가 반드시 더 낮을까요? 직원이 1만 명이 되면 인사 관리를 위한 별도의 비용이 들어갈 테고, 대규모 기업으로서 규제도 받을 테고, 사내 정치 등을 일삼는 임직원들도 나올 겁니다. 규모가 커질수록 '복잡성'과 '조정 비용'이 커지면서 오히려 단위당 생산비가 더 늘어날 수 있습니다.

고정비/변동비와 관련해서 생각해볼 흥미로운 지점이 있습니다. 고정비와 변동비는 아주 긴 시계열에서는 그 구분이 명확하지 않습니다. 공장 설비나 인건비가 대표적인 고정비 항목인데요. 사업이 아주 커지면 공장도 늘리고 인력도 늘려야 합니다. 기술 기반의 소프트웨어 회사라 할지라도, 서비스 영역이 커지고 고객이 많아지면 서버도 늘려야 하고 인건비도 늘어납니다. 결국은 얼마나 짧은 주기로 비용을 늘리고 줄일 수 있느냐의 문제가 될 텐데요. 사실 서버 비용도 클라우드 서버에 임차하면 아주 짧은 기간에 유동적으로 바꿀 수 있으며, 인건비도 단기계약직을 많이 고용하면 빠르게 바꿀 수 있습니다. 사무실 비용도 요즘에는 공유오피스를 이용하면서 수시로 바꿀 수 있습니다. 따라서 고정비와 변동비를 구분하려면 회사가 실제로 어떤 정책을 취하고 있는가, 얼마나 대량의 비용을 일시에 투입하여 캐파(생산한계)를 늘렸는가 등을 세부적으로 파악해야 합니다.

자본투자

생산을 위해 대량의 자본을 한 번에 투입하는 경우를 자본지출이라고 합니다. 영어로는 Capital Expenditure인데, 줄여서 CAPEX라고도 많이 부릅니다. 주로 공장이나 생산설비에 투자를 할 때 자본지출이라고 하는데요. 이렇게 투자된 비용은 장기간에 걸쳐 회수됩니다. 따라서 비용 지출 시점에 모조리 비용으로 잡아버리면 오히려 경제적 실질을 왜곡할 수 있습니다.

공장 설비 등의 실제 작동 기간과 회계장부를 가능한 맞춰주기 위해서 회계에서는 '자본화'라는 방법을 사용합니다. 지출된 금액은 일단 재무상태표(대차대조표)상에 자산으로 기재합니다. 그리고 작동하는 기간 동안 나누어서 비용을 처리합니다. 회계용어로는 '내용연수'라고 하는데요. 3년이면 3년에 나누어서, 10년이면 10년에 나누어서 비용으로 기재합니다. 이 비용을 '감가상각비'라고 합니다.

감가상각이 진행되면서 과거에 있었던 자본투자는 점점 재무상태표에서 사라집니다. 그런데 회사가 하는 투자에는 기계설비처럼 시간이 지날수록 낡아 없어지는 투자가 있는 반면, 시간이 지나도 사라지지 않는 형태의 투자도 있습니다.

예를 들어 어떤 복잡한 물성의 화학 제품을 개발하면서 겪었던 시행착오들, 여러 비즈니스 파트너와 구축해놓은 관계들은 분명히 돈이 들어가는 일이었지만, 회사의 자산으로 기재되어 있지 않습니다. 단 한 번도 자본화하지 않고 그저 당기비용으로 사라져버린 비용들이 대부분입니다.

기업을 평가할 때 '대체비용'이라는 개념이 있습니다. A라는 회사와 동일한 회사를 만들기 위해서는 얼마나 많은 돈을 들여야 하느냐라는 개념입니다. 유형자산 기반의 제조업 회사라면 관련 설비와 인력을 채용하는 비용 등을 계산하면 될 테고, 그 값은 A기업의 재무제표로부터 쉽게 추론할 수 있을 것입니다. 무형자산을 바탕으로 한 무형의 무언가를 파는 회사라면 A기업의 장부가치가 1,000억 원이라 하여도 실제로 A기업과 같은 역량을 갖춘 회사를 만들려면 5,000억 원이 필요할 수도 있습니다. 'JYP 엔터테인먼트'의 2021년 말 장부가치는 2,466억 원입니다. 누군가 그만한 돈을 들인다고 해서 '트와이스', '있지', '스트레이 키즈' 같은 훌륭한 그룹을 키워낼 가능성이 얼마나 될까요?

나중에 우리는 기업의 이익을 기업이 가진 자산과 비교해볼 텐데요. 자산 대비 이익의 비율이 높은 회사는 장부에 드러나지 않는 어떤 무형의 자산을 가지고 있다고 해석할 수 있습니다. 어쩌면 사업 분석의 목적은 회사 내부에 쌓여 있는, 재무상태표에 기재되어 있지 않은 역량을 파악해내는 일이라고 할 수도 있겠습니다.

현금 잠김

기업이 투자한 자본이 어떤 형태로 얼마 동안 '잠기는지'도 투자자 입장에서 상당히 중요한 요소입니다. 기업은 원재료를 구비하여 물건을 생산하여 재고로 쌓아두었다가, 물건을 팔고 대금을 지급받습니다. 이 과정에서 재고자산과 매출채권의 형태로 현금이 잠깁니다.

반대로 원재료를 사올 때 대금을 바로 지급하지 않는 경우도 많습니다. 매출채권이 현금으로 돌아오는 데 시간이 걸리듯이, 반대로 내가 외부에서 물건을 살 때에도 소위 '외상'으로 사올 수 있는 거죠. 내 손에 현금이 들어와 있고, 언젠가는 남에게 주어야 할 돈이지만 당장 줄 필요는 없는 돈을 '플로트'라고 합니다. 버핏이 상당히 좋아하는 개념이라고 7장에서 말씀드렸습니다.

재고자산과 매출채권은 잔뜩 잡혀 있고 매입채무는 별로 없는 회사라면 현금이 늦게 도는 사업을 하고 있는 것입니다. 이 사업을 유지하기 위해서는 대량의 현금이 필요합니다. 가끔은 빚을 져서라도 현금을 확보해야 하고, 빚을 졌으니 이자비용이 나갑니다. 반대로 재고자산과 매출채권은 별로 없고 매입채무가 많은 회사라면 소위 말해 '남의 돈으로 사업하는' 회사입니다. 사업을 통해 남긴 돈은 그대로 잉여현금이 되어 배당 등 주주환원에 사용할 수도 있고, 신사업 확장에 사용할 수도 있습니다.

넓게 보면 설비투자와 연구개발비도 이러한 '현금 잠김'의 일환입니다. 공장을 지어야 하는 사업이라면 대량의 자본을 투입하여 2년 가까이 걸려서 공장을 짓고, 또 6개월을 들여서 장비를 반입, 설치하고 시운전을 한 다음에야 물건을 팔아서 현금을 회수할 수 있습니다. 그렇게 현금을 회수할 즈음 또 새로운 공장을 지어야 한다면 어떨까요? 거의 영구적으로 현금이 잠기는 사업이 되겠지요. 연구개발비 또한 당장에는 계속 '버려지는' 돈입니다. 이 연구개발비를 효과적으로 사용했다면 오랜 시간이 지나 다른 회사가 따라올 수 없는 기술 격차를 내거나 흥미로운 신제품으로 성과를 돌려줄 것입니다. 반면에 이 돈이 그냥 허투루 쓰인다면 공장 투자보다 못한 투자가 되겠지요.

철강이나 화학, 조선 산업은 유형자산 설비투자가 필요한 대표적인 산업입니다. 새로운 공법이 자주 등장하는 게 아니라서, 연구개발비는 설비투자에 비해 적게 들어갑니다. 수요의 변동에 따라 사이클은 기복이 있지만, 기존 사업자들은 감가상각이 끝난 설비를 다수 보유하고 있고, 그 설비들이 진입장벽으로 작용하여 신규 사업자의 진입을 잘 막아줍니다.

반도체는 유형자산 설비투자와 동시에 연구개발비도 필요한 산업입니다. 신규로 진입하려면 국가 레벨의 '대승적 결단'이 필요합니다. 그리고 최근 중국의 사례에서 보듯이, 국가 차원의 결단에도 불구하고 신규 진입이 쉽지 않습니다.

마이크로소프트, 구글 등 '빅테크'로 불리는 회사들은 연구개발비가 엄청나게 많이 필요합니다. 반대로 유형의 설비는 서버, 데이터센터 등을 제외하고는 거의 필요하지 않습니다(물론 그것만 해도 어마어마한 비용입니다만). 한동안 자본투자가 대량으로 들어가다가도, 소프트웨어를 통한 '효율성 개선'으로 자본지출 없이 서버의 캐파를 확 늘려버리는 일도 발생합니다. 이런 개선이 누적되면 다른 업체가 도저히 따라잡을 수 없는 진입장벽이 되기도 합니다.

영화, 드라마, 아이돌, 게임 등은 유형의 설비는 그다지 필요로 하지 않고 인건비가 비용의 대부분인 비즈니스입니다. 흥행을 예측하기 어렵고, 흥행을 하더라도 그 노하우나 주변의 신뢰가 오롯이 회사에 남는 것이 아니라 각 개인에게 남는 경우가 많습니다. 회사가 투자한 현금이 유형자산도 무형자산도 아닌, '사람'이라는 형태로 잠긴다고 볼 수 있습니다. 노하우나 인지도를 가진 개인을 회사에 붙잡아두기 위해서는 그만큼 더 큰 비용을 지불해야 합니다.

판매 채널과 교섭력

누구에게 어떤 형태로 판매하느냐도 매우 중요합니다. 고객이 개인이면 B2C, 기업이면 B2B, 정부면 B2G 사업이라고 합니다. 고객에게 직접 판매할 수도 있고 중간 유통상을 끼고 판매할 수도 있습니다. 중간 유통상을 끼고 판매하는 경우 매출액 인식 금액과 시점, 재고에 대한 책임 등에 따라 재무제표가 달라지고 실제 이익도 조금씩 달라집니다.

인식 시점: 유통상을 거쳐 최종 고객에게 판매된 시점에 매출을 인식할 수도 있고, 유통상에게 물건을 넘긴 시점에 매출을 인식할 수도 있습니다. 전자의 경우에는 유통상으로 물건이 넘어갔어도 회사의 재고로 인식하고, 후자의 경우에는 유통상에 물건을 넘기면 회사의 재고에서는 사라집니다. 당장은 후자의 방법이 이익

계상에 유리해 보이지만, 최종 고객에게 판매되지 않고 반품되면 예상치 못한 비용을 인식하게 됩니다. 반도체 설비나 건설, 조선 등 생산 시간이 오래 걸리고 고객사별 맞춤형 제품인 경우에는 별도로 복잡한 매출 인식 방법을 채택합니다.

인식 금액: 최종 고객이 지불하는 금액을 매출액으로 인식하고 유통상이 가져가는 수수료를 판매수수료로 처리할 수도 있고, 유통상이 가져가는 금액을 매출액으로 인식할 수도 있습니다. 전자의 경우 '총매출액', 후자의 경우 '순매출액'이라고 부릅니다. 총매출액 방식을 채택하면 매출액은 부풀릴 수 있지만 이익률이 줄어들고요. 순매출액 방식을 채택하면 매출은 줄어들지만 이익률은 높아 보이게 할 수 있습니다('재무제표 분석'에서 다시 설명합니다).

회사가 좋은 물건을 잘 팔면 회계 기준이 어떻게 되든 최종적으로 회사에 찍히는 이익은 큰 차이가 없습니다. 인식 시점이나 금액보다 중요한 건 교섭력입니다. 고객사가 한두 개의 큰 기업이고, 우리와 비슷한 제품을 파는 회사(경쟁사)가 많다면 교섭력은 상당히 줄어듭니다. 고객사가 가격을 깎자고 하면 어쩔 수 없이 깎아야 합니다. 반면에 우리와 같은 제품을 파는 회사가 별로 없고 고객은 다양하다면 할 수 있는 일이 많아집니다. 금액을 올리거나 다른 제품을 끼워 팔 수도 있습니다.

교섭력이 부족하면 유통상에게 제공하는 수수료가 늘어나거나 재고에 대한 부담을 떠안는 등 각종 비용이 늘어납니다. 자동차나 의료장비 사업에서 이런 일이 자주 등장합니다. 다른 회사 대비 판매수수료의 비율이 높거나, 재고상각이 잦거나, 영업외비용 항목에서 알 수 없는 비용이 계속 잡힌다면 교섭력이 부족한 상태에서 무리하게 영업을 하고 있다고 의심해볼 수 있습니다(교섭력에 대해서는 다음 '산업 분석'에서 좀 더 자세히 다룹니다).

고객에게 직접 판매를 하면 경우에는 아무래도 돈을 벌기 유리합니다. 중간에 빠져나가는 비용이 없기도 하거니와 시장의 상황과 고객의 피드백을 직접 접함으로써 앞으로 회사가 나아가야 할 방향에 대해서도 좋은 통찰을 얻을 수 있습니다. 유통상에게 의존한다면 시장에 대한 정보도 제한적으로 취득할 수밖에 없고, 유통상들의 입맛에 따라 휘둘리는 경우가 많습니다. 그러나 직접 판매는 많은 자본투자가 필요하고, 고객을 응대하는 스트레스와 고객 관리 비용을 부담해야 합니다.

이렇듯 사업이 흘러가는 구조만 보아도 돈을 벌기 쉬운 비즈니스인지 힘든 비즈니스인지, 향후에 경쟁이 심해질 여지가 얼마나 큰지, 잠재된 리스크가 무엇인지, 투자자가 어디에 집중해서 공부해야 할지, 아무리 공부를 하더라도 궁극적으로 알 수 없는 영역이 어디인지 등을 파악할 수 있습니다.

사업 모델은 어디서 확인할 수 있을까요? 정석은 사업보고서입니다. 전자공시 사이트에서 기업이 매 분기/반기/연도별로 공시하는 분기보고서/반기보고서/사업보고서를 확인할 수 있습니다. 2번 '사업의 내용'[2]에서 어떤 사업을 하는지, 제품[3]은 무엇이고 원재료는 무엇인지, 가격 변화 추이는 어떠한지 등을 이야기합니다. 회사는 같은 산업의 경쟁업체라 해도 모두 조금씩은 다른 사업을 영위하고 있습니다. 그러므로 일단 사업보고서를 보는 게 우선입니다.

기업의 공시담당자는 생각보다 공시자료에 많은 공을 들입니다. 홈페이지의 IR 자료가 허술하더라도 전자공시의 사업보고서는 상세한 경우가 많습니다. 만약에 사업보고서를 봐도 무슨 사업을 하는지 도저히 감이 안 온다면, 일단은 그냥 제쳐도 괜찮습니다. 그 정도로 회사의 내용에 대해 설명할 의지가 없다는 것이고, 나중에 언제든 뒤통수를 맞을 수 있습니다.

두 번째로는 여러 책이나 블로그를 통해 산업의 전반적인 기초 지식을 쌓는 방법이 있습니다. 반도체, 자동차, 유통, 화장품, 헬스케어 등 다양한 산업에 대해서 기초부터 심화까지 상세히 설명하는 책이 많이 나와 있습니다.[4]

이런 유형의 공부에 익숙하다면 애널리스트가 쓴 '인 뎁스' 보고서를 보는 것도 공부가 많이 됩니다. 애널리스트들은 보통 1년에 수 차례, 수십~수백 페이지의 엄청난 보고서를 씁니다. '인 뎁스'를 쓸 때에는 양질의 정보와 통찰을 담기 위해서 많은 공을 들이기 때문에 읽어볼 가치가 충분합니다.

세 번째는 재무제표의 숫자로 바로 확인하는 방법입니다. 사업보고서의 3번 '재무에 관한 사항'은 재무제표와 그 주석입니다. 여기서는 대체로 최근 3년 치의 재무제표를 보여주는데요. 3년으로는 처음 보는 회사가 어떤 회사인지 감이 잘 안 올 수 있으니, 재무제표를 보여주는 별도 사이트[5]에서 확인하는 게 더 좋을 수 있습니다. 이런 사이트에서는 시각화가 훨씬 더 잘되어 있습니다.

한 가지 팁을 드리자면, 재무제표의 숫자나 다른 '확실한 정보'를 확인하기 전에, 그 정보들이 어떤 모습일지 머릿속으로 미리 그림을 그려보는 것도 좋습니다. 그러고 나서 실체를 확인해보면 '어, 유형자산이 상당히 많이 필요할 것 같았는데 별로 없네. 임차를 해서 쓰고 있구나', '고정자산이 별로 필요 없을 비즈니스인데 유형자산이 많네. 무엇을 산 걸까', '생각보다 ○○○이 핵심 원재료가 아니었구나. 가격 변동에 너무 겁먹을 필요가 없겠구나' 등 내가 상식적으로 해본 생각과 실제가 어떻게 다른지 파악하면서 새로운 통찰을 얻을 수 있습니다. 내 상식이 잘못되었으면 고칠 수 있고, 회사가 상식에 어긋난 행동을 하고 있음을 확인할 수도 있지요. 이런 연습을 통해 장기적으로 추론 능력을 키워나갈 수 있습니다.

재무제표 분석

재무제표는 기업과 대화하는 언어입니다. 좋은 투자자가 되기 위해서 회계사가 될 필요는 없습니다. 영어를 한마디도 못 한다면 미국에서 사업을 하기는 어렵겠지만, 영문학을 전공한다고 해서 사업의 성공 확률이 대단히 높아지지는 않을 것입니다. 재무제표란 딱 그 정도의 의미라고 보시면 됩니다. 무시해서는 절대 안 되지만, 너무 어렵게 생각할 필요도 없습니다. 어느 정도 기초를 공부한 이후에, 내가 이해할 수 없는 재무제표를 제시하는 회사라면 그냥 '나와는 말이 안 통하는구나' 하고 제쳐버리면 그만입니다.

참고로 앞서의 사업 모델 분석과 앞으로 설명할 여러 가지 분석은 경계가 명확하지 않습니다. 해야 할 일들을 쭉 나열할 테니, 왜 '아까 했던 이야기가 여기서 또 나오지?' 하면서 당황하지 마시고, 그냥 '이런 걸 보는구나' 정도로 술술 읽어넘기시기 바랍니다. 사업을 분석하는 과정은 엄밀한 모델링이나 빈칸 채워넣기가 아닙니다. 나의 머릿속에서 '이 기업은 이런 기업이구나', '이런 상황에서 이렇게 대응하겠구나' 하고 상상할 수 있도록 무언가를 계속 심어넣는 과정입니다.

재무상태표

보통 우리는 재무제표를 볼 때 손익계산서를 먼저 봅니다. 그러나 진지하게 이 회사의 성격을 파악하고 싶다면 재무상태표를 열어보아야 합니다. 재무상태표에는 기업이 탄생부터 지금까지 어떻게 살아왔고, 현재 어떻게 살고 있는지에 대한 정보가 빼곡히 드러나 있습니다. 물론 앞서 언급한 '장부에 드러나지 않는 자산과 부채'라는 게 존재하고, 배당 등 주주환원 내역도 재무상태표에서는 사라집니다만, 손익계산서보다 훨씬 풍부한 정보를 담고 있습니다. 쉽게 말해, 어떤 사람이 '올해 얼마 벌었대'라는 이야기에 우리는 귀가 솔깃하기는 하지만, 정작 그 사람이 어떤 사람인지를 더 잘 드러내는 정보는 '어느 정도의 부자인가, 무엇을 소유하고 있고 얼마나 빚을 지고 있는가' 등이지 않겠습니까.

• 어떻게 돈을 모았나

멋진 집, 좋은 차, 명품 장신구 등 화려하게 사는 것 같지만 막상 까보면 자기 돈은 없고 전부 다 빚으로 조달한, 그래서 허세를 부리면서 돈을 벌고 또 그 돈을 펑펑 써야만 생활이 유지가 되는 그런 사람이 있지 않나요? 다행히도 기업은 재무상태표를 단 몇 초만 들여다보아도 그런 허세에 찬 기업인지 아닌지를 대번에 확인할 수 있습니다.

재무상태표의 차변(왼쪽)은 자산의 구성 상태, 대변(오른쪽)은 그 자산을 만들어낸 자금의 출처가 기재됩니다. 자금의 출처는 크게 자기자본과 타인자본이 있습니다. 자기자본은 자본금, 이익잉여금, 자본잉여금, 기타로 구성됩니다. 이익잉여금은 회사가 영업활동을 통해서 지금까지 번 돈 중에서 배당, 자사주매입소각[6] 등 주주환원으로 빠져나간

금액을 제외하고 남아 있는 돈입니다.[7] 자본잉여금은 시장에서 주식을 추가로 발행하면서 생긴 잉여금입니다.

난생 처음 보는 기업이 '멀쩡한' 기업인지 아닌지 궁금할 때 저는 자기자본의 구성비율을 봅니다. 멀쩡한 회사라면 초기에 납입한 자본금 이후에는 이익잉여금을 통해서 자기자본을 늘려왔을 겁니다. 그러므로 자기자본의 대부분은 이익잉여금이겠지요. 자기자본에서 이익잉여금보다 자본잉여금이 차지하는 비율이 높다면 회사가 단기간에는 돈을 버는 척하지만 결국은 돈을 까 먹으면서, 그때그때 돈이 필요할 때마다 계속 시장에 돈을 달라고 해서 자기자본을 모아왔을 가능성이 있습니다.[8] 이런 회사가 지금 낙관적인 장밋빛 미래를 그리며 돈을 태워달라고 요청한다거나, 주가가 급등한 상태라면 또 무언가 꿍꿍이(?)가 있을 수 있으니 조심해야 합니다.

물론 예외가 있습니다. 주주환원을 너무 열심히 하느라 이익잉여금이 거의 남아 있지 않는 경우가 있습니다. 애플은 매년 창출되는 영업현금흐름이 어마어마하고, 신용이 좋아서 부채를 일으키는 데에도 문제가 없습니다. 따라서 이익잉여금을 거의 전부 주주환원에 사용하고 있기 때문에 자기자본에서 이익잉여금이 차지하는 비율이 낮습니다.[9]

부채 이야기도 해볼까요. 재무상태표의 대변에서는 보통 부채비율(총부채/자기자본[10])을 많이 봅니다. 부채비율은 그 자체로는 좋다 나쁘다라고 이야기하기 어렵습니다. 일반적으로 빚이 많으면 좋지 않다고 생각합니다. 회사가 파산할 수도 있고, '쓸데없이' 이자비용도 나가고요.

재무학을 전공한 사람들은 다른 이야기를 합니다. 지나치게 자기자본비율이 높으면 자본을 효과적으로 사용하지 못하고 있다고 주장합니다. 사업이 안정적으로 흘러가고 그로 인하여 부채를 일으키는 데 문제가 없다면 저비용으로 타인자본을 조달해서 자기자본의 가치를 더욱 높일 수 있습니다.

어느 쪽에 손을 들어주어야 할까요? 낮은 부채비율은 '쓰지 않은 카드' 정도로 받아들이는 게 좋습니다. 부채비율이 낮고 사업을 잘 영위하고 있는 회사는 언제든 부채를 일으킬 수 있습니다. 부채를 잔뜩 일으킨 회사는 이미 재무적으로는 최대한의 역량을 발휘하여 사업을 수행하고 있는 거라, 사업이 잘되길 바랄 수밖에 없는 상황이고, 경영진이 사업에 대해서 아주 낙관적인 기대를 하고 있다고도 볼 수 있습니다.

결국 중요한 건 재무구조의 최적화(자기자본과 타인자본의 최적 비율 찾기)보다는 모은 돈으로 무엇을 하고 있느냐입니다.

• 모은 돈으로 뭘 하고 있나

회계사들은 가끔 이런 테스트를 해봅니다. 재무제표만 던져주고 어떤 업종의 기업인지 맞히는 게임입니다. 답을 맞히는 주요 근거 중 하나는 자산의 구성 항목입니다. 유형자산이 많다면 공장을 보유한 제조업일 가능성이 큽니다. 매출채권과 재고자산의 비중이 높으면서 계절별로 들쑥날쑥한다, 재고자산평가충당금이 주기적으로 쌓인다면 재고자산평가손실이 일어났다는 뜻이므로 의류업일 가능성이 큽니다. 미청구공사나 초과청구공사가 많다면 건설업이나 조선업이고요. 유형자산과 무형자산이 함께 많다면 테크 기업, 그런 건 없고 무형자산이 가득하다면 바이오 기업 등입니다.

회계사 흉내를 내면서 이런 게임을 굳이 해볼 필요는 없습니다. 회사의 재무상태표에는 그것만 보아도 업종을 추측할 수 있을 정도로 아주 많은 정보가 기재되어 있다는 사실을 이해하는 게 중요합니다.

재무상태표를 보면 업종뿐만 아니라 회사의 취향과 영업 동향도 어느 정도 파악 가능합니다. 연구개발비, 콘텐츠 제작비 등은 그때그때 비용으로 처리할 수도 있고, 자본화하여 무형자산으로 쌓았다가 나중에 비용으로 처리할 수 있습니다. 저는 전자를 선호합니다. 개발/제작에 얼마를 썼는지 바로 알 수 있고, 자산이 가벼워지기 때문에 제품의 성과가 좋으면 이익이 크게 나거든요. 자본화를 해버리면 나중에 이익이 나도 그때부터 무형자산 상각을 시작하면서 이익의 발목을 잡습니다. 그건 그나마 낫습니다. 개발하던 제품이 취소되거나 시장에 내놓았는데 반응이 안 좋으면 버는 것 없이 무형자산 상각만 발생합니다. 드라마나 게임 등의 업종에서는 중국에 판매할 수 있다고 가정하고 무형자산을 쌓아뒀다가 판매가 어려워지면서 몇 년 후에 갑자기 수백억 원의 상각이 나오는 사례가 있었습니다.

연구개발비를 당기비용 처리하는 게 보수적인 회계라는 건 모두가 알고 있습니다. 그리고 자본화를 하기 위해서는 여러 가지 회계 요건을 충족해야 하기 때문에, 실무상으로도 좀 더 번거롭습니다. 그럼에도 불구하고 굳이 자본화를 선택한다는 것은 어느 정도 회사의 취향을 드러냅니다. 개발비를 당기비용 처리하는 회사라면 저는 이를 '회계상의 이익을 잘 보이게 하는 데 신경 쓰지 않고 제품이 잘되는 것으로만 평가받겠다'라고 해석합니다. 반대로 자본화를 선택한 회사라면 '회계상의 이익이 잘 나는 것으로 평가받아야 할 사유가 있다'라고 봅니다. 그것만으로 대단히 나쁘다는 건 아니고, 경영진의 성과 측정 지표가 회계상의 이익에 초점이 맞춰져 있거나, 그렇게라도 하지 않으면 이익을 낼 수 없을 정도로 이익 체력이 취약해져 있을 가능성이 꽤 있다는 뜻입니다.

영업 상황도 재무상태표에서 확인할 수 있습니다. 우리는 영업 상황을 기재하는 장부를 손익계산서로 알고 있고, 그게 맞습니다만, 재무상태표에서 영업 상황을 약간 선행하는 움직임을 볼 수 있습니다. 예를 들어 유형자산이 갑자기 늘어났다면 대규모 투자를 시작했다는 뜻입니다. 경영진이 뭔가 큰 기회를 포착했다는 뜻이지요. 그 판단이 맞았다면 몇 년 후 큰 돈을 벌 것이고, 틀렸다면 한참 괴로울 것입니다. 재고자산이나 매출채권이 늘어났다면 사업이 갑자기 활황이라는 의미일 수 있습니다. 혹은 반대로, 반품이 늘어났거나 기존에 현금 결제를 하던 고객이 외상 결제를 하기 시작했다는 뜻일 수도 있습니다. 어느 쪽이든 무언가 심상치 않은 일이 일어나고 있다는 뜻이고, 흥미롭게 지켜보아야 합니다. 반대로, 언론에는 사업이 잘되고 있다고 열심히 이야기하지만 재고자산이 전혀 늘어나지 않고 있다면? 만드는 족족 팔리고 있어서 재고가 쌓일 틈이 없는 게 아니라면 거짓말일 가능성을 의심해보아야 합니다. 매출액이 증가하면서 재고자산과 매출채권이 비슷한 비율로 늘어나고 있다면 별로 신경 쓸 일은 아닙니다.

매입채무도 마찬가지로 영업 현황을 나타내는데, 좀 더 '교섭력'을 잘 드러냅니다. 매출액 증분에 비례해서 늘어난다면야 사업이 잘되니까 원재료 매입 등을 늘린 거라고 볼 수 있는데요. 그 비율 이상으로 매입채무가 늘어난다면 매출채권 때와는 반대로 외상으로 하는 대금 결제가 더 많아졌다는 뜻입니다. 기존에 작은 사업자로서 판매처의 신뢰를 얻지 못했다가 점점 믿을 수 있는 사업자로 인정받아 외상매입이 가능해졌다면 사업이 잘 굴러간다는 징조겠지요. 아니라면? 현금이 없어서 비싼 대가를 지불하며 외상으로 사오고 있다는 뜻일 수 있습니다.

• 뒤통수 조심

사업이 잘되고 있다는 이야기를 듣고 분기실적이 잘 나올 것으로 기대하다가 뒤통수를 맞는 경우가 종종 있습니다. 이런 '통수'가 발생할 가능성을 재무상태표에서 약간은 미리 예측할 수 있습니다.

먼저 무형자산을 좀 더 깊이 살펴보겠습니다. 무형자산을 쌓아둔다는 건 그때그때 비용 처리할 수도 있었던 것을 모종의 이유로 나중에 비용 처리하겠다는 뜻입니다. 훌륭한 기업을 인수하느라 생긴 영업권 같은 특이 케이스를 제외한다면 언젠가는 비용으로 나와야 할 자산이라는 거죠. 의료장비를 판매하거나, 신약을 개발하거나, 해외에 드라마를 수출하거나 하는 등 연구개발에 오랜 기간이 소요되고 매출액을 사전에 예측하기가 어려운 사업에서는 개발에 들어간 비용을 일단 무형자산으로 다 쌓아두곤 합니다. 혹시라도 대박이 나면 그때 비용을 다 묻어버릴 수 있거든요.

물론 회사는 절대 그렇게 이야기하지 않습니다. 매출이 발생하는 시점에 비용을 잡는 게 합리적이라고 합니다. 그리고 해당 무형자산은 매출이 발생할 가능성이 충분하다고 합니다. 네, 맞습니다. 회계원칙에서 허용하는 방식이니 당연히 합법이고, 합리적이니까 외부감사인이 인정해줬겠지요. 잘될 가능성을 믿으니까 개발을 하고 있을 테고요. 어쨌거나 자명한 사실은 비용 처리와 자본화 중 자본화를 '선택'했다는 겁니다. 그 사실은 변하지 않습니다.

어떤 프로젝트에서 얼마나 무형자산이 잡혀 있는지 외부인이 알기는 매우 어렵습니다. 그리고 여러 제품을 개발하다 보면 가끔 하나쯤은 대박이 납니다. 여기서 회계의 마술이 등장합니다. 어떤 프로젝트가 대박을 터트려서 1,000억 원 정도 이익을 기대한다고 해봅시다. 회사

내부에서는 '이때다' 하고 무형자산을 우르르 털어내기 시작합니다. 지난 분기까지 '매출을 기대할 가능성이 여전히 크고' 운운하던 자산들이 갑자기 이번 분기에 들어서 '매출 발생 가능성이 현저히 줄어들어' 상각하게 되었다고 합니다. 그렇게 300억 원 정도를 털어내고, 주주에게 공시되는 이익은 700억 원으로 확 줄어듭니다. '어닝 쇼크'입니다.

건설사는 자산에 특이한 항목이 있습니다. '미청구공사'라는 계정인데요. 이걸 이해하다 보면 재무제표라는 게 얼마나 허구로 가득 차 있는지 깨닫게 됩니다. 건설사는 '진행률'을 기준으로 매출을 인식합니다. 1,000억 원짜리 수주를 받았고 50% 진행되었으면 500억 원만큼 매출을 인식합니다. 이때 공사 진행률은 '예정 원가' 대비 '실제 사용원가'로 계산합니다. 900억 원을 원가로 예상하고 사업을 수주했고 450억 원을 썼다면 절반은 진행한 거죠. 그렇게 발주처에 대금을 청구하는데, 발주처가 보기에 진행률이 그렇게 높지 않다고 판단할 수 있습니다. 이 차이를 '미청구공사'로 계상해둡니다.

만약에 원가 예상이 실제 원가와 동일하다면, 다시 말해 900억 원에 공사를 마감할 수 있다면 미청구공사는 일시적 요인일 뿐, 준공 후 정산 시점에서는 문제가 발생하지 않습니다. 그러나 문제는 언제나 발생하지요. 사실 발생하지 않는 게 기적 같은 일입니다. 수 년짜리 공기에 인력만 수백, 수천 명이 투입되는데 어떻게 예상대로 일이 굴러가겠습니까. 이런 변동사항에 대비해서 공사 계약에는 '에스컬레이션' 조항이 들어갑니다. 예정보다 원가가 초과되었을 경우, 몇몇 조건을 만족하면 초과된 원가분은 발주금액에 더한다는 겁니다. 문제는 이 에스컬레이션 조항을 발동하려면 최초에 계약서도 잘 써야 하고, 이후에 청구할 때에도 고도의 협상 전략이 필요합니다. 그것도 발주처가 여유가 있을 때라면 모를까, 발주처도 힘든 상황이라면 에스컬레이션을 받아주기 매우 어렵습니다.

2010년대 고유가를 바탕으로 국내 건설기업들은 중동에서 엄청나게 많은 수주를 했습니다. 유럽과 일본 회사들은 한국 업체가 지나치게 저가 수주를 한다고 비난했지만, 한국 업체들은 '유럽과 일본 업체들은 고지식해서 지나치게 많은 비용을 쓴다. 우리는 효율적으로 일하기 때문에 훨씬 낮은 원가로 공사를 수행할 수 있다'고 했습니다. 그 주장은 거짓으로 드러났습니다. 사실 조금만 생각해보면 알 수 있는 일이었습니다. 어차피 현장의 인부나 설비는 현장에서 조달해야 하는데, 여기에 '한국인의 근성' 같은 게 개입할 수가 없습니다. 그게 된다면 그건 '매뉴얼을 따르지 않고 주먹구구식으로 일 처리를 한다'를 다르게 표현한 말이 되겠지요.

2013년부터 그 허상이 드러나서 대형 건설사 합산으로 매년 10조 원 이상의 어닝 쇼크를 냈습니다. 당시의 재무제표를 보면[11] 미청구공사가 그 이전부터 매년 급증해온 것을 알 수 있었습니다. 중동의 석유기업을 대상으로 에스컬레이션을 발동시켜본 경험이 그다지 많지 않았다는 점을 고려했다면 충분히 피할 수 있는 재앙이었습니다.

반대로 '초과청구공사'라는 것도 있습니다. 예상했던 원가보다 비용을 덜 쓰면서 공사를 잘 진행하다 보면 이런 일이 발생합니다. 원가가 예상을 초과하면 발주처에 에스컬레이션을 해달라고 협상을 시도하지만, 원가가 예상을 미달했다 해서 발주처가 발주대금을 줄이겠다고 하지는 않습니다. 지나치게 비싸게 발주했다는 생각이 들면 다음에 다른 업체에 발주를 주겠지요. 혹은 감리를 최대한 강화해서 부실한 지점을 찾아내서 추가공사를 요구하거나요. 미청구공사가 청구되어 매출로 인식되는 건 행운에 가깝지만, 초과청구공사는 까지지 않고 상당 부분이 실제 이익으로 잡힙니다. 시장에서 이 점에 주목을 안 하고 있었다면 어닝 서프라이즈가 되겠지요.

유사한 사항으로 은행의 대손충당금이 있는데요. 이건 좀 미묘합니다. 은행은 빌린 돈(예금)으로 대출으로 내주면서 사업을 합니다. 대출이 회수 가능할지에 대해서 늘 촉각을 곤두세우고, 대출을 여러 등급으로 분류하고 그중 하위 등급은 상각해버립니다. '이러이러한 대출은 회수 가능성이 낮으니 미리 비용으로 반영해두자'라는 거죠.

은행의 대손충당금이 늘어나면서 이익이 줄어들고 있다면, 이건 여러 가지로 해석할 수 있습니다. 가장 기본적인 해석은 경기가 나빠서 회수 불가능성이 커졌다는 겁니다. 맞습니다. 상각을 마음대로 할 수는 없고, 이유가 필요합니다. 문제는 그 이유가 얼마나 현실을 잘 반영하느냐입니다. 주식투자자들 사이에서 '분위기'라는 게 있듯이, 은행의 상각 태도에도 '분위기'가 있습니다. 앞서 말씀드린 대로 건설사나 조선사에서 손실이 엄청나게 커지고 있다면 은행도 해당 업종의 기업에 내준 채권들을 가능한 한 보수적으로 평가합니다. 즉 은행이 장부를 보수적으로 기재하기 시작했다는 것이고, 이건 투자자에게 기회 요인이 됩니다.

2013년부터 건설사와 조선사 등 수주산업에서 큰 적자가 발생하자 은행들은 해당 업종의 매출채권을 대거 상각했습니다. 그러면서 은행의 이익이 많이 감소했습니다. 이후에 2015년 하반기부터 해당 업종들이 그렇게까지 부실하지 않다는 게 밝혀지면서 '충당금 환입'이 들어오기 시작했습니다. 그때만 하더라도 시장에서는 '일회성' 환입이라고 생각했습니다. 그러나 은행이 대출을 대하는 태도는 그렇게 순식간이 바뀌지 않습니다. 특히 상각했던 채권을 회수 가능하다고 평가하려면 꽤 큰 용기가 필요합니다. 그러므로 상각했던 채권이 환입된다면 그렇게 할 수밖에 없었던 거대한 흐름이 있다는 뜻이고, 그 흐름은 이후에도 이어질 가능성이 꽤 큽니다. 은행들은 2017년까지 매 분기 어닝 서프라이즈를 내면서 실적이 급증했습니다.

이렇듯 회계장부에는 기업의 '태도'가 묻어 있습니다. 어떻게든 좋은 얘기를 하면서 당장의 매출액을 부풀리기에 급급하고, 최대한 논리를 갖다 붙여서 당장의 이익이 예쁘게 나오도록 하는 데 신경을 쓰는지, 어쩔 수 없이 보수적으로 평가해야 한다는 사회적 압박을 느끼는 중인지 등이 드러납니다. 기업의 태도가 공격적이라면 우리는 뒤통수를 맞을 가능성이 크고, 기업의 태도가 보수적이라면 뜻밖의 선물을 받을 가능성이 큽니다. 재무제표에 내 뒤통수를 치고자 하는 의도가 뻔히 보이는데도 얻어맞는다면 그건 투자자인 저의 잘못입니다. 통수는 악재가 아닙니다. 과학입니다.

손익계산서

손익계산서는 많이들 보는 항목이라 제가 덧붙일 이야기가 많지 않습니다. 중요한 몇 가지만 언급해보겠습니다.

• 이익률의 함정

보통 투자자들은 영업이익률이 높은 회사를 좋아합니다. 물론 저도 영업이익률 높은 회사를 싫어할 이유는 없습니다만, 이익률이 높다는 이유만으로 투자 의사결정을 하지는 않습니다.

먼저, 이익률은 많은 사람이 보는 지표이기 때문에 서프라이즈가 나오기 어렵습니다. 투자의 성과는 남들이 예상치 못한 결과에 좌우됩니다. 영업이익률이 30%인 회사가 계속 30%를 유지해봤자 별로 놀랄 일이 아닙니다. 이익률이 5%이던 회사가 6%, 7%가 되면 사람들은 열광합니다.

반대로 이익률이 나빠지면 어떨까요? 이익률이 5%이던 회사가 4%가 되면 기분은 나쁘겠지만 그러려니 할 수 있습니다. 그런데 이익률이 30%이던 회사가 29%가 되면요? 드디어 '해자'가 '무너지는' 것인가 하면서 난리가 납니다. 이익률이 높은 회사의 주가에는 대체로 그만한 프리미엄이 묻어 있기 때문에 급락할 가능성도 큽니다. 사실 전체 이익의 폭은 5%에서 4%로 갈 때 훨씬 크게 줄어드는 건데 말입니다.[12]

물론 5%에서 4%로 이익률이 줄어들 때 주가가 빠지지 않는다는 뜻은 아니니 오해 없길 바랍니다. 영업이익률이 높다는 이유로 프리미엄을 주는 행위가 위험하다는 이야기를 하는 것입니다. 가치평가를 할 때 가끔 영업이익률이 높다는 이유로 PER을 높게 부여하는 경우가 있는데요. 매우 위험합니다. 시간에 여유가 있는 분이라면 시장 전체 혹은 특정 업종의 기업들에 대해서 PER과 영업이익률 차트를 그려보시기 바랍니다. 대체로 아무 상관관계가 없습니다.

또한 영업이익률에도 회사의 의도가 반영됩니다. 영업이익률 공식은 '영업이익/매출액'입니다. 이 둘 모두에 회사의 의지가 반영될 수 있습니다.

매출액은 크게 총매출액과 순매출액으로 나눌 수 있습니다. '사업모델 분석'에서 잠깐 언급했는데요. 총매출액은 물건이 최종적으로 소비자에게 전달되는 가격을 매출액으로 잡는 방식입니다. 순매출액은 중간 유통 과정에서 나가는 비용을 제하고 회사에 들어오는 금액을 매출액으로 잡는 방식입니다.

의류업을 생각해볼까요? 소비자가격 2만 원짜리 옷을 유통업자에게 1만 원에 넘겼다고 해봅시다. 생산 원가가 7,000원이라고 한다면 옷 한 벌을 팔았을 때 3,000원을 남깁니다. 이때 영업이익률은 얼마일까요? 소비자가격인 2만 원을 기준으로 한다면 15%겠지요. 2만 원을 매출액으로 인식하고, 1만 원은 판매수수료라는 비용이 됩니다. 매장에 넘기는 가격인 1만 원을 기준으로 한다면 이익률은 30%가 됩니다. 매장이 가져가는 1만 원은 회사의 재무제표에서 아예 사라집니다.

소비자가격뿐만 아니라 운송비를 누가 부담하는지, 물건이 팔리지 않았을 때 재고 처분에 대한 책임은 누구에게 있는지, 해외 매출이라면 관세는 누가 부담하는지 등등은 계약마다 상이합니다. 최종적으로 회사가 버는 이익이 동일하다 하더라도, 이 중 어디부터 매출액으로 잡고 어디를 비용으로 계상할지에 따라서 이익률이라는 값은 상당히 달라집니다.

순매출액을 인식하는 회사를 보며 영업이익률이 경쟁사보다 높다고 열광하거나, 총매출액을 인식하는 회사를 보며 경쟁사보다 이익률이 떨어진다고 낙심하는 우를 범하면 안 됩니다. 마찬가지로, 총매출액으로 인식하는 회사가 향후에 영업상황이 좋아진다 해서 순매출액으로 인식하는 경쟁사만큼 이익률이 좋아질 것으로 기대해서도 안 되고요.

• 영업외손익? 일회성 비용?

영업이익률에는 또 다른 함정이 있습니다. 앞서 언급한 예시는 판매가 정상적으로 이루어졌을 경우입니다. 비즈니스에서는 언제나 돌발 사태가 발생합니다. 중간에 물건이 사라지거나 훼손되기도 하고, 팔렸던 물건이 반품되기도 합니다. 혹은 물건에 문제가 생겨서 소송이 걸리고, 손해배상을 해야 하는 일도 생깁니다.

손익계산서에서는 영업비용과 영업외비용을 구분합니다. 일상적인 영업에서 발생한 이익과 손실, 그리고 영업과 관련 없는 일에서 발생한 이익과 손실을 구분하자는 취지입니다. 일반적으로 영업외손익에는 기업이 가지고 있는 자금을 운용하면서 생긴 이자수익/비용, 혹은 투자손익, 외환 관련 손익이 반영됩니다.

이런 요소들이 정말로 영업과 무관할까요? 기업이 은행에 넣어놓은 예금으로 이자를 받았다거나, 대출이자를 냈다거나, 펀드에 돈을 맡겼는데 대박(혹은 손실)이 났다거나, 부동산 임대료를 받았거나, 부동산을 팔아서 양도차액이 발생했다거나[13] 등등은 영업과 관련이 없다고 해도 누가 이의를 제기하지 않을 겁니다.

물류회사가 물건을 배송하는 중에 파손되거나 유실되어서 받은 클레임이라면요? 해외에 수출을 많이 해서 외화자산이 엄청나게 많은 회사가 환헤지를 위해 선물환매도를 잡아놓았다면요? 이런 손실을 '일회성'이자 '비경상'이라며 영업외손실로 분류하는 회사가 꽤 많습니다. 그런 경우에는 이런 '일회성' 손실이 얼마나 자주 발생하는지 살펴봐야 합니다. 매 분기 배송 오류로 클레임을 받는 물류회사라면 그 비용은 일회성 비용이 아니라 다회성 비용이고, 일상적으로 늘 발생하는 비용이라면 영업비용입니다.

영업비용으로 계상했지만 일회성이라고 주장하는 비용들도 있는데요. 예를 들어 의료장비 회사는 프로모션의 일환으로 장기간 보증을 제공하기도 합니다. 제품에 불량이 발생했을 때 새 제품으로 교환해주고, 회수한 상품은 폐기하면서 재고손실이 발생할 수 있습니다. 이건 어찌 보면 마케팅 비용이라고 볼 수도 있는, 엄연한 다회성 비용입니다. 고객사 대부분이 영세상인이라 폐업이 많아서 매출채권 상각이 잦다면 어떨까요? 이는 구조적인 문제라, 고객사 구성이 대폭 변하지 않는다면 대손상각비가 늘 발생할 것이라고 간주해야 합니다.

여담으로, 영업외손익과 관련하여 한 가지 흥미로운 사실이 있습니다. 정유사는 유가의 등락에 따라 이익이 급변하는데요. 사놓은 원유의 가격이 하락하면 '재고자산평가손실'이 발생합니다. 이 비용은 영업비용이기 때문에 영업이익을 감소시킵니다. 다시 유가가 상승하면 충당금환입이라는 항목으로 반영되는데요. 충당금환입은 영업외이익입니다('재고자산평가이익'으로 잘못 알고 있는 경우가 많습니다). 유가의 상승과 하락은 정유사가 상시 겪는 영업 상황인데, 유가가 빠지면 영업손실이고 유가가 반등하면 영업외이익이라니, 재미있지 않나요?

• 운영 효율성

재무상태표와 손익계산서를 함께 보면 사업이 얼마나 효율적으로 돌아가고 있는지를 확인하는 여러 지표를 뽑아낼 수 있습니다.

대표적인 지표가 ROE(Return On Equity, 자기자본이익률)입니다. **ROE는 회사의 퀄리티를 평가할 때 가장 중요하게 생각해야 하는 지표입니다.** 우리는 주식투자자입니다. 주식투자는 뭐였죠? 기업의 지분을 소유하는 행위이죠. 기업의 지분은 곧 자기자본이고, 자기자본이 얼마짜리인지를 알려면 자기자본이 돌려주는 이익을 봐야겠지요. ROE 공식이 뭔가요? '순이익/자기자본'입니다. **투자자에게 가장 중요한, 얼마를 투입해서 얼마를 돌려주느냐 하는 핵심 지표가 바로 ROE입니다.**[14]

ROE는 변동이 심하고, 앞서 말씀드린 여러 요소로 인하여 왜곡이 가능합니다. ROE가 높다고 무조건 좋은 회사는 아니지만, 좋은 회사는 ROE가 높습니다. ROE가 높지 않고서는 정상적인 영업을 통해서 주주에게 이익을 돌려줄 수 없습니다.

ROE와 유사한 ROA, ROIC라는 지표도 있습니다. ROA는 Return

On Asset, 총자산이익률이라고 부릅니다. ROE는 타인자본을 늘림으로써 끌어올릴 수 있습니다. 자본비율을 적절하게 유지하는 것도 경영진의 역량이니 부채비율이 높다고 ROE를 폄하할 필요까지는 없습니다만, 영업행위 자체의 효율성을 보기에는 한계가 있습니다. 자본 조달 경로를 감안하지 않고 순전히 영업 행위의 결과만을 보겠다는 지표가 ROA입니다. ROA의 공식은 의외로 여러 가지가 있습니다. 분자에 영업이익을 쓸 수도 있고 NOPAT(**Net Operating Profit After Tax**, 세후순영업이익)[15]을 쓸 수도 있습니다.

그러나 ROA의 분모가 되는 총자산에도 약간 문제가 있어서, ROA가 사업의 실체를 온전히 드러낸다고 하기에는 조금 부족합니다. 지나치게 많은 현금이나 순전히 투자수익을 바라고 투자해놓은 금융상품, 혹은 영업에 활용되지 않고 있는 토지와 건물 등은 ROA를 낮추는 요소가 됩니다. 이런 점을 보완하고자 '실제 영업에 사용된 자산'이 얼마나 효과적으로 사용되고 있는지를 보는 지표가 ROIC(**Return On Invested Capital**, 투하자본이익률)입니다.

이론상으로는 ROIC가 사업의 퀄리티를 평가하는 최적의 지표이겠지만, 저는 ROIC를 그다지 신뢰하지 않습니다. 어디까지가 IC(투하자본)인지 구분하기가 쉽지 않거든요. 회사에 남아 있는 현금이 진짜 잉여현금인지, 일상적으로 필요하기 때문에 남겨놓은 것인지 외부인은 알기 어렵습니다. 회사가 보유한 토지나 건물이 잉여자산으로 보일 수도 있지만, 언젠가는 사업에 활용할 계획인데 예상보다 이른 타이밍에 좋은 매물이 나와서 일단 사둔 것일 수도 있습니다. 이런 사항을 세세하게 구분하는 일은 회사와 인수협상을 벌일 때, 혹은 컨설팅을 할 때나 가능합니다(그래서 ROIC는 컨설턴트들이 많이 사용합니다).

외부 투자자 입장에서는 사실 ROIC가 크게 중요하지 않습니다. 회사에 유휴자산이 있어서 총자산에서 일부를 덜어내고 계산해야 한다면, 그건 그 자체로 문제입니다. 경영진이 유휴설비를 그대로 놔두는 비효율적인 경영을 하고 있다는 뜻이니까요.[16] 그러므로 ROE와 부채비율, ROA 정도만 파악하고 ROIC는 그냥 그러려니 해도 됩니다. ROIC를 세세하게 봐야 하는 기업이라면 그 자체로 감점 사유입니다. "낮은 부채비율로 높은 ROE를 내고 있느냐"라는 질문으로 충분하다고 생각합니다.

효율성을 측정하는 흥미로운 지표로 CCC(**Cash Conversion Cycle**, 현금전환주기)가 있습니다. 원재료를 사오고, 재고를 만든 다음, 판매해서 현금을 회수하기까지 며칠이 걸리는지를 나타내는 지표입니다. 이걸 계산하는 건 좀 여러 과정을 거치는데요. 일단 공식은 다음과 같습니다.

CCC=매출채권회전일수+재고자산회전일수-매입채무회전일수

매출채권회전일수를 이해하려면 매출채권회전율(매출액/매출채권)을 알아야 합니다. 전체 매출액 대비 매출채권이 차지하는 비율이 얼마이냐 하는 값이고요. 이 값이 높다면 매출액이 매출채권으로 잠기는 기간이 짧고, 빠르게 현금으로 회수된다는 뜻입니다. 연간 매출채권회전율이 1,000%라면 매출채권이 1년에 10바퀴 회전한다는 뜻이지요. 높을수록 좋습니다.

매출채권회전일수는 365에서 이 회전율을 나눈 값입니다. 회전율 1,000%는 10이니까, 365/10=36.5가 매출채권회전일수가 됩니다. 매출채권 한 단위가 현금으로 바뀌기까지 36.5일이 걸린다는 것이고, 그만큼 현금이 묶인다는 뜻입니다. 회전일수는 낮을수록 좋습니다.

재고자산회전일수나 매입채무회전일수도 마찬가지입니다. 재고자산회전율(매출액/재고자산)을 365에서 나눈 값이 재고자산회전일수입니다. 재고자산회전율은 높을수록, 재고자산회전일수는 낮을수록 좋습니다(회전율은 얼마나 돈이 빨리 도느냐, 회전일수는 도는 데 며칠이 걸리느냐입니다).

매입채무회전율(매출원가/매입채무[17])을 365에서 나눈 값이 매입채무회전일수입니다. 매입채무 관련 지표는 앞의 두 지표와 반대입니다. 매입채무가 많다는 건 내가 줘야 할 돈을 늦게 준다는 뜻입니다. 그러므로 매입채무회전율은 낮을수록, 매입채무회전일수는 높을수록 좋습니다.

이 CCC 값이 어떤 의미인지 이제 잘 와닿을 거라 생각합니다. 기업의 돈은 매출채권과 재고자산에 잠깁니다. 매입채무에 잠기는 돈은 남의 돈이기 때문에 많이 잠길수록 좋습니다. CCC는 돈이 매입채무부터 재고자산을 거쳐 매출채권까지 얼마나 잠기느냐를 뜻합니다. 그러므로 값이 작을수록 좋습니다. 매입채무회전일수가 다른 두 회전일수보다 더 크다면 CCC는 마이너스 값이 될 수도 있습니다. 소위 '남의 돈만 가지고 장사하는' 사업이라는 뜻입니다.

CCC는 많이 안 알려진 지표이고 계산 과정이 은근 복잡하기 때문에 잘 체크하지 않습니다. 재무상태표에서 파악할 수 있는 영업 상황은 손익계산서를 약간 선행하는데, CCC는 재무상태표의 이 요소들을 종합해서 직관적으로 보여주는 지표이기 때문에 꽤 유용합니다. 과거 어떤 화장품 회사가 해외 매출채권의 진위가 의심스럽다며 회계감사에서 '의견거절'을 받아 거래정지를 당한 적이 있습니다. 그 회사는 직전까지 공시된 재무제표에서 CCC가 급등했습니다. 매출채권과 재고자산이 매출액 증가분 대비 비정상적인 속도로 상승했기 때문입니다. CCC만 체크했더라도 거래정지 전에 충분히 위험을 감지할 수 있었습니다.

• 지표 계산 시 주의사항

참고로 이런 효율성/활동성 지표를 쓸 때에 주의할 점이 있습니다. 우선 스톡stock과 플로우flow 개념을 알아야 하는데요. 스톡(저량)은 단면을 잘랐을 때 나오는 지표입니다. 현 시점에서 내가 가진 돈이 얼마냐,

쥚어진 빚이 얼마냐 하는 값입니다. 플로우(유량)는 특정 기간에 대한 값입니다. 올해 돈을 얼마 벌었냐, 이번 달 얼마 썼냐 하는 이야기를 할 때에는 반드시 기간을 지정해서 이야기해야 하죠.

비유하자면, "주식투자 수익률이 얼마예요?"라는 질문에 "50%입니다"라는 대답이 별 의미가 없는 것과 같습니다. 1년 동안 50%일 수도 있고, 10년 동안 50%일 수도 있으니 얼마 동안의 수익률인지를 포함해서 대답해야 합니다.

효율성/활동성 지표는 스톡과 플로우를 섞는 지표입니다. ROE를 예로 들자면, 분모인 자기자본은 스톡이고 분자인 순이익은 플로우입니다.

어떤 회사가 2020년 말 자기자본이 1,000억 원이었고, 2021년 한 해 동안 100억 원을 벌어서 2021년 말 자기자본이 1,100억 원이 되었다고 합시다. 이 회사의 2021년 ROE는 얼마일까요?

세 가지 대답을 할 수 있습니다. 분자는 100억 원으로 이견이 없습니다. 분모는 1,000억 원일까요? 1,100억 원일까요? 혹은 둘을 평균한 1,050억 원일까요? 전년 말 기준으로 ROE는 10%, 당해 말 기준으로는 9.1%, 평균 기준으로는 9.5%입니다. 어느 쪽이든 나름의 논리는 있고, 저는 굳이 고르자면 평균값을 고르는 게 적절하다고 생각합니다.

CCC 관련 값들을 구할 때에도 같은 상황이 벌어집니다. '매출채권/재고자산/매입채무'는 스톡이고, '매출액/매출원가/총매입액'은 플로우입니다. 따라서 누군가 계산해놓은 값을 볼 때에는 산식을 확인해야 합니다. CCC를 계산해주는 사이트는 별로 없는데, 와이즈리포트의 컴퍼니와이즈http://comp.wisereport.co.kr의 '투자 지표'-'활동성' 탭에서 'Cash Cycle'이라는 값으로 제공합니다. '산식'을 클릭해보면 각 회전율의 산식이 나옵니다.

그리고 분기별 지표를 구할 때에도 또 고민거리가 생깁니다. 보통 우리는 연간의 값들을 사용하는데, 좀 더 정밀하게 분기별로 값이 어떻게 변하고 있는지를 알고 싶을 때도 있습니다. 회사가 2021년 한 해 동안 100억 원을 벌었는데, 2022년 1분기에 30억 원을 벌었다면 잘한 걸까요, 못한 걸까요? 회사는 잘되고 있는 걸까요, 잘 안 되고 있는 걸까요?

간단하게는 전년 동기와 비교해볼 수 있습니다. 2021년 1분기에 20억 원을 벌었는데 2022년 1분기에 30억 원을 벌었다면 50% 성장했으니 잘되고 있는 거죠. 만약에 2021년 4분기에 15억 원 적자가 나고 2022년 1분기에 30억 원을 벌었다면요? 오히려 영업 상황이 악화되고 있다고 볼 여지도 있습니다. 혹은 악화되었다가 회복되는 중이라고 볼 수도 있고요.

이런 미묘한 차이를 보정해서 분기별로 양상을 추적하고, 또 연간 지표와도 비교하려면 몇 가지 방법이 있습니다. 가장 단순한 방법은 그냥 4를 곱하는 겁니다. 2021년 연간으로는 100억 원을 벌었는데, 2022년 1분기에 30억 원을 벌었으니 여기에 4를 곱하면 연간 120억짜리 이익을 낸 것과 같다는 거죠. 이건 그냥 분기별 값을 그대로 보겠다는 것과 큰 차이가 없습니다. 좀 더 수고스럽지만 정교한 값은 TTM(**Trailing Twelve Months**, 과거 12개월)이라는 값입니다. 2022년 1분기의 값을 2021년 2분기, 3분기, 4분기에 쭉 더하는 것입니다. 그러면 과거 4개 분기, 즉 '지난 12개월'간의 합계를 매 분기별로 추적할 수 있습니다.[18]

효율성/활동성 지표를 볼 때에도 분기별 값을 구할 때 이런 판단을 해야 합니다. 이번 분기의 스톡 값을 그냥 분기별로 볼 것이냐, 연율화(×4)해서 볼 것이냐, TTM 값을 볼 것이냐를 정해야 합니다. 남들이 계산한 값을 볼 때에도 분기 값을 어떻게 보정했는지를 확인해야 합니다.

애널리스트 컨센서스(전망치의 평균)를 볼 때에는 '포워드' 값을 많이 씁니다. 아무래도 과거보다는 미래가 중요하니까, 보고서에 나오는 PER 같은 지표에 들어가는 순이익 값으로는 과거의 순이익보다는 미래의 순이익을 사용합니다. 문제는 얼마나 미래의 순이익을 보느냐인데요. 보통 '12MF'라는 값을 씁니다. TTM과 반대로 '12 Months Forward'라는 뜻입니다. 일관성을 중요시한다면 FTM**Forward Twelve Months**이라고 써도 됩니다.

12MF를 '올해 예상'과 혼동할 수 있는데요. '올해 예상'은 말 그대로

올 한 해의 실적에 대한 예상치입니다. 지금이 2022년 3월이든 10월이든 '올해 예상'은 2022년의 온기 실적을 뜻합니다. 12MF는 현재 시점으로부터 12개월, 즉 4개 분기 미래의 전망치입니다. 만약 지금이 6월이라면 1분기 실적이 발표된 후이므로, 올해 2분기부터 내년 1분기까지의 실적 합계를 의미합니다(트레일링과 포워드 값에 대해서는 10장에서 다시 다룹니다).

현금흐름표와 자본변동표

현금흐름표는 상당히 중요한 표입니다. 재무상태표와 손익계산서는 조작이 용이하지만, 현금흐름표는 실제 현금을 기준으로 하는 장부여서 조작하기 어렵습니다. 하지만 그런 만큼 변동폭도 심해서, 회사의 경제적 실질을 드러내는 데 위의 두 장부보다 더 적합한가에 대해서는 의문이 있습니다.

회계를 깊이 공부한 분이라면 현금흐름표를 살펴서 흥미로운 사실들을 찾아낼 수 있겠지만, 저는 회계를 그렇게까지 깊게 공부하지 않았습니다. 저는 재무상태표와 손익계산서를 살펴본 후, 이를 보완하는 용도로 현금흐름표를 살펴봅니다.

• 감가상각비는 반드시 현금흐름표에서

현금흐름표에서 반드시 살펴보아야 하는 한 가지 값은 감가상각비입니다. 손익계산서의 판매관리비 항목에서도 감가상각비를 찾을 수 있는데, 이 감가상각비는 전체 감가상각비 중 판매관리비에 포함된 감가상각비만을 뜻합니다. 감가상각비는 매출원가에 반영되기도 하고 판매관리비에 반영되기도 합니다. 매출원가의 세부항목은 분기/반기 보고서에는 나오지 않고, 연간 회계감사를 거친 감사보고서의 주석에 나옵니다. 따라서 분기별로 나오는 보고서에서 손익계산서의 감가상각비만으로는 회사의 감가상각비 추이를 계산할 수 없습니다.

현금흐름표에서 '영업활동으로 인한 현금흐름'은 순이익에서 비현금성 수익비용을 빼고 더하는 형태로 작성합니다. 여기서 감가상각비 항목을 보면 회사의 실제 감가상각비가 나옵니다(덤으로 대손상각비와 무형자산상각비도 알 수 있습니다). 이 항목으로 분기별 감가상각비 추이를 파악할 수 있습니다.

현금흐름표에서 찾을 수 있는 또 다른 유용한 계정은 '투자활동으로 인한 현금유출액'입니다. 여기서 '유형자산의 증가'가 바로 CAPEX(**Capital Expenditure**, 자본지출)이라고 부르는 항목입니다. 때에 따라서는 '무형자산의 증가'를 CAPEX에 포함시키기도 합니다.

1권 7장 '경제적 해자'에서 나온 '오너 어닝'을 기억하십니까? 오너 어닝은 '순이익+감가상각비-CAPEX'입니다. 현금흐름표에서 찾아낼 수 있는 이 값들을 가지고 오너 어닝을 구할 수 있습니다. 현금에 집착하는 버핏이 현금흐름표에서만 알 수 있는 이 두 값을 가치평가 핵심 지표로 삼았으니, 오너 어닝이 다시금 의미심장하게 느껴집니다.

• 자본조정

자본조정표는 너무 복잡하기 때문에 이걸 이해하려면 회계 지식이 상당해야 합니다. 저는 그 정도의 능력이 없다는 점을 일단 고백해야겠습니다. 제가 알고 있는 건, 회사의 이익이나 손실 중 어떤 항목은 모종의 기준을 적용하여 자본조정으로 숨길 수 있다는 정도입니다.

회사의 재무제표를 볼 때 저는 자기자본이 정직하게 늘어나고 있는가를 중요시합니다. 가끔 어떤 회사는 상당한 순이익이 났다고 보고했는데도 불구하고 자기자본이 전혀 늘어나지 않은 경우가 있습니다. 그렇다고 그만큼 배당을 한 것도 아니고요. 회계상으로 순이익이 났으면 그 이익은 주주환원을 빼고는 고스란히 순자산에 반영되어야 합니다. 실제로는 그렇게 안 되는 경우들이 가끔 발생하고, 이 차이는 자본조정에 반영됩니다.

자본조정은 보통 금융자산, 파생상품, 자회사, 해외 사업 등에서 발생합니다. 기업이 영업활동을 하면서 발생하는 손실이나 비용의 일부는 자본조정 항목으로 뺄 수 있습니다. 그렇게 하면 회사는 손익계산서상에서 이익을 부풀릴 수 있습니다. 앞서 언급한 영업외비용으로 빼는 것보다 더 악질적인 방법입니다.

저는 자본조정을 세세하게 들여다보면서 회계상의 문제를 확인할 능력은 없습니다. 만약에 자본조정을 들여다봐야 하는 상황이 발생하면 그냥 그 회사를 투자 대상에서 제외시켜버립니다. 어려운 공을 치려고 시도하는 건 운동경기에서 하면 될 일입니다.

이런 태도는 재무제표를 바라보는 전반적인 과정에도 적용할 수 있습니다. 이 책에서는 간략하게 재무제표에서 제가 중요시하는 요소를 말씀드렸는데요. 이 내용이 어려울 수도 있고, 혹은 이보다 훨씬 더 깊이 있게 회계를 이해하는 분도 계실 겁니다.

서두에 말씀드렸다시피 회계는 언어일 뿐입니다. 내가 영어로 일상생활에 지장이 없다면 굳이 영문학 고전을 독파하기 위해 많은 에너지를 쏟을 필요는 없을 것입니다. 재무제표를 대략 살펴보고, 모르는 항목이 나오면 별도로 공부해보고, 공부해봐도 모르겠으면 그냥 그 회사를 제치면 됩니다.

피터 린치의 말을 빌리자면, 사지 않은 주식에서 손해볼 일은 없습니다.[19] 나에게 친절하게 대할 생각이 없는 사람에게 굳이 연연할 필요가 있겠습니까. 아, 이미 사놓은 주식에서 이상한 회계 항목을 내놓으면서 어닝 쇼크가 났다고요? 인생의 좋은 경험이다 생각해야지요, 뭐.

산업 분석

기업이 무슨 일을 하는지 정성적으로(사업 모델), 정량적으로(재무제표) 분석하는 방법을 익혀보았습니다. 이제 여러 기업을 묶어서 분석하는 방법을 살펴보겠습니다. 기업이 무언가를 할 때에는 연관된 일을 하는 다른 회사들도 있게 마련입니다. 이들을 묶어서 '산업'이라고 부릅니다. 각 산업은 고유의 특성을 지닙니다. 산업의 특징을 알아보고 그 안에서 각 회사가 어떻게 사업을 영위하고 있는지를 파악하면 기업 하나만 보는 것보다 풍부한 통찰을 얻을 수 있습니다.

산업을 분석하는 방법에는 다양한 프레임이 존재하고, '이것만이 정답이다'라는 건 없습니다. '이런 렌즈로 세상을 바라볼 수 있구나' 정도로 이해하는 게 편합니다. 중요한 건 회사가 어떤 환경에서 어떤 대응을 하고 있느냐이고, 내가 그 경영진을 믿을 수 있는가입니다.

산업 분석은 경영학 교과서를 찾아보셔도 되고, '경영 전략의 아버지'로 불리는 마이클 포터의 책을 아무거나 사서 읽어보셔도 됩니다. 혹은 '경영 전략'이라는 키워드로 아무 책이나 사서 읽어봐도 됩니다. 그런 책으로 기초를 잡은 이후 실제 기업들을 다뤄보면서 자기만의 관점을 다져나가면 됩니다.

여기서는 일반적으로 사용하는 관점을 몇 가지 나열해보겠습니다.

포터는 "사업 성공이란 경쟁 산업 분야의 매력도가 얼마나 작용하느냐는 것이고 그 분야에서 기업의 상대적 위치와도 연관된다"고 하였습니다.[20] 그의 관점을 수용하여 이 파트에서 '산업의 특징'을 살펴보고, 다음 '경쟁력 분석' 파트에서 '포지셔닝'을 살펴보도록 하겠습니다.

참고로 산업이라는 경계선에 너무 매몰될 필요는 없습니다. 실제 세상에서 경계선이란 언제나 흐릿한 법입니다. 자동차는 소비재일까요, 장치산업일까요, 사이클 산업일까요? 평판디스플레이는 휴대전화 부품일까요, 자동차 부품일까요, 가전 부품일까요? 게임은 인터넷/소프트웨어 업종일 수도 있고, 엔터/레저 업종일 수도 있습니다. 아마존은 유통 회사이기도 하고 클라우드컴퓨팅 회사이기도 하고, 그냥 '빅테크'로 불리기도 합니다.

필립 피셔는 각 업종을 완벽하게 구분하는 뚜렷한 경계선이 없기 때문에 투자 종목의 매력도를 결정할 때 해당 산업의 고유한 성격에 지나치게 의존하는 것은 문제가 있다고 하였습니다.[21] 포터 역시 "특정 산업의 경계는 일반적으로 유동적이며, 제품 라인들은 대체로 끊임없이 변화한다"고 하였습니다.[22]

포터의 5가지 경쟁 요소

경영학을 공부한 분이라면 '포터의 5가지 경쟁 요소Porter's 5 Forces' 모델에 익숙할 겁니다. 포터는 기업의 이익률을 압박하는 5가지의 힘을 제시하면서, 이 요인들의 총체적인 강도는 한 기업이 특정 산업에서 투입한 자본비용을 상회하는 투자수익률을 얻을 수 있느냐 없느냐를 결정한다고 하였습니다.[23] 그 5가지 요소란, '구매자, 공급자, 대체재, 신규 진입, 산업 내 경쟁'입니다.

• 구매자와 공급자

구매자와 공급자는 대칭 관계입니다. 구매자는 회사의 제품을 구매해가는 고객입니다. 공급자는 기업이 제품을 만들기 위해 필요한 재료나 설비, 인프라 등을 제공하는 사업자입니다. 한쪽이 구매자면 다른 한쪽은 공급자가 됩니다. 이 양자 간의 압력은 '교섭력bargaining power'이라는 개념으로 설명합니다.

구매자 대비 교섭력이 강하면 같은 퀄리티의 제품에 대해서 좀 더 높은 가격을 요구할 수 있습니다. 교섭력이 약하면 구매자의 요구에 따라 계속 휘둘리고, 이에 대응하느라 원가 상승 요인이 발생합니다. 공급자 대비 교섭력이 강하면 반대로 회사의 요청사항을 공급자에게 강하게 반영할 수 있고, 같은 퀄리티의 제품을 더 낮은 가격에 구매할 수 있습니다.

• 대체재

대체재는 다른 산업군으로 분류되기는 하나, 고객의 마음속에서는 비슷한 비교선상에 놓고 저울질하게 되는 제품을 이야기합니다. 《나이

키의 경쟁 상대는 닌텐도》라는 책이 인기를 끈 적이 있지요. 신발 회사와 게임 회사가 경쟁 상대라니 의아할 수 있겠습니다만, 두 회사는 고객의 여가시간을 두고 다투는 관계입니다. 동일 산업 내에서 세부 산업이 서로를 대체하기도 합니다. TV 산업에서 브라운관 TV가 평판 디스플레이 TV로 대체되었지요. 평판 디스플레이 내에서는 LCD, LED, OLED 순으로 대체되어가는 중입니다.[24] 자동차용 이차전지에서는 니켈 계열의 NCA, NCM 배터리와 리튬 계열의 LFP 배터리가 서로 대체 관계에 있습니다.[25]

대체재와의 경쟁은 '위협threat'이라고 표현합니다. 자동차가 등장하면서 말이 사라진 것처럼, 다른 업종에서 완전히 혁신적인 기술을 들고 나오면 산업이 아예 사라지기도 합니다. 완전히 사라지지 않더라도, 천연고무와 합성고무처럼 어느 한쪽의 가격이 올라가면 다른 쪽의 사용 비중이 높아지는 등 그때그때 유동적으로 서로를 대체하기도 합니다. 설탕이 해롭다는 인식이 강해지면서 아스파탐의 수요가 증가하고, 일회용 기저귀가 보편화되면서 세탁 수요가 감소하는 등 산업들은 유기적으로 연결되어 있고 끝없이 서로에게 영향을 미칩니다.

- **신규 진입**

신규 진입 또한 '위협'이 됩니다. 어떤 사업이 수익성이 좋으면 계속 새로운 진입자를 끌어들입니다. 기존에 선점하고 있던 사업자들이 신규 진입자 대비 어떤 강점을 가지고 있어야 새로운 진입자를 막을 수 있습니다. 예를 들어 기존 사업자는 감가상각이 끝난 설비로 생산을 하고 있고 신규 진입자는 아예 새 설비를 사서 경쟁해야 하는데, 새 설비라고 대단히 더 나은 제품을 생산해내지 않는다면 신규 진입자가 진입하기는 상당히 꺼려지겠지요.

이렇게 신규 진입자를 막는 요인을 '진입장벽entry barrier'이라고 합니다. 진입장벽이 높을수록 기존 사업자들이 초과수익을 내기가 용이해집니다. 브루스 그린왈드 교수는 진입장벽이야말로 산업 분석의 핵심이며, 진입장벽은 경쟁우위와 동일한 의미라고 주장했습니다. 잠시 후 '진입장벽' 파트에서 자세히 말씀드리겠습니다.

• 산업 내 경쟁

산업 내 경쟁은 '강도intensity'로 이야기합니다. 산업 내에 여러 회사가 분포하고 서로의 영역을 뺏기 위해 치열하게 싸우고 있다면 강도가 높다고 표현합니다. 경쟁 강도가 높으면 아무래도 이윤을 많이 남기기 어렵겠지요.

그런데 회사의 수가 많다고 해서 경쟁이 늘 치열한 것은 아니고, 회사의 수가 적다고 해서 경쟁이 약한 것은 아닙니다. 제약회사나 건설회사는 회사의 수가 많지만 시장이 워낙 파편화되어 있어서 특별한 경우를 제외하고는 적당히 마진을 남겨 먹으면서 지냅니다. 메모리반도체 시장은 주요 경쟁사의 수가 10여 개에서 5개 수준으로 줄었을 때에도 피 튀기는 경쟁을 벌였습니다. 디램 업체가 전 세계에서 주요 3개 회사만 남게 된 2013년이 지나서야 하락 사이클에서도 적자를 내지 않는 모습을 보여주었습니다.[26]

• **포터 모델의 한계**

포터의 모델은 처음에 산업을 분석할 때 필요한 요소를 파악하기에 용이하지만, 몇 가지 한계가 있습니다.

첫 번째는 각각의 힘이 독립적으로 작동하지 않고 유기적으로 작동합니다. 대체재의 위협이 증가했다는 건 고객 입장에서 선택지가 많아졌다는 뜻이고, 구매자 대비 교섭력이 약화됩니다. 진입장벽이 낮아지면 산업 내 경쟁 강도가 높아지고, 그러면 구매자 대비 교섭력과 공급자 대비 교섭력이 줄어듭니다. 경쟁의 결과로 판매단가를 낮추거나 품질을 높이면 대체재의 위협을 잘 방어할 수 있게 되기도 합니다.

두 번째는 각 힘이 동등한 비중으로 묘사되는데, 실제 사업은 그렇지 않습니다. 구매자는 특정한 성격을 가진 한두 개의 집단으로 묘사할 수 있는 반면, 공급자는 아주 다양합니다. 기업의 원가에 해당하는 모든 요소가 다 공급자입니다. 대체재는 산업군을 어떻게 정의하느냐에 따라 매우 다양하게 묘사할 수 있습니다.[27]

세 번째는 산업의 시클리컬cyclical 특성이나 정부의 존재 등 산업을 분석할 때 중요한 몇 가지 요소가 이 모델에서 나타나지 않는다는 점입니다. 시클리컬 특성은 산업의 경쟁 강도와 무관하게(가끔은 유관하게) 가격이 오르내리고, 이로 인하여 산업 내의 모든 회사가 동일한 방향으로 이익이 늘었다 줄었다 하는 특성을 의미합니다. 그리고 정부가 해당 산업에 대해 어떤 태도를 취하느냐에 따라서 산업의 이익률이나 성장 가능성이 크게 바뀔 수 있습니다. 면세점 같은 라이선스 사업은 정부의 방침에 따라 아예 사업 자체가 사라져버릴 수 있습니다.

어떤 모델이라도 현실을 그대로 묘사할 수 없습니다. 따라서 모델은 참고만 하고, 실제 현실에서 중요한 요소가 무엇인지를 유연한 마음가짐으로 파악하는 것이 좋습니다. 이런 점들을 감안하여, 산업의 특징을 나타내는 데 제가 중요하다고 경험한 내용들을 간단히 이야기해보겠습니다.

고객 특성

반복구매: 고객이 얼마나 자주 이 제품을 구매하는지에 따라 산업의 양상이 바뀝니다. 자동차는 대체로 5년에 한 번 정도 구매합니다. 타이어의 교체주기도 비슷합니다. 교체주기가 길면 작년 대비 올해 가격이 얼마나 올랐는지에 대해 상대적으로 둔감합니다. 5년 전 가격보다는 그때그때의 프로모션이나 경쟁 제품 대비 상대적인 가격, 품질, 유지비용 등을 중요시합니다. 음식료, 화장품, 의류 등은 일상적으로 계속 재구매가 일어납니다. 고객이 가격에

민감하다는 단점이 있지만, 매출액의 추이가 안정적이라 미래를 예측하기가 쉽습니다. 구독모델은 반복구매의 끝판왕입니다. 고객이 매월 얼마씩 지출하겠다고 약정하는 사업이라면 기업의 예측 가능성은 매우 커집니다. 자동차는 전통적으로 구독모델과는 관련이 없었으나, 테슬라를 필두로 벤츠, BMW 등 몇몇 회사들은 자동차의 특정 기능을 구독모델로 팔기 시작했습니다.

제품 차별화: 제품들 간에 얼마나 차이가 있는지에 따라서도 산업의 특성이 많이 달라집니다. 제품 간에 거의 아무런 차이가 없는 재화를 '커머디티'라고 부릅니다. 금, 은, 구리, 니켈 등의 원자재가 여기에 해당합니다. 여기서의 경쟁 요소는 생산을 얼마나 효율적으로 하느냐, 부산물을 얼마나 잘 재활용하느냐,[28] 순도 등의 미세한 차별화를 얼마나 잘하느냐[29] 등이 됩니다. 커머디티가 아닌 제품들은 품질이나 개성으로 고객에게 어필할 수 있습니다. 브랜드의 신뢰성을 확보하는 게 중요하고, 고객의 신뢰를 얻으면 가격을 높일 여지가 많아집니다. 같은 산업이라도 제품군에 따라 차별화 정도가 다를 수 있습니다. 화장품 중에서도 색조는 기초보다 차별화가 훨씬 많이 되고 고객의 취향도 다양합니다. 의류에서는 일상복이라면 퀄리티보다는 디자인을 많이 따지겠지만, 등산복이나 운동복은 품질에 엄격합니다.

전환비용: 고객이 한 제품에서 다른 제품으로 옮겨가려면 돈이 들

거나, 귀찮거나, 심리적인 거부감이 있는 경우가 있습니다. 고객이 다른 제품으로 떠나지 못하게 막는 요인을 전환비용이라고 합니다. 은행은 제품들이 그다지 다르지 않습니다. 은행예금이 달라봤자 얼마나 다르며, 계좌이체의 서비스 품질이 다르면 얼마나 다르겠습니까.[30] 그러나 '주거래계좌'를 다른 은행으로 옮기는 건 상당히 괴로운 일입니다. 엄청난 신상품이 나오지 않는 한, 이용하던 은행을 계속 이용하게 마련입니다. 면도기나 프린터 등 소모품이 필요한 사업도 전환비용이 큽니다. 면도날이나 프린터 토너는 떨어지기 전에 미리 조금씩 구비해두는데, 제품을 바꿔버리면 구비해놓은 소모품을 더 쓸 수 없기 때문에 쓰던 제품을 계속 쓰게 만드는 역할을 합니다. 한편, 반복구매 상품을 구독 모델로 바꾸면 전환비용이 생기기도 합니다. 방송 콘텐츠나 음원, 책 등은 원래 개별적으로 구매가 일어났었으나, 구독모델로 전환하면서 고객을 잡아두는 힘을 좀 더 갖추게 되었습니다.

신뢰비용[31]: 제품의 품질을 고객이 구매 즉시 알 수 없는 경우, 혹은 만의 하나 품질이 기대치에 미치지 못했을 때의 타격이 큰 경우에는 생산자의 신뢰성에 좀 더 프리미엄이 붙습니다. 넓게는 전환비용의 한 형태라고 봐도 되겠습니다. 병원에서 수술장비를 구매할 때에는 믿을 수 있는 제품, 계속 사용해와서 검증된 제품에 더 높은 비용을 기꺼이 지불하려는 경향이 강합니다. 혹시라도 의료사고가 나면 치명적이니까요. 항공기 부품도 마찬가지입니다. 한 번의 사고가 치명적인 결과를 낳기 때문에 부품사 선정에 엄청난 공을 들이고, 한번 선정한 부품사는 웬만하면 바꾸지 않습니다. 피부에 바르는 제품이나 장기적으로 효과를 내는 건강보조식품 등은 각자에게 맞는 제품을 찾기가 어렵습니다. 기껏 찾아내서 한 제품에 정착한 고객이 괜히 다른 제품을 썼다가 트러블이 생기거나 원하는 효과를 내지 못하면 굉장한 스트레스를 받습니다.

원가의 투명함: 고객 입장에서 제품 원가를 잘 파악할 수 있느냐도 산업의 중요한 특징입니다. 기업은 최대한 원가 구조가 고객에게 공개되지 않기를 바랍니다. 제품에 따라서 고객사가 원가를 잘 파악할 수 있는 정도가 다릅니다. 기계, 금속, 전자부품류는 구매팀에서 오래 근무한 사람이라면 제품을 보자마자 원가가 얼마인지 대번에 알아차릴 수 있습니다. 어떤 자동차 부품 회사가 특정 자동차 회사에만 100% 납품하고 있다면 이 회사는 매번 단가 인하 압력에 시달립니다.[32] 반면에 액체를 이리저리 배합하는 제품이라면 어떤 재료가 얼마나 들어갔는지 알기 어렵습니다. 회사가 독자적인 공정을 개발하여 이익률을 높일 수 있는 여지가 많습니다.[33] 필름이나 패치처럼 액체를 도포한 제품도 마찬가지입니다.

가격 민감도: 위의 모든 요소가 합쳐져서 결국 '고객이 얼마나 가격에 민감한가'로 나타납니다. 1권 7장에서 '가격은 주는 것, 가치는

받는 것'이라는 이야기를 한 적이 있습니다. 고객이 제품을 사용해서 느끼는 무형의 만족감이 상당하다면 가격 인상을 수용할 가능성이 큽니다. 언제든 더 싼 제품으로 갈아탈 수 있는 고객이라면 회사는 선불리 가격을 올릴 수 없습니다.[34]

저는 교섭력이라는 용어보다는 신뢰라는 용어가 더 좋습니다. 고객은 회사에 무언가 원하는 바가 있고, 회사는 그 사항을 충족시킴으로써 신뢰를 획득합니다. 고객이 회사에 대단히 원하는 바가 없다면 회사가 할 수 있는 일은 그저 값싼 제품을 공급하는 수밖에 없습니다. 고객이 원하는 바가 많다면 오랜 기간 고객이 원하는 바를 맞춰가면서 신뢰를 쌓아갈 수 있고, 그렇게 쌓인 신뢰는 무형의 자산이 되어 회사의 가치를 높여갈 수 있습니다.

진입장벽

진입장벽은 산업에 신규 진입자가 진입하지 못하도록 막는 힘입니다. 컬럼비아대학의 브루스 그린왈드는 포터의 5가지 힘 중 가장 중요한 것이 진입장벽이며, 진입장벽과 경쟁우위는 궁극적으로 같은 이야기라고 하였습니다.[35]

• 진입장벽의 종류

산업의 기존 진입자가 신규 진입자 대비 우위를 가지면 진입장벽이 됩니다. 포터는 《경쟁론》에서 산업의 진입에는 6가지 커다란 장벽이 있으며, 규모의 경제, 제품 차별화, 요구 자본, 규모에 의한 비용 불이익(학습곡선, 전용 기술, 최고의 원재료 공급원에 대한 접근, 폭등 전 가격으로 구매한 자산, 정부 보조금, 뛰어난 입지, 라이선스 등), 유통 채널에 대한 접근, 정부 정책 등을 진입장벽의 요소로 꼽았습니다.[36] 여기서 이 내용들을 다 논할 수는 없으니, 제가 중요하게 느꼈던 진입장벽 종류를 나열해보겠습니다.

자본투자: 버핏은 설비투자 없이 추가 수익을 올릴 수 있는 회사를 좋아했는데, 이 요건을 산업 전체로 확대 해석하면 안 됩니다. 산업 내의 모든 사업자가 작은 규모의 투자로 큰 수익을 올릴 수 있다면 새로운 진입자가 그만큼 소자본으로도 산업에 진출할 수 있다는 뜻입니다.[37] 대량의 자본투자가 필요한 산업에서는 자본투자 규모 자체가 진입장벽으로 작용합니다. 철강이나 화학 등 장치산업들은 공장 하나에 수천억 원에서 수십조 원의 비용이 들어가서, 신규 업체가 등장했다는 소식을 듣기 어렵습니다. 특히 반도체는 한 라인 투자에 수십조 원이 필요합니다. 국가 차원의 지원이 없는 한 더 이상 신규 업체가 나오기 어렵습니다.

감가상각: 회계상으로 잡힌 설비의 가액은 그 설비의 실제 가치를 정확히 표현해주지 않습니다. 아이폰은 5년이 지나도 사용할 수 있지만, 안드로이드폰은 2년만 지나도 버벅대기 일쑤입니다. 회계상 두 제품의 감가상각 연한이 동일하다면, 아이폰의 장부가가

저평가되어 있겠지요. 기업의 유형자산 중에서도 감가상각이 상당히 진행된 자산임에도 새로운 자산에 비하여 생산성이 크게 뒤떨어지지 않는 경우가 있습니다. 이 산업에 새로운 사업자가 진입하려면 새로운 설비를 사야 하는데, 기존 사업자 대비 높은 감가상각비를 떠안고 경쟁해야 하기 때문에 결정이 쉽지 않습니다. 반도체 파운드리(수탁생산)는 12인치 웨이퍼가 대세가 되면서 8인치 웨이퍼는 일종의 사양산업이 되었는데, 코로나19 사태 이후 차량용 반도체, 디스플레이 구동칩 등 8인치 웨이퍼 기반의 반도체 수요가 급증했습니다. 수요가 늘어났다 해도 다른 회사가 신규로 8인치 팹을 투자하기는 상당히 껄끄럽기 때문에, 8인치 설비를 갖추고 있는 회사들은 대호황을 누렸습니다.[38]

경험곡선: 누적 생산량이 늘어날수록 단위 생산비용이 줄어드는 현상을 경험곡선이라고 합니다. 생산뿐만 아니라 연구개발, 유통 등에서 객관적인 수치로 드러나지 않는 어떤 노하우가 있습니다.[39] 상당한 자본을 들여서 설비를 지었음에도 원하는 만큼 수율이 나오지 않는 경우도 있고, 초기 가동에 시간이 오래 걸리기도 합니다. 중국에서 국가적 지원에 힘입어 LCD 기술을 빠르게 따라잡았지만 낸드 반도체는 상당히 고전하고 있고, 디램 반도체는 여전히 제대로 된 성과를 못 내고 있습니다. 같은 전자부품이라도 카메라 모듈 등은 신규 사업자의 진입이 용이했지만, 세라믹 수동소자 등 '아날로그 특성'이 강한 제품은 수율을 잡기 어려워

서 함부로 진입하지 못합니다.[40]

입지: 공급자로부터의 거리, 혹은 소비자로부터의 거리가 중요한 산업은 입지가 진입장벽이 됩니다. 시멘트 회사는 원재료인 석회석 산지에 가까이 있거나, 수요처인 건설 현장에 가까이 있어야만 합니다. 어떤 석회석 산지의 근거리에 이미 여러 업체가 포진해 있다면, 그 근처에 새로운 회사가 진입하기는 매우 어렵습니다. 백화점이나 편의점 같은 오프라인 유통업체의 경우 소비자가 일상에서 접근하기 쉬워야 합니다. 이미 주요 지역에 매장이 자리잡고 있다면 신규 사업자가 들어와 봤자 같은 고객을 나눠 가질 뿐이기 때문에 기존 사업자만큼의 수익성을 기대할 수 없습니다.

라이선스: 정부가 면허 발급을 제한하는 경우에도 진입장벽이 됩니다. 택시, 면세점, 은행 등이 대표적입니다. 정부의 인허가 요건을 만족하는 것 자체가 상당한 진입장벽이며, 정부가 라이선스를 추가 발급하지 않기로 마음먹었다면 그 순간부터 기존 사업자를 인수하지 않고서는 산업에 진입할 수 없습니다.[41]

락인lock-in: 고객의 전환비용이나 신뢰비용이 커서 한번 사용하기 시작한 제품을 여간해서는 바꾸기 어려울 때 '락인되었다'라고 합니다. 완전히 동일한 제품을 내놓아도 고객이 기존 제품을 계속 사용한다면 신규 사업자는 더 좋은 제품을 동일한 가격에, 혹은 동일한 제품을 더 낮은 가격에 제공할 수밖에 없습니다.

브랜드 인지도: '마음 점유율'이라고도 합니다. 고객 마음속의 특정 카테고리에 특정 브랜드가 강하게 자리 잡고 있다면 신규 진입자는 이를 깨기 위해서 제품 개발에 더하여 마케팅에 많은 노력을 기울여야 합니다. 코카 콜라, 질레트 면도기, 오뚜기 케첩, 구글 검색 등 다양한 소비자 제품군에서 이런 사례를 발견할 수 있습니다.

• 무너지는 진입장벽

진입장벽은 공고한 듯 보이면서도 의외로 쉽게 무너지기도 합니다.

기술력: 기술력은 좋은 진입장벽인 듯 보이면서도 의외로 상당히 무너지기 쉬운 장벽입니다. 기술 트렌드가 바뀌기도 하고, 기술을 갖춘 인력을 대거 스카우트해서 기술력을 확보할 수도 있습니다. 경쟁사의 신기술에 밀려나는 일은 대부분의 기술기업이 일상적으로 겪는 현실입니다.[42]

수익성을 무시하는 사업자: 새로운 사업자가 이 사업을 유망하게 보거나 아니면 다른 어떤 이유로든 수익성을 고려하지 않고 점유율을 늘리겠다고 마음먹었다면, 그리고 그 사업자가 상당히 많은 자금력을 갖추었다면 업계 전체가 혼란에 빠집니다. 아마존이 온라인 유통업을 장악하는 것을 본 전 세계 각국의 투자자들은 온라인 유통업에 돈을 투자했고, 우후죽순으로 새로운 회사들이 생겨났습니다. 이 회사들은 돈을 팍팍 써서 '탑 라인 지표들(MAU, ARPU 등 매출액에 영향을 미치는 지표들)'을 늘리고 그 성과를 기반으로 또 돈을 끌어올 수 있었습니다. "언제 이익을 낼 건데?"라는 질문은 고루한 사람들이나 하는 질문이 되었습니다.[43]

비어 있는 세그먼트: 기존 사업자들이 수요를 미처 파악하지 못했거나, 알면서도 별로 집중하지 않았던 세부 산업 분야에서 갑자기 신규 사업자가 등장하는 경우가 있습니다. 비행기를 타고 여행하는 일은 원래 비용이 많이 들어서 큰맘 먹고 한번 가는 것으로 인식되었습니다. 혜성처럼 등장한 저가 항공사들은 고객을 목적지로 빠르게 날라다 준다는 목적에 부합하는 기능만 제공하고, 나머지는 다 제외함으로써 티켓 가격을 대폭 낮추었습니다. 그 결과, 일상적인 비행기 여행 수요를 촉진하여 새로운 세그먼트를 일구었습니다.

운영 효율성: 기존 사업자가 생각지 못한 효율적인 체제를 구축하여 신규 사업자가 성공적으로 안착하기도 합니다. 자라, H&M 등으로 대표되는 '패스트 패션' 업체들은 디자인, 생산, 유통 등을 효율적으로 관리하여 기존 업체 대비 말도 안 되는 시간에 신제품을 선보일 수 있었습니다.[44] 이로 인해 의류 업계는 한참 지각변동

을 겪었습니다. 자라를 운영하는 인디텍스는 1963년에 설립되어, 2022년 현재 스페인에서 가장 시가총액이 큰 회사가 되었습니다.

밸류 체인의 변화: 밸류 체인이란, 어떤 제품이 원재료부터 소비자에게 전달되기까지 거치는 중간 제품들을 말합니다(넓게는 유통, 마케팅, 연구개발 등도 밸류 체인에 포함합니다). 하나의 완제품을 만들기 위해서는 다양한 공급망을 관리해야 하고, 이 노하우가 일종의 경험곡선이 됩니다. 수요의 변화나 기술력의 변화로 밸류 체인이 바뀌면 공급망 관리 진입장벽이 무너지면서 신규 진입을 대거 허용하기도 합니다. 내연기관 자동차의 부품 수는 수만 개에 달하지만 전기차에 필요한 부품은 그 절반 이하입니다. 자동차를 만드는 데에는 기술뿐만 아니라 다양한 공급망을 관리하는 역량도 필요한데 부품 수가 간소화되고, 특히 구동계는 아예 새로운 부품으로 대체되면서 기존 사업자의 우위가 상당히 희석되었습니다. 자동차 업계에서는 수십 년간 신규 진입자를 볼 수 없었지만, 전기차 시대가 되면서 꽤 자주 새로운 사업자를 볼 수 있게 되었습니다. 밸류 체인을 잘 공부하다 보면 좋은 투자 기회를 발견하기도 합니다. 필립 피셔는 1947년대 TV가 한참 대중화되면서 산업이 커지고 있었지만 경쟁이 치열해서 마땅한 투자처를 못 찾던 와중에 브라운관을 만드는 데 필요한 유리 벌브에서 독보적인 입지를 가지고 있는 '코닝 글라스 웍스'라는 회사를 발견했습니다.[45] 1권 8장에서 이야기한 '곡괭이와 삽' 기법의 사례로 볼 수 있습니다.

• **성장의 역설, 진입장벽의 역설**

사람들은 보통 성장에 열광합니다. 그러나 산업이 성장하면 새로운 진입자를 끌어들이게 마련입니다. 산업이 커지면 기존 사업자의 경쟁 우위가 오히려 희석됩니다. 고정비로 인한 규모의 경제를 누리던 회사는 새로이 투자를 해야 하는 압박을 느끼고, 고정비가 대폭 증가합니다. 성장 산업에서는 고정비도 변동비가 됩니다.

성장 산업은 고정된 게임의 룰이 없기 때문에 기술도, 인력도, 운영 노하우도 모든 것이 변합니다. 수익성을 뒷전으로 하는 사업자들이 눈독을 들이기 시작하면 상황은 더욱 난잡해집니다. 자동차 산업은 산업이 정리된 이후에는 국가별로 많아야 3개 정도 사업자만 남게 되었지만, 초창기에는 수백 개 회사가 범람했습니다. 철도도 초기에는 엄청난 성장 산업이었고, 각 사업자들은 중복 투자로 낮은 수익성에 오랜 기간 신음했습니다.

진입장벽이 공고하게 구축되어 있던 성숙 산업이 느닷없이 성장 산업으로 각광받으면 무시무시한 일이 벌어집니다. 진입장벽이 높은 산업에서는 현실에 안주하는 조직문화가 형성되기 쉽습니다. 적극적으로 새로운 고객군을 발굴하지도 않고, 운영 효율성을 개선하기 위한 노력을 하지도 않습니다. 그저 하던 대로 일을 하고, 경쟁사 대비 뒤처지지 않을 정도의 개선만 시도합니다. 그런 업체끼리 서로 경쟁하고 있으니 개선 속도는 더딥니다. 그러다가 자본력과 열정, 아이디어로 무장한 신생 집단이 등장하면 도저히 이길 수 없습니다. 온라인 유통업이 급속도로 성장하면서 오프라인 유통업자들이 받은 타격은 처참한 지경입니다.

외부 요인

기업은 스스로의 힘으로 어찌할 수 없는 외부 요인에 언제나 부딪히게 마련입니다. 외부 요인을 이해하지 못하고 기업을 분석하려 들면, 기업이 낸 성과가 정말로 그 기업이 잘해서 낸 것인지 혹은 우호적인 외부 변수에 그냥 묻어간 것인지 파악할 수 없습니다. 반대의 경우도 마찬가지입니다. 부진한 성과가 나왔을 때 정말로 그 기업이 무언가 잘못한 것인지, 혹은 암울한 상황에서 그나마 선방한 결과인지 구분할 수 있다면 좋은 투자 기회를 발견할 수도 있습니다.

• 사이클 특성

산업이 태동한 지 오래 되어 성숙기에 진입한 산업 중 특별한 악재가 없음에도 불구하고 주기적으로 업종 내의 기업들이 다같이 실적이 좋아지거나 나빠지는 경우가 있습니다. 철강, 화학, 자동차, 건설, 조선, 운송, 기계, 메모리반도체 등이 그런 업종입니다.

이 업종들은 공급량을 늘리기 위해서는 대규모 투자가 필요하다는 공통점이 있습니다. 증설 의사결정은 한번 하고 나면 되돌리기 쉽지 않기 때문에 상당히 신중하게 진행됩니다. 주식투자와 마찬가지로 기업의 설비투자 의사결정도 심리에 많은 영향을 받습니다. 불황기에는 까딱하면 망할 수 있으니 투자에 쉽게 나서지 않고, 수요가 좋아지고 남들도 투자에 나서면 뒤처지지 않기 위해 다함께 투자에 나서곤 합니다.

기업은 고객사의 주문을 통해 산업의 전반적인 수요를 예측합니다. 어떤 플레이어도 전체 시장이 어떻게 흘러가는지 완전히 확인할 수 없습니다. 제한된 정보를 기반으로 증설에 나설 때에는 이미 업황이 피크를 쳤을 수 있습니다. 그러나 시작한 증설을 되돌리기는 매우 어렵고, 새 공장이 돌아가서 물건이 나올 때 즈음에는 오히려 업황의 하락을 가속화할 수도 있습니다.

고객들도 업황을 전망하며 재고량을 적극적으로 관리합니다. 시장이 호황을 보일 것 같으면 주문량을 늘려서 재고를 쌓아두고, 시장이 불황일 것 같으면 주문량을 줄이고 남아 있던 재고를 먼저 소진합니다. 이렇듯 미래를 전망하고자 하는 각 플레이어의 행동이 역설적으로 사이클의 진폭을 더욱 키웁니다. 이를 '채찍 효과bullwhip effect'라고 합니다.[46]

수요 전망과 공급 증가 의사결정의 주관성, 공급 증가 의사결정과 실제 공급량 증가의 시차, 중간 수요자의 시장 전망 등 다양한 요소가 맞물려 있기 때문에 사이클 특성은 여간해서는 사라지지 않습니다. 산업의 사이클에 대해서는 군터 뒤크의 《호황 VS 불황》이라는 책이 상세히 잘 설명해줍니다.

특정 산업이 사이클을 그릴 뿐만 아니라, 넓은 의미에서는 경기나 유동성, 심리 등도 사이클을 그리며 움직입니다. 특정 주기를 따르는 건 아니지만, 과하게 좋았다가 과하게 나빠지기를 반복합니다. 중앙은행은 인플레이션과 실업률을 관리하기 위하여 유동성을 정책 수단으로 사용합니다. 유동성은 심리에 영향을 미치고, 심리는 경기에 영향을 미칩니다. 거꾸로 경기가 심리에 영향을 미치고, 심리가 유동성에 영향을 미쳐 정책 수단을 무력화하기도 합니다. 이러한 여러 변수의 상호작용은 하워드 막스의 《투자와 마켓 사이클의 법칙》에 상세히 나와 있습니다.

• 매크로 민감도

금리, 유가 등 흔히 '매크로 지표'로 불리는 여러 변수도 기업의 실적에 직접적인 영향을 미칩니다. 이런 변수들이 변화할 때 실적에 얼마나 영향을 미치는지를 '민감도sensitivity'라 합니다.

금리: 금리는 자금조달 비용이기 때문에 부채를 끌어다 쓰는 대부분의 회사에 영향을 미칩니다. 산업 특성상 부채를 많이 쓸 수밖에 없는 업종에는 특히 큰 영향을 미칩니다. 건설과 조선은 부채를 많이 끌어 쓰는 산업입니다. 일단 대량의 수주를 받고, 공사를 잘 진행하기만 하면 (발주처가 파산하지 않는 이상) 돈이 꼬박꼬박 들어오므로 부채를 일으키기 쉽습니다. 은행은 금리 인상 수혜주로 많이 인식됩니다. 은행은 '예대마진'이라고 해서, 예금자로부

터 예치한 금리(예금금리)와 대출자에게 내주는 대출금리의 차이가 핵심 수익원입니다. 기준금리가 올라갈수록 은행은 대출금리를 늘려서 마진폭을 늘리거나, 타 은행이 금리를 올릴 때 금리를 올리지 않음으로써 더 많은 고객을 확보하는 등 선택지가 다양해집니다.[47]

유가 및 원자재: 원자재 가격이 변동하면 당연하겠지만 이 원자재를 원재료로 사용하는 모든 업종이 영향을 받습니다. 특정 원재료 의존도가 높은 산업, 화학, 정유, 철강, 비철금속 등의 업종은 원자재 가격 상승 시 타격을 많이 받습니다. 공정이 복잡하고 다양한 원재료를 사용하고 장기 공급계약이 많은 업종은 생각보다 영향을 덜 받습니다. 이차전지 업종은 재료비가 높아서 2022년의 인플레이션에 큰 타격을 입을 것이라는 우려가 컸지만, 의외로 실적이 크게 하락하지 않는 모습을 보여주었습니다.[48] 운송, 유틸리티 업종은 유가의 영향을 많이 받기 때문에 유가 하락기에 이익이 많이 개선됩니다. 제약, 음식료 업종도 의외로 유가의 영향을 크게 받습니다. 제약은 원재료를 수입하기 때문에 운송비에 유가가 많이 묻어 있고, 음식료 업종은 포장재인 비닐과 플라스틱이 석유 기반 제품이기 때문입니다.

환율: 원화가 약세면 당연히 수출을 많이 하는 기업에 유리하고, 원화가 강세면 수입을 많이 하는 기업에 유리합니다. 그런데 환

율은 언제나 반작용이 있기 때문에 단편적으로 평가하면 위험합니다. 원화가 약세가 되어 수출량이 많아지면 대량의 달러가 국내로 유입됩니다. 이는 원화 강세 요인이 됩니다. 원화가 강세가 되어 수출이 부진하면 경상수지 적자로 인하여 원화가 약세가 됩니다. 그러므로 단기적인 환율 변동의 영향을 줄이기 위해서 너무 많은 에너지를 쏟는 것은 독이 될 수 있습니다.[49] 즉 수출 주도형 경제라는 특징 때문에 원화 환율은 스스로 균형을 찾아가려는 힘이 있습니다.

매크로 민감도를 평가할 때에는 독립변수가 무엇인지를 잘 판단해야 합니다. 유가 상승이 항공주 실적에 반드시 안 좋기만 할까요? 일차적으로 보면 항공유 가격이 상승하니까 실적에 악영향을 미칠 것입니다. 그러나 유가 상승의 원인이 공급 부족이 아니라 수요 증가, 즉 경기가 좋아서라면 여행 수요 증가가 유가 상승으로 인한 원가 상승을 상쇄하여 항공사의 실적이 오히려 좋아질 수 있습니다.[50]

• **밸류 체인**

회사와 연결된 밸류 체인상의 다른 업체의 문제로 우리 회사가 손해나 이익을 보는 경우가 있습니다. 2020년 코로나19 사태에서는 밸류 체인에 구멍이 나는 다양한 사례를 접할 수 있었습니다. 반도체가 공급이 잘 안 되자 자동차 회사들은 2021년부터 심각한 생산 차질을 겪었습니다. 급기야 내비게이션 등 반도체 공급이 안 되는 특정 제품은 빼놓은 채로 일단 차를 조립한 다음에, 나중에 다시 그 제품만 장착해서 출고하기도 했습니다.[51] 항만의 하역 업무가 안 되니까 배가 다니지 못하고, 운송비가 급증하여 물가 상승의 주요 원인이 되기도 하였습니다. 그 와중에 유가 상승도 겹쳤지요. 코로나19로 인하여 베트남이 장기간 락 다운되었고, 이로 인하여 베트남으로 갔어야 할 의류 OEM 물량이 방글라데시로 가면서 방글라데시 기반의 의류 OEM 회사가 뜻밖의 호황을 누리기도 했습니다.

밸류 체인은 산업 내 기업들의 영역 확장에도 영향을 미칩니다. 시멘트와 마찬가지로 가구는 부피당 가격이 낮아서 해외로 수출하려면 운송비 부담이 큽니다. 명품 가구들은 가격이 워낙 비싸서 물류비가 큰 부담이 아니겠지만, 그 정도의 브랜드가 아니라면 해외 수출은 쉽지 않습니다. 매트리스는 가구 중에서도 부피당 가격이 높은 편이어서 상대적으로 수출이 용이합니다.

• 산업수명주기

경영학에서 가르치는 주요 개념 중에 '산업수명주기industry lifecycle'라는 것이 있습니다. 산업은 도입기, 성장기, 성숙기를 지나 쇠퇴기에 이르게 마련이며, 각 기업은 수명주기에 걸맞은 전략을 짜야 한다고 합니다. 도입기에는 핵심기술 확보, 성장기에는 수익성보다는 빠른 속도로 확장, 성숙기에는 진입장벽 구축, 쇠퇴기에는 경쟁사의 제품라인을 인수하는 등 퇴출장벽을 낮추는 전략이 유리하다는 등입니다.

산업수명주기 모델은 그럴싸하기는 하지만 그다지 새로운 통찰을 주지는 않습니다. 모델이 미래의 예측 가능성을 높여주지도 않고, 모든 산업이 동일한 패턴을 따르지 않기에, 모델이 있다 해서 미래의 예측 가능성을 높여주지 않습니다. 성장 산업이 성숙기에 도달하지 못하고 바로 사라져버리기도 하고, 성숙기나 쇠퇴기에 도달한 산업이 재차 성장을 일구어내기도 합니다. 교육업은 학령인구가 감소하면서 쇠퇴기에 들어섰음에도 불구하고 학생 1인당 교육비 지출이 늘어나면서 전체 산업이 계속 성장하고 있습니다.

투자자 입장에서 어떤 산업의 주기는 그 산업 자체보다는 그 산업의 대체재가 되는 산업을 분석할 때 오히려 유의미한 통찰을 줍니다. 대체재가 장기적으로 고성장하면 공격당하는 산업은 크게 위축되기 마련입니다.[52] 워런 버핏은 자동차 산업의 태동기에 어떤 자동차 회사가 승자가 될지 알기는 어려웠지만, '말에 공매도'하는 베팅은 확실히 돈을 벌 수 있었을 거라고 했습니다.[53] TV 산업이 등장하면서 미국인의 여가에서 영화 관람비가 차지하는 비중은 1936년 8%에서 1970년대 중반 3%까지 감소했습니다.[54] TV가 충분히 보급되자 영화 산업도 안정을 찾았습니다. 그렇게 영화를 위축시켰던 방송 산업은 2010년대부터 넷플릭스를 비롯한 OTT 산업이 등장하자 '코드 커팅'으로 불리는 트렌드가 생기며 침체기를 맞이했습니다.

• **정부**

정부의 태도는 산업에 다각도로 영향을 미칩니다.

라이선스: 정부가 직접 면허를 발행해주는 사업은 정부의 태도에 따라 산업 자체가 생겨나기도 하고, 사라지기도 합니다. 면세점업은 정부가 면허를 갱신해주지 않으면 그날로 사업이 사라집니다. 면세점이 돈을 많이 번다 싶으면 정부는 다음 라이선스 갱신 시점에 사용료를 대폭 인상하거나 입찰자를 늘려서 경쟁이 치열해지도록 합니다.

환경 규제: 회사는 다양한 이해관계자를 가지는데, 그중 궁극적으로 가장 강력한 이해관계자는 아마도 우리 지구일 겁니다. 기업이 사업활동을 하면서 지구를 파괴하면 주식이고 뭐고 아무것도 존재가치가 없어집니다. 그런데 기업이 지구 환경에 미치는 영향을 어떻게 측정하고 얼마나 책임을 부과할 것인가는 그때그때 정부, 나아가 여론의 태도에 따라 달라집니다. 2010년대 중후반부터 2021년까지 너도나도 ESG를 외치다가, 2021년 후반 들어 인플레이션이 심각한 수준에 달하자 ESG를 외치는 목소리가 다소 위축되었습니다.

규제 사이클: 정부의 규제도 나름의 사이클을 탑니다. 대표적인 정부 규제 산업인 금융업은 주기적으로 규제를 강화했다 풀었다 합

니다. 2015년부터 보험업은 자유롭게 신상품을 출시할 수 있게 되면서 수익성이 좋아졌습니다. 그리고 2018년 새로운 정부가 들어서고 보험사가 과도하게 돈을 버는 것을 지양하면서 수익성이 저하되었습니다.

국가 지원: 국가는 규제만 하는 게 아니라 전략적으로 특정 업종을 지원하기도 합니다. 클러스터(산업단지)는 비슷한 업종끼리 지리적으로 인접할 경우 다양한 긍정적인 효과를 낼 수 있다는 발상에서 출발합니다. 클러스터에서는 거래비용을 줄일 수 있고, 인력 확보가 용이하고, 기술 동향을 파악하기 쉬우며, 정보 접근성이 좋고, 구매 효율성을 높일 수 있습니다.[55] 클러스터는 자연스럽게 형성될 수도 있지만, 정부 주도로 더 빠르게 형성될 수도 있습니다. 한국은 경제 개발 초창기에 섬유단지, 화학단지 등이 조성되었습니다. 판교 테크노밸리나 춘천 데이터센터의 형성 이면에는 세제 혜택이 있었습니다. 중국은 전략적으로 철강, 반도체, 전기차(배터리) 등을 육성했고, 이에 따라 주변국의 경쟁 업종들은 위협을 받기도 했습니다.

경쟁력 분석

지금까지 산업의 구조적인 특성을 살펴보았습니다. 산업의 구조적인 특성은 쉽게 말해 성장성과 수익성의 트레이드오프라고 할 수 있습니다. 산업이 앞으로 성장 가능성이 유망하다면 많은 경쟁자를 끌어들여서 당장 돈을 벌기는 어려워집니다. 산업이 전반적으로 성장하는 단계가 끝나면 살아남은 플레이어들이 돈을 벌기는 쉬워집니다.

산업을 볼 때에는 산업 자체의 매력도와 그 안의 경쟁 양상을 구분해야 합니다. 매력적인 산업이라고 해서 늘 경쟁이 치열하지는 않습니다. 산업이 매력적이면서도 그 안의 경쟁이 치열하지 않을 수 있습니다. 산업이 매력적이지 않음에도 불구하고 경쟁이 치열할 수 있습니다. 주식투자자가 돈을 벌기 위해서는 기업이 초과 이윤을 낼 수 있어야 합니다. 아무리 산업이 매력적이어도 기업이 경쟁력을 확보하지 못해서 싸움에 뒤처지면 의미가 없습니다. 매력적인 산업에서 모두들 치열하게 경쟁하고 있다면 역시나 장기적으로 전체 투자자들이 가져갈 몫은 장담할 수 없습니다.[56]

산업 분석의 결론은 산업 자체의 매력도, 즉 산업이 얼마나 기업에 우호적이냐이겠지만, 진정 중요한 것은 주어진 환경 내에서 우리 회사가 높은 ROIC를 만들어낼 수 있느냐, 그리고 현재의 진입장벽을 유지한 채로 새로운 사업으로 확장할 수 있느냐입니다. 결국 기업의 경쟁력에 대한 이야기가 됩니다.

기업의 경쟁력을 볼 때에는 운영 효율성과 포지셔닝을 구분해야 합니다. 기업이 돈을 벌 때, 기업이 고유하게 잘하는 무엇인가가 있어서 돈을 벌 수도 있고, 그저 좋은 시기에 좋은 위치를 잘 잡고 있어서 돈을 벌 수도 있습니다. 물론 좋은 위치를 잘 잡는 것도 회사의 역량이라고 볼 수 있지만, 운영 효율성을 동반하지 않고 순전히 포지셔닝에 의한 경쟁우위는 외부 충격에 언제라도 쉽게 무너질 수 있습니다. 포지셔닝으로 돈을 벌고 있다면 효율성 개선과 진입장벽 구축에 노력하고 있는지를 보아야 합니다. 뛰어난 효율성으로 돈을 벌고 있다면, 그렇게 번 돈으로 포지셔닝을 어떻게 확장해나갈 계획인가, 확장해나갈 수 없다면 주주환원에 신경을 쓰는가 등을 보아야 합니다.

운영 효율성

일상적인 영업 행위에서 얼마나 쓸데없는 일을 줄이고 효과적으로 일하느냐를 운영 효율성이라고 부릅니다. 우리는 지금 투자자로서의 기초 체력을 공부하는 중입니다. 운영 효율성은 기업의 기초 체력이라고 볼 수 있습니다. 사람들은 신사업 진출, 인수합병, 수직 계열화 등 굵직한 의사결정에 주목하고, CEO의 '결단', '승부수' 등으로 기업이 성장해나가는 것으로 묘사하며 운영 효율성은 폄하하는 경향이 있습니다. 운영 효율성은 기업의 기초 체력입니다. 우리가 지금 힘겹게 공부하고 있는 '투자자로서의 기초 체력'이 장기적인 성과에 중요하듯이, '기업의 기초 체력'인 운영 효율성도 기업의 장기적인 성패를 판가름하는 중요 요소입니다.

운영 효율성이 기초 체력이라면 전략은 취향입니다. 주변 상황을 어떻게 판단하고 어떤 선택을 내리느냐가 전략입니다. 좋은 전략적 선택을 하기 위해서는 뛰어난 운영 효율성이 뒷받침되어야 합니다. 운영 효율성이 좋아야 선택의 여지가 많아집니다. 원가우위가 있으면 저가 시장이든 고가 시장이든 진출이 용이해집니다. 원가우위가 없으면 저가 시장에서 밀려나고 프리미엄 시장에서 '승부수'를 걸어야 하는 등 쫓기는 선택을 하게 됩니다. 피터 린치가 즐겨 인용하는 모텔 체인 업체인 '라 퀸타 모터 인즈'는 뛰어난 운영 효율성을 바탕으로 공격적으로 확장한 사례입니다.

운영 효율성은 어디에서 만들어낼 수 있을까요? 기업은 생산공정, 기술개발, 유통망, 구매 등 다양한 영역에서 비효율적인 요소를 발견할 수 있습니다. 이는 단순히 비용만의 문제가 아닙니다. 회의가 너무 잦다거나, 결재라인이 길어서 일상의 사소한 의사결정 시간이 오래 걸린다거나, 원재료 공급 루트가 꼬여 있다거나, 각 부서의 정보와 지식이 다른 부서에 적절히 업데이트되지 않는 등등 온갖 곳에서 효율을 떨어트리는 요인이 존재합니다.

워런 버핏은 '코튼 숍스'라는 회사의 경영자 벤 로스너를 상당히 좋아했습니다. 벤 로스너는 경쟁사 대표와 대화를 하다가 자신의 회사가 화장실 휴지를 지나치게 싸게 사온다는 것을 알고는 '그럴 리가 없다'며 그 자리에서 바로 회사 창고로 달려가 휴지 개수를 확인할 정도로 비용

절감에 집착했습니다.[57] 이런 식의 '마이크로 매니지먼트'가 무조건 좋다는 건 아니고요. 일상생활에서 쓸데없는 요인을 줄이려고 꾸준히 노력하는 모습을 대표가 보여주면, 조직 구성원이 함부로 허튼 데 비용을 쓰기 어려운 조직문화가 형성된다는 의미입니다. 뉴미디어의 상징 업체 중 하나인 넷플릭스는 자사의 비효율적인 정책이 무엇인지를 논의하고 없애는 시간을 정기적으로 가진다고 '컬처 덱[58]'에서 언급한 바 있습니다.

어느 날 갑자기 기업이 '원가 혁신'을 하겠다고 천명하더라도, 그걸 곧이곧대로 듣는 건 위험합니다. 이 장 초반에서 김연아 선수의 스트레칭을 언급했었습니다. 운영 효율성도 운동에서의 스트레칭과 마찬가지로, 일상에서 '그냥' 하는 것입니다. 그냥 하는 일은 그냥 하는 것이라 웬만해서는 바뀌지 않습니다. 지금까지 회사가 비효율적으로 흘러가고 있었다면, 기업이 파산을 눈앞에 둘 정도로 심각한 위기에 처해 있지 않는 한은 조직문화가 바뀌기 어렵습니다. 거꾸로 말하자면, 현재의 운영 효율성은 미래에도 지속될 가능성이 크다, 즉 운영 효율성은 예측 가능성이 큰 요소라는 거죠.

운영 효율성은 어떻게 확인할 수 있을까요? 운영 효율성은 기업 내부에서 일상적으로 일어나는 일인데, 투자자가 기업의 내부에 들어가서 운영 효율성을 파악하기는 어렵습니다. 그러나 일상적으로 일어나는 일이기 때문에 간단한 몇 가지 수치로도 회사의 운영 효율성은 드러납니다.

재무제표 분석에서 언급한 ROA는 대표적인 효율성 지표입니다. ROA는 재무구조(차입금의 비율이 얼마인가)를 배제한 효율성 지표이기 때문에, 순수하게 운영의 효율성을 따집니다. 혹자는 ROIC를 보아야 운영 효율성을 더 정밀하게 파악할 수 있다고 하지만, IC는 자의적인 값이며, 전체 자산에서 얼마만큼을 IC로 사용할 것인지는 어차피 투자자가 통제할 수 없는 요소입니다. 회사의 자산 중 비영업용 부동산이 있다면 '히든 에셋'으로 보아 기업가치에 별도로 추가하는 투자자들도 있지만, 저는 '회사가 쓸데없는 자산을 사둠으로써 주주가치를 훼손하고 있다'고 봅니다. 따라서 전체 자산 대비 효율성 지표인 ROA를 '경영진의 성향'을 반영한 효율성 지표로 삼으면 됩니다.

그 외에도 산업의 특성에 맞게 좀 더 세부적인 지표를 뽑아서 타사와 비교해볼 수 있습니다. 인력이 중요한 산업이라면 '인당 영업이익'을, 매장을 운영하는 사업이라면 '매장당 혹은 면적당 영업이익'을 회사별로 비교해볼 수 있습니다. 설비투자가 많이 필요한 사업이라면 '유형자산 대비 영업이익'을 보아도 되고요. 회사별 매출액 계상 기준을 보정할 수 있다면 이 지표들에서 영업이익 대신 매출액을 넣어서 비교해보아도 됩니다. 피터 린치는 주력 투자처였던 '패니 메이'를 소개하면서 직원 수가 피델리티의 4분의 1밖에 안 되지만 순이익은 10배에 달한다고 밝혔습니다.[59] 한국의 회사 중에서는 PCB 사업을 하는 D사, 손

해보험업을 하는 D사, 건설기계를 만드는 D사 등이 비용절감을 많이 하기로 유명합니다.[60]

운영 효율성이 뛰어난 회사는 제품을 낮은 가격에 제공할 수 있고, 새로운 시장에 진출하기도 용이합니다. 고가 시장에서 사업하다가 저가 시장으로 진출하면서 규모의 경제를 낼 수도 있고, 저가 시장에서 사업하다가 고가 시장에 비슷한 퀄리티의 제품을 더 낮은 가격에 내놓으면서 진입할 수도 있습니다.

보통 제조업체는 새로운 제품을 만들려면 새로운 라인을 깔아야 합니다. 만약에 새로운 설비투자를 하지 않고 기존의 설비를 약간만 바꿔가면서 다른 제품을 만들어낼 수 있다면, 특히 그 제품이 새로운 제품이고 더 부가가치가 높다면 회사의 이익은 (설비투자가 필요한) 보통의 신제품을 팔 때보다 훨씬 많이 나옵니다. 스페셜티 케미컬 제품을 만드는 화학/전자재료 회사들에서 이런 일이 종종 일어납니다. 전자 부품에서도 가끔 볼 수 있는데요. 휴대전화 부품을 만들던 A사는 2016년 자동차 부품 사업에 성공적으로 진출했는데, 감가상각이 끝난 장비에서 자동차용 제품을 만들어내면서 어마어마한 이익 성장을 보여준 적이 있습니다.

운영 효율성을 통한 원가우위를 달성할 수 있다면 이는 상당히 공고한 경쟁우위가 됩니다. 경쟁사는 내 영역에 침범하려고 하면 나보다 더 많은 돈을 쏟아부어야 합니다. 반면에 나는 새로운 기회를 발견하면 추가 자본지출을 최소화하면서도 더 많은 이익을 올릴 수 있습니다. 버핏이 좋아하는 '경제적 해자'가 바로 이런 모습입니다.

포지셔닝

'누울 자리를 보고 다리를 뻗어라'는 격언이 있습니다. 언제 어떤 위치에 있느냐는 우리 삶에서 매우 중요합니다. 아무리 개인 기량이 뛰어나도 자리를 잘못 잡으면 고생하게 마련입니다. 반면에 평범한 역량을 가졌더라도 위치를 잘 잡은 덕에 평온한 삶을 살기도 하고요. 그렇게 좋은 위치를 점한 덕에 얻은 보상으로 다른 곳에 투자하여 점점 스노볼을 굴려갈 수도 있겠지요.

기업도 마찬가지입니다. 해야 할 일을 '그냥' 열심히 하는 것도 중요하지만, 적절한 포지션을 확보하지 못하면 그 역량을 엄한 경쟁에 쏟아부을 수도 있습니다. 운영 효율성은 적절한 포지셔닝과 만났을 때 크게 빛을 발합니다.

• 제품 차별화

모든 기업은 서로 다른 제품을 판매합니다. 단순 원자재라 하더라도 순도, 운송거리 등이 다릅니다. 타사의 제품과 다른 독특한 제품을 만들어 고객에게 장점을 어필하는 것을 '차별화differentiation'라고 합니다. 차별화는 크게 가격, 퀄리티, 특색으로 나눌 수 있습니다. 회사는 고객에게 비슷한 제품을 더 낮은 가격에 제공할 수도 있고, 더 품질이 좋은 제품을 비슷한 가격에 제공할 수도 있고, 품질의 차이는 아니더라도 고객의 취향에 맞는 독특한 제품을 제공함으로써 고객을 만족시킬 수 있습니다. 차별화는 기업의 가치사슬에서 파생되는데, 모든 가치 창출 과정이 차별성의 잠재적 원천이 됩니다.[61]

퀄리티는 다양한 형태로 제공할 수 있습니다. 단지 성능이 좋은 제품뿐 아니라, 제품이 고객에게 전달되는 시간(리드타임),[62] 고객의 요청에 맞게 커스터마이징해주는 능력,[63] 제품의 내구성 등이 뛰어나면 굳이 가격을 낮추지 않더라도 고객의 선택을 받을 수 있습니다.

뛰어난 기술이 반영된 고성능 제품은 의외로 좋은 차별화가 아닙니다. 고성능 제품을 만들기 위한 원가가 너무 비싸고, 그 정도의 고성능을 원하는 수요가 많지 않을 수 있습니다. 그리고 기술은 언젠가는 따라 잡히게 마련입니다. 가끔은 수요가 없음에도 단지 선도적인 지위를 보여주기 위해서 새로운 기술을 억지로 때려 넣은 기이한 제품이 나오기도 합니다.

특색 있는 제품은 소비재에서 많이 등장하고, B2B 서비스에서도 어렵지 않게 찾아볼 수 있습니다. 의류는 대표적으로 퀄리티보다는 디자인 취향에 영향을 받습니다. 음식료와 자동차도 퀄리티 구분이 어느 정도는 가능하지만, 최종 선택에는 취향이 크게 작용합니다. 화장품 중에서도 기초 화장품은 기능성이 중요하지만 색조 화장품은 각자의 취향이 중요합니다.

고객의 취향에 어필해야 하는 산업에서 함부로 포지셔닝을 바꾸는 일은 위험합니다. 각각의 브랜드에는 고객이 기대하는 바가 있는데, 이를 크게 벗어나는 제품을 내놓으면 기존 고객은 이탈하고 신규 고객은 붙잡지 못하게 됩니다. 의류업에서는 '패스트 패션'이라는 트렌드가 확산되었는데요, '자라'는 2주 간격으로 매대를 계속 교체하면서 '뭘 좋아할지 몰라서 다 가져왔어' 하는 식의 전략을 펼쳤습니다. 패스트 패션은 2010년대 중반 크게 붐이 일면서 취향과 포지셔닝의 한계를 뛰어넘는 듯했지만 여러 문제에 부딪히며 인기가 사그라들었습니다.[64]

산업 내에서 어떤 위치를 점하고 있는지를 나타내는 그림을 '포지셔닝 맵'이라고 합니다. 일반적으로 2차원 평면에 그립니다. 2차원의 각 축을 어떻게 설정하느냐에 따라 다양한 형태로 그림을 그릴 수 있습니다. 가격은 대표적인 한 축이 될 텐데요. 가격 외에도 제품 종류, 구매자 유형, 유통 채널, 구매자의 지리적 위치 등으로 산업을 세분화할 수 있습니다.[65] 여기서 각 회사의 상대적인 위치, 경쟁 강도, 확장 가능한 영역 등을 추론해볼 수 있습니다.

〈그림 9-1〉은 제가 2008년에 만들었던 화장품 업계의 브랜드 포지셔닝 맵입니다.[66] 아주 예전이라 지금과는 다를 테지만, 포지셔닝 맵이

그림 9-1

화장품 브랜드 포지셔닝 맵(2008년)

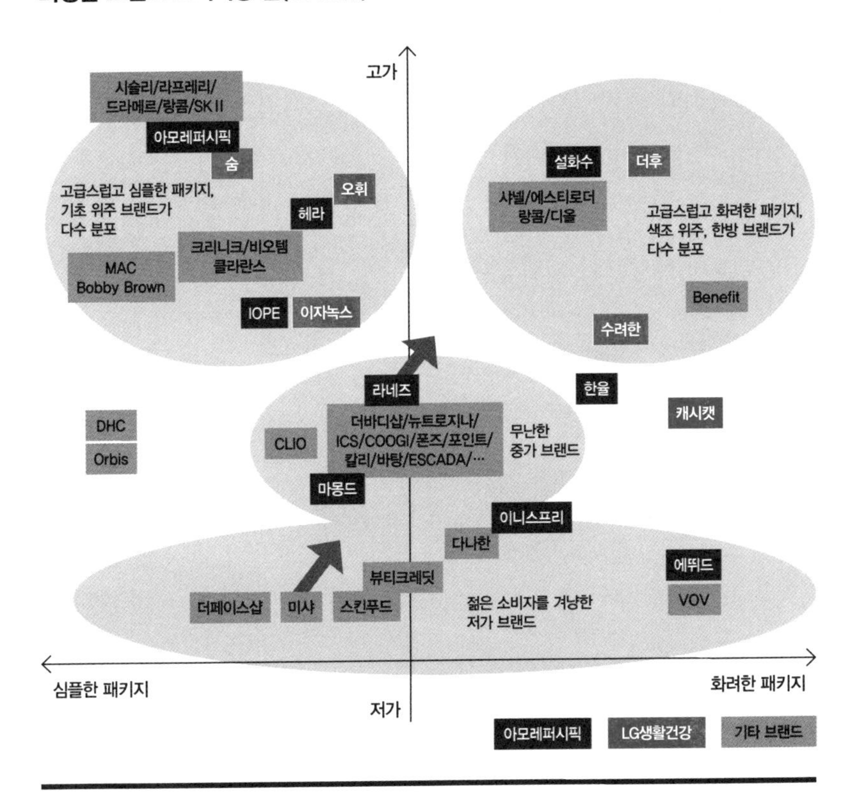

란 이런 거구나 정도로 봐주시면 되겠습니다.

〈그림 9-1〉에서는 세로축을 가격, 가로축을 패키지의 특색으로 잡았습니다. 자료에서 화살표로 표시한 부분은 포지션 변화를 꾀하는 브랜드들입니다.

'라네즈'는 중가 브랜드에서 상대적으로 높은 가격대에 위치하고 있었는데요. 경쟁이 치열한 중가 브랜드였다가 2007년 리뉴얼하면서 비어 있는 고가 브랜드로 포지션 변화를 꾀했습니다. 포지셔닝 맵을 보면 중고가 화려한 패키지가 비어 있고, 특히 아모레퍼시픽은 그림 우측에서 '설화수'라는 최고가 브랜드 아래가 비어 있었습니다. 송혜교를 모델로 삼아 새로운 포지셔닝에 성공한 라네즈는 이후 장기간 아모레퍼시픽의 효자 브랜드가 되었습니다.

에이블씨엔씨의 브랜드 '미샤'는 저가 시장을 개척하였지만 더페이스샵, 스킨푸드 등과의 경쟁이 치열해지면서 힘겨운 싸움을 벌이고 있었습니다. 미샤는 2006년부터 브랜드 리뉴얼을 하면서 조금 더 고가 시장으로 옮겨갔습니다. 2007년에는 '망했다'는 소문이 돌 정도로 힘겨운 시기를 보냈지만, 성공적으로 리포지셔닝하면서 상당 기간 좋은 실적을 냈습니다. 그러나 다른 저가 브랜드들도 동일한 시장을 노리고 달려드는 바람에 몇 년 안 가 다시 부진에 빠져들었습니다.

포지셔닝 맵을 분석하다 보면 '니치 마켓'의 유혹에 빠지게 됩니다. 지도의 빈 칸, 즉 남들이 차지하지 않고 있는 나만의 '알짜 시장'을 발굴해서 돈을 버는 건 좋은 일이지요. 대형 사이즈 의류나 신발은 과거에 물류가 발달하기 전에는 충분한 수요를 확보할 수 없었지만 온라인 유통이 발달하면서 전문 매장이 수익성을 갖출 수 있게 되었습니다.

그러나 독특한 포지션을 차지하는 것만으로는 장기적으로 초과수익을 내기에 충분하지 않습니다. 앞서 산업 분석에서 살펴본 사항들을 각 세부 시장에 접목하여 회사의 경쟁력을 살펴보아야 합니다. 시장이 규모의 경제를 낼 수 있는 충분한 수요층을 가진 시장인지, 다른 회사가 이 시장에 따라 들어왔을 때 어떻게 지켜낼 수 있는지, 먼저 차지한 고객을 락인할 수 있는지, 반대로 경쟁사가 그 세부 시장을 선점하고 있다면 우리 회사가 후발로 진입해도 충분한 수익성을 낼 수 있을지 등을 따져보아야 합니다.

패스트 패션 브랜드는 글로벌 물류와 전산 시스템이 발달하면서 전 세계에서 가장 싸게 의류를 생산할 수 있는 곳에 빠르게 디자인을 전달해서 빠르게 생산하고 전 세계로 빠르게 배송할 수 있었습니다. 패스트 패션은 단순히 독특한 아이디어였던 게 아니라, 물류 시스템과 온라인 기반의 협업이 확대되면서 가능했던 생산 과정의 구조적 우위를 바탕으로 생겨난 비즈니스였습니다. 그러나 로컬의 패스트 패션 브랜드들이 그 강점을 습득하고, 생산단가는 조금 높더라도 물류비와 리드타임을 절약할 수 있는 로컬 OEM 회사를 활용하면서 대형 패스트 패션 브랜드의 경쟁력이 희석되었습니다.

한국에서는 2010년대 중반부터 크래프트 비어 열풍이 불었습니다. 로컬 대기업 맥주와 수입 맥주로 양분되어 있던 시장에서 우리도 이제 다양한 입맛에 맞는 '수제맥주'를 즐길 때가 되었다는 인식이 퍼졌습니다. 그러나 브랜드는 우후죽순으로 생겨났지만 그에 맞는 충성고객의 충분한 수요를 확보하기가 어려워서, 2022년 현재는 고군분투하고 있는 실정입니다.[67]

전자부품 전문회사인 파트론은 2007년 카메라모듈 시장에 성공적으로 진출했습니다. 초반에는 삼성전자의 저가 카메라모듈에 집중하면서 고가 모델에는 접근하지 않았습니다. 고가 모델은 삼성전기가 장악하고 있었고, 수율을 잡기 어렵기 때문에 굳이 삼성전기와 경쟁해서는 수익성을 확보할 수 없었습니다. 저가에서 중가로 차근차근 영역을 확장하면서 경험곡선을 쌓고 규모의 경제를 확보한 이후에, 삼성전기가 카메라모듈 사업을 축소할 때가 되어서야 고가 시장에 진출하였습니다.

• 시장점유율의 함정

기업을 분석할 때 '시장점유율market share'이라는 용어를 자주 사용합니다. 해당 산업에서 각 기업의 몇 퍼센트의 매출액, 혹은 판매량을 점유하고 있는지를 나타내는 지표입니다. 시장점유율을 사용하여 경쟁 강도를 표현하는 지표도 있습니다. CR(Concentration Ratio, 집중도)은 상위 몇 개 회사의 시장점유율 합계를, HHI(Herfindahl-Hirschman Index, 허핀달-허쉬만 인덱스)는 CR은 상위 몇 개 회사의 시장점유율 제곱의 합계를 나타냅니다. 수치가 높을수록 상위 회사의 과점이 심하기 때문에 경쟁 강도가 약할 것으로 판단합니다.

지금까지의 논의를 잘 따라왔다면 이런 분석에 약간의 함정이 있다는 걸 파악할 수 있습니다. 시장점유율의 분자가 되는 각 회사의 매출액, 판매수량 등은 꽤 명확합니다(회사가 자료를 제공하기만 한다면요). 그런데 분모가 되는 '전체 시장'을 어디로 설정할 것인가는 의외로 불명확합니다. 시장을 잘게 쪼갤수록 시장의 크기가 작아지니까 회사의 점유율은 높게 나옵니다. 시장을 넓게 잡는다면 점유율은 낮게 나오겠지요.

피터 틸의 《제로 투 원》에는 시장점유율에 대한 흥미로운 고찰이 나옵니다. 사업을 잘하고 있다고 어필하고 싶은 회사는 시장을 가능한 잘게 쪼개서 높은 점유율을 강조합니다만, 실상은 니치 플레이어 하나에 불과한 경우가 많습니다. 정말로 돈을 잘 벌고 있는 회사는 독과점 이슈에서 벗어나기 위해서 오히려 시장을 최대한 넓게 설정해서 점유율이 그다지 높지 않다고 어필합니다.

밸류 체인이 뒤섞이면서 점유율을 산출하기 어려워지는 경우도 있습니다. 반도체는 IDM과 팹리스, 파운드리로 나눌 수 있습니다. IDM은 반도체 디자인부터 생산까지 모두 직접 수행하는 회사를 말합니다. 팹리스는 디자인 전문회사로서, 생산 전문회사인 파운드리에 생산을 위탁합니다. 또는 고객사를 위해 디자인만 대행해주기도 합니다. IDM이 팹리스에 설계를 위탁하기도 하고, 완제품 회사가 직접 반도체를 설계하여 파운드리에 생산을 위탁하기도 합니다.

삼성전자의 자체 모바일 AP인 '엑시노스'는 삼성전자 파운드리에서 생산합니다. 그렇다면 엑시노스 매출액은 사실상 내부 매출액인데, 삼성전자 내부에서 엑시노스의 위탁생산 가격을 얼마로 책정하느냐에 따라 파운드리 시장점유율이 바뀝니다.[68] 팹리스 업체는 실제로는 인텔, 삼성전자 등 IDM과도 경쟁하지만, 팹리스 시장점유율에는 이들 업체는 등장하지 않습니다. 애플은 'M1' 칩셋을 자체 개발하여 TSMC에 위탁 생산합니다. 애플의 이런 행보는 팹리스 업계의 경쟁 구도에 큰 영향을 미치는데, 시장점유율에는 어떻게 반영해야 할까요?

시장점유율은 경쟁 강도를 제대로 드러내지도 못합니다. 자동차 산업은 집중도가 낮지만 경쟁이 치열합니다. 메모리반도체 산업은 집중도가 높으면서 경쟁이 치열합니다. 시멘트, 제지 등은 집중도가 높고 경쟁이 덜해서 담합 과징금을 부과받을 정도입니다. 제약 산업은 전체 시장으로 보면 과점사업자가 존재하지 않지만, 출혈 경쟁을 하지는 않습니다(물론 이런 업종들도 가끔 경쟁이 치열해지기는 합니다).

이렇듯 시장점유율은 경쟁의 실상을 온전히 드러내지 못하는 지표입니다. 시장점유율이 얼마냐, 더 높은 점유율을 확보하기 위해서 무엇을 해야 하느냐 등은 생각보다 별로 중요한 질문이 아닙니다. 중요한 질문은 '회사가 실제 경쟁 상대로 생각하는 회사가 어디이며, 잠재적으로 어떤 회사로부터 위협을 받을 수 있으며, 어떤 시장으로 확장 가능한가' 등입니다. 마이클 포터는 "무조건 높은 시장점유율을 추구하는 것보다 때로는 시장을 일부 포기하는 것이 더 이로울 때도 있다는 것을 알아야 한다. 높은 시장점유율이 득보다 실이 되는 경우가 종종 있기 때문이다"라고 하였습니다.[69]

• **유익한 경쟁사와 무익한 경쟁사**

경쟁이 기업에 무익하기만 한 건 아닙니다. 혁신을 추구하고 더 나은 제품을 소비자에게 안겨주고 새로운 시장을 개발하도록 부추깁니다. 마이클 포터는 유익한 경쟁사를 판별하는 방법으로 신뢰성과 생존 가능성, 약점 보유, 산업 구조를 개선하는 전략 수행, 현재의 수익성을 받아들일 것 등을 제시하였습니다.[70]

적당히 새로운 경쟁사가 등장하는 것은 오히려 산업에 활력을 줍니다. 카카오뱅크는 상장과 동시에 바로 시가총액 1위 은행이 되면서 어마어마한 지각변동을 예고하는 듯했습니다. 인터넷은행이 등장하면서 소비자들은 그동안 얼마나 고루한 인터페이스에 억지로 적응하면서 살아왔는지 깨달았습니다. '국민 메신저' 카카오톡과 유기적으로 연동되며 단순한 은행을 넘어 플랫폼으로 진화할 수 있다는 기대감이 만연했습니다. 그러나 인터넷은행은 기존 은행과 사업 영역이 완전히 겹치지는 않아서 기존 은행의 수익성을 크게 훼손하고 있지는 않고, 기존 은행들도 인터넷은행에 자극받아서 좀 더 효과적인 UX와 제품을 도입하려고 노력하기 시작했습니다.[71]

경쟁사의 신규 진입은 산업을 확장하기도 합니다. 반도체 소모품 회사인 T사는 반도체 공정에 사용되는 실리콘 소모품을 실리콘 카바이드라는 소재로 코팅해서 내놓았습니다. 반도체 회사들은 이 제품의 유용함을 인정하면서도 한 회사에게만 독점적으로 공급을 의존하기에는 부담이 컸습니다. 이 회사의 투자자들은 경쟁사의 진입을 지독히도 두려워해서 경쟁사의 신규 진입 소식이 들릴 때마다 주가가 급락했지만, 경쟁사의 진입은 오히려 고객사가 안심하고 실리콘 카바이드의 사용처를 확대하는 계기가 되기도 하였습니다.

그렇지만 이런 아름다운 사례는 많지 않습니다. 아름답지 않은 사례는 매우 많습니다. 이윤에 신경 쓰지 않고 시장 재편을 일편단심 추구하는 새로운 기업이 출현하면 시장은 아수라장이 됩니다. 이런 상황이 고객에게는 유익하지만 기존 사업자에게는 해롭습니다. 쿠팡은 연간 수천억 원의 적자를 내면서도 시장점유율 확대에 매진했습니다. 이마트, 롯데마트 등 기존 사업자는 온라인몰을 구축하고 물류를 효율화하면서 나름의 대응을 하고 있지만, 적자폭을 신경 쓰지 않는 신생 업체에 거의 속수무책으로 당했습니다. 아마존의 성공 사례로 인하여 거의 무제한의 자금을 공급받는 이 회사의 KPI(핵심성과지표)는 당장의 수익성이 아니라 시장 장악이었습니다.

• 기술력의 함정

기술 기업들은 기술력을 경쟁력으로 내세우는 경우가 많습니다. 투자자들은 기업의 경쟁력을 분석하기 위해 기업이 가진 기술을 세세하게 파보기도 합니다. 기업을 깊이 공부하는 것이야 누가 뭐라고 하겠습니까마는, 기술력을 분석하는 데 너무 심취하는 건 자칫 위험할 수 있습니다.

일단 기술력은 파악하기 어렵습니다. 본인이 전공을 하고 관련 업계에서 일을 하고 있다면야 기술력 분석이 상대적으로 어렵지 않을 것입니다. 오히려 '능력 범위'를 활용하는 모범적인 사례이니 장려할 일입니다. 문제는 본인의 일상과 무관한 업종에서 기술을 분석하려고 할 때입니다.

회사의 기술력을 파악하는 방법은 크게 3가지 정도가 있습니다. 첫 번째는 회사가 제시하는 설명, 두 번째는 특허, 세 번째는 업계 종사자의 분석 등입니다.

회사가 제시하는 설명은 대체로 좋은 이야기를 늘어놓습니다. "현재 사용되는 기술은 이러이러한 종류가 있는데, 이러저러한 단점이 있으며 우리는 그 단점을 보완하고 강점이 더 많은 기술을 사용한다"와 같은 서술을 볼 수 있을 것입니다. 회사 입장에서는 남들이 베낄 수 있는 기술을 굳이 공개할 필요가 없으니, 이런 설명은 지극히 평범하고 약간은 편향된 서술이라고 보시면 됩니다. 다른 기술을 사용하는 경쟁사에서 제시하는 설명을 대조하면서 공부하면 이 함정을 어느 정도 피해갈 수 있습니다.

두 번째인 특허도 쉽게 빠지는 함정인데요. 기업이 가진 기술은 특허로 보호받을 수 있습니다. 기업의 특허 내용을 보면 기업이 가진 기술력을 파악할 수 있지 않을까 하는 발상은 자연스럽습니다. 그러나 특허의 문제는 1) 만천하에 공개된다, 2) 특허가 만료되면 남들도 사용할 수 있다는 점입니다. 따라서 기업은 자신들이 가진 진짜 핵심 노하우는 특허로 공개하지 않습니다. 특허를 공개하는 경우는 혹여나 기술이 유출되어 누군가 카피를 시도할 때 반드시 사용할 수밖에 없는 '주변 기술'을 특허로 걸어놓아서 일종의 울타리를 치는 용도가 많습니다. 해당 기술에 대해서 아주 해박하다면 이런 '주변 기술'만 가지고도 기업의 기술력을 추측할 수 있겠습니다만, 그 경지에 도달하지 못한 투자자들이 그러는 건 위험합니다. 몇 가지 특허를 근거로 "이 기업의 기술력이 훌륭하니까 투자하자!"라고 하는 우를 범하지 말아야 합니다.

세 번째는 업계 종사자의 분석입니다. 사실 문외한이라도 긴 호흡으로 해당 기술의 기초 지식을 습득하고, 여러 경쟁사의 주장을 대조해보면 어느 정도 기술 수준에 대한 윤곽이 잡힐 텐데요. 고맙게도 그 지난한 과정을 누군가가 대신해주는 경우가 가끔 있습니다. 물론 그 분석을 수행한 사람도 어느 정도 편향되어 있을 수 있지만, 그 정도는 투자자가 알아서 걸러야지요.

어떻게든 회사의 기술 수준을 대략이나마 파악했다 하더라도, 또 여러 가지 함정이 있습니다. 기술 트렌드는 계속 변화하고, 회사가 어떤 기간에는 기술 우위를 가지고 있었어도 후발주자에게 따라 잡히는 경우가 있습니다. 인텔은 수십 년간 마이크로프로세서 시장의 독보적인 1위 주자였습니다만, 최근 AMD의 프로세서는 인텔보다 훨씬 나은 성능을 보이면서 주목받고 있습니다. 인텔의 전략이 무엇이 문제였는지 뒤늦게 분석 글이 쏟아지고 있습니다만, 그런 인텔의 전략은 한때 정석으로 간주되었습니다.[72] 이런 변화는 반대로 기회가 되기도 합니다. 사실 반도체 업계 종사자들은 AMD의 제품 퀄리디가 급격히 좋아지고 있음을 미리 눈치채기도 했습니다. 이럴 때 AMD에 투자했다면 '능력 범위'를 활용한 좋은 사례가 되겠습니다.

가장 중요한 문제는 기술 우위가 언제나 돈을 벌어다주지는 않는다는 점입니다. 신생 테크 회사나 바이오 회사가 이런 함정에 많이 빠집니다. 웬만한 기술은 돈을 쏟아부으면 따라 잡히게 마련입니다. 거꾸로 말하자면, 기술 우위를 유지하는 데에는 많은 돈이 들어간다는 이야기입니다. 더 뛰어난 기술이 들어간 제품을 시장에 출시했어도 소비자가 그 효용을 느끼지 못하면 회사가 돈을 벌 수 없습니다. 5G 무선통신 기술이 도입되면서 시장은 각광했지만, 2022년 현재 5G 설비투자는 목표치를 대폭 하회하고 있습니다. 통신서비스 회사들은 5G 기술을 이용하는 마땅한 애플리케이션이 없다고 이야기하고, 애플리케이션 회사들은 인프라가 부족해서 서비스를 만들어내기 어렵다고 합니다. 삼성전자의 휴대전화는 새로운 기술을 가장 빨리 도입하기로 유명합니다. OLED 디스플레이도 가장 빨리 도입했고, 플렉서블 디스플레이에서도 앞서 나가고 있습니다. 그러나 이런 제품들에 소비자가 실제로 만족을 느끼고 비싼 가격을 지불하게 되기까지는 상당한 시간이 걸렸습니다.

정리하자면 기술력은 파악하기 어렵고, 파악하더라도 미래의 변화를 예측하기 어렵고, 기술 우위를 가지고 있더라도 회사가 돈을 버는 건 또 다른 이야기입니다. 결국 중요한 건 회사가 얼마의 돈을 써서 얼마의 돈을 회수하느냐입니다. 기술력이 되었건 뭐가 되었건, 회사가 돈을 버는 진짜 중요한 노하우는 그 이면에 감추어져 있습니다.

투자자 입장에서는 기술 자체에 대해서 세세하게 평가하는 것보다는 회사가 얼마나 진실되게 사업을 하고 있는지를 파악하는 것이 더욱 중요합니다. 투자자가 전반적인 기술 트렌드에 대한 지식을 갖추고 있다면 회사가 소개하는 자료의 진실성 여부는 남들보다 좀 더 잘 파악할 수 있을 것입니다. 정말 말도 안 되는 기술을 가지고 엄청난 기술이라고 치장하는 케이스를 걸러낼 수만 있어도 그동안의 공부는 보상받을 수 있겠지요.

기술과 사업의 관계에 대해서는 마이클 포터가 다음과 같이 잘 설명한 바 있습니다. "기술의 변화는 변화 그 자체만으로 의미가 있는 것이 아니라, 기술 변화가 경쟁우위와 산업 구조에 영향을 미칠 수 있을 때 비로소 유효하다. (중략) 하이테크 산업이 반드시 높은 수익을 가져다주는 것도 아니며, 특성상 복잡성, 가변성 등의 불리한 요인 때문에 일반 기술 산업보다 수익성이 낮은 경우도 있다. (중략) 사실 좀 더 넓은 시각에서 본다면 일반 기술 산업이라는 것은 존재하지 않는다. (중략) 실질적으로 경쟁적 우위를 형성하는 기술 혁신은 획기적인 과학적 발전을 토대로 한 것보다 매우 평범한 것에서 비롯된 경우가 많기 때문에, 기술 혁신은 하이테크 산업뿐만 아니라 일반 기술 산업에서도 전략적으로 중요하다."[73]

전략

회사는 경쟁력을 확보하기 위하여 여러 가지 선택을 합니다. 운영 효율성을 높이는 일이야 일상적으로 늘 하는 일이고, 가끔은 산업의 진·출입 등 회사의 포지션을 바꾸는 큰 의사결정을 하기도 합니다. 이런 화려한 전략들은 시장의 많은 주목을 받지만, 실제로 기업가치를 높이는지에 대해서는 그다지 긍정적인 연구 결과를 찾기가 어렵습니다.

• 인수합병의 함정

기업을 매입하는 일은 가장 자주 거론되는 '전략적 의사결정'입니다. 1980년대에 미국에서 기업들이 빠르게 성장하는 발판이 되었고, 인수자가 많아지니 창업자의 엑시트를 용이하게 해서 창업 욕구를 더욱 불태우는 긍정적인 효과가 있었습니다.

그렇다면 인수합병이 기업가치에는 어떻게 기여했을까요?

어스워스 다모다란의 《투자 전략 바이블》에서는 인수합병이 기업가치에 미치는 영향을 측정해보았습니다. 기업이 기업을 인수해서 가치를 높이는 메커니즘은 1) 저렴한 구매 가격, 2) 시너지 창출, 3) 무능한 경영진 교체 등이 있습니다. 1)은 워런 버핏이 사용하는 방법이고, 2)는 1980년대에 수많은 회사가 인수합병을 정당화하기 위해 들고 온 논리입니다. 3)은 PEF가 사용하는 방식입니다.

다모다란은 1998~2001년 기간 동안 S&P 100 기업 중 인수에 가장 적극적이었던 회사의 수익률이 다른 회사 대비 현저하게 낮음을 밝혔습니다.[74] 인수에 적극적인 회사는 일반적으로 인수에 과다한 비용을 지출하고, 집중력을 상실하는 등의 문제를 낳습니다. 경영진의 인센티브가 '빠른 성장'에 초점이 맞추어진 경우 경영진은 장기적인 성과보다는 단기적으로 기업이 성장한 것처럼 포장하는 데에 집중하곤 합니다. 인수합병으로 만들어낼 수 있는 '시너지'는 얼마든지 그럴싸하게 주장할 수 있습니다만, 두 사업이 합쳐져서 1+1=3이 되는 일은 생각보다 매우 어렵습니다.

인수합병 게임의 승자는 거의 대부분 피인수 기업입니다. 앞서의 이유로 인수자는 과다한 비용을 지불하는 경우가 많고, 과도하게 지불된 금액은 피인수 기업의 주주들에게 돌아갑니다.[75]

• **수직적 통합의 함정**

밸류 체인상에서 전방이나 후방에 있는 사업을 인수합병하거나 직접 진출하여 사업을 확장하는 방법을 수직적 통합이라고 합니다. 어떤 원재료의 비용이 과다해서 그 원재료를 직접 만들어내거나, 유통망에 지불하는 수수료를 줄이려고 유통을 직접 하는 등이 수직적 통합의 사례입니다. 영화제작자가 영화관을 경영하고, 광고 회사나 유통 회사가 제품을 직접 만드는 등 수직적 통합의 사례는 주변에서 흔히 발견할 수 있습니다.

수직적 통합이 가치를 창출하려면 밸류 체인이 외부에 있어서 회사의 가치를 훼손하고 있다는 확실한 증거가 있어야 합니다. 앞서 이야기한 대로 수직적 통합은 진정으로 그 사업이 필요해서 하기보다는 단순한 외형 확장을 위한 보여주기식인 경우가 많습니다.

제조업자 입장에서 유통업자는 가만히 앉아서 물건만 떼어 와서 파는 걸로 돈을 버는 것으로 비치기 십상입니다. 그러나 입지를 확보하고 제품을 선정, 홍보하고 물류를 관리하는 방법은 유통 회사 고유의 노하우입니다. 제조업자가 함부로 유통까지 먹으려고 하다가 오히려 다른 유통업자들이 모두 그 회사의 제품을 취급하기를 꺼려서 이익이 더 줄어들 수도 있습니다.

수직적 통합을 하면 각 밸류 체인의 사업부들이 질 낮은 제품을 강제로 이용함으로써 회사 전체적으로 경쟁력이 떨어질 수 있습니다. 영화 배급사가 영화관을 소유하고 있다면, 인기가 없는 영화라도 배급사의 수익 확보를 위해 영화관 상영 시간을 늘리고, 그로 인해 영화관 사업부에서는 다른 좋은 영화를 상영하지 못해서 이익이 훼손될 우려가 있습니다. 전자제품 완제품과 부품을 함께 만드는 경우에도 비슷한 우려가 있습니다. 부품의 질이 나쁘더라도 부품 사업부의 고정비를 충당하기 위해서 억지로 부품을 구매해서 완제품에 넣어 팔면 완제품의 경쟁력이 떨어져서 고객의 신뢰를 잃을 수 있습니다.[76] OEM 회사가 자체 브랜드 제품을 론칭하는 사례도 종종 볼 수 있는데, 고객사 입장에서는 벤더사가 경쟁사가 되는 격이라 주문을 다른 곳으로 돌릴 수 있습니다.

결국 중요한 것은 각 사업부의 경쟁력입니다. 수직적 통합이 의미 있으려면 각 사업부가 독자적으로 외부의 다른 사업부 대비 고유의 경쟁력이 있어야 합니다. 아마존의 AWS는 원래 아마존 내부에서 사용하는 클라우드컴퓨팅 시스템이었습니다. 자사의 IT 인프라를 효율적으로 사용하기 위해 만든 시스템이었는데, 만들어놓고 보니 너무 좋아서 외부에도 판매해서 대박이 났습니다.

경쟁력이 떨어진다 싶으면 철수하는 게 좋은 선택이 되기도 합니다. OTT 사업은 한때 각광받았지만 갈수록 경쟁이 치열해지고 있습니다. 소니는 사실 가장 앞선 시기의 OTT 사업자 중 하나였습니다. 소니는 훌루가 설립되고 넷플릭스가 온디맨드 서비스를 시작한 2007년에 '그

루퍼Grouper'라는 이름의 스트리밍 서비스를 시작했습니다. 이후 '크래클'로 이름을 바꾼 이 서비스는 2019년에 '소울 엔터테인먼트'가 운영하는 '치킨 수프'에 매각되었습니다.[77] 현재 소니는 훌륭한 콘텐츠 사업자로서 다양한 OTT 서비스의 주요 파트너로서 자리매김하고 있습니다.

• BCG 매트릭스의 함정

BCG 매트릭스는 컨설팅 회사 BCG에서 만든 사업 전략 평가 틀입니다. '시장의 성장 가능성'과 '시장 내 지위'라는 두 개의 축으로 사업

그림 9-2

BCG 매트릭스

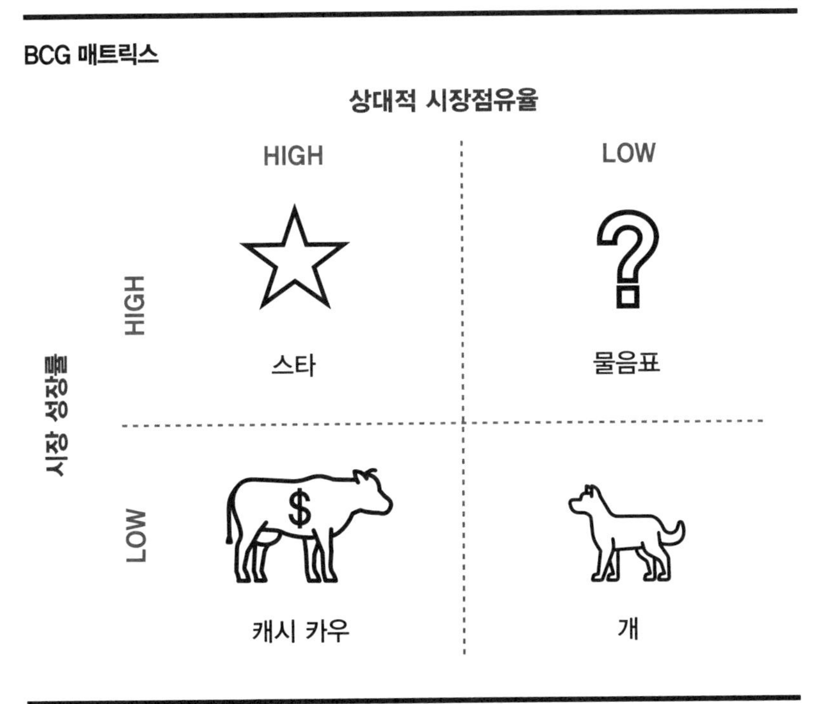

을 구분합니다. 성장 가능성이 크고 시장 내 지위가 강력하면 더할 나위 없이 좋은 사업이지요. '스타'라고 부릅니다. 선도적인 시장 지위를 잘 유지하여 최후의 승자가 되어야 합니다. 성장 가능성이 작지만 시장 내 지위가 공고한 경우 '캐시 카우'라고 부릅니다. 여기서 나오는 현금은 다른 사업의 투자 재원이 됩니다. 성장 가능성이 낮고 시장 내 지위도 약한 경우 '개'라고 부릅니다.[78] 철수하는 게 좋습니다. 성장 가능성이 크지만 아직 시장 내 지위가 약한 경우 '물음표'라고 합니다. 잘하면 스타가 될 수 있고, 못하면 개가 될 수 있는 사업입니다.

BCG 매트릭스의 기본 해석은 개 사업은 버리고, 캐시 카우의 자금을 잘 활용해서 스타를 키우거나, 물음표를 스타로 만들기 위해 애써야 한다는 것입니다. 아마존을 보자면 국내 온라인 유통업과 AWS가 '스타'와 '캐시 카우' 역할을 번갈아 가면서 하고 있고, 해외 온라인 유통업이 '물음표'일 것입니다. 국내 온라인 유통업의 현금흐름이 AWS로 투입되고, AWS의 현금흐름이 다시 해외 온라인 유통업으로 투입되어서 유통 사업의 경쟁력을 강화하는 데 도움을 주었습니다. 소니의 경우에는 콘텐츠 사업은 '스타'이고 OTT 사업은 '물음표'였을 것입니다. 소니는 잘될지 안 될지 모르는 '물음표'에서 과감하게 철수하고 '스타'에 집중하는 선택을 하였습니다.

이러한 기본 개념은 사업 전략을 판단하는 데 꽤 도움이 되지만, 이를 너무 곧이곧대로 받아들이면 낭패를 볼 수 있습니다.

사업은 2×2 매트릭스처럼 단순하지 않습니다. 사업부별 현금흐름을 딱 떨어지게 발라내기도 어렵고, 앞서 말씀드렸듯 시장 내 지위, 즉 시장점유율이 어느 정도인지도 측정 방법에 따라 달라집니다. LG전자는 휴대전화 사업에서의 애매한 지위 때문에 고민이 많았는데, 2017년부터 저가 라인업인 'X'와 'K'를 통합하다가 2019년 단종시켰고, 2020년에 'Q'도 단종시켰습니다.[79] 그러나 아무리 라인업을 조정하고 적자품목을 없애도 휴대전화 사업부의 적자 폭은 줄어들지 않았습니다.

LG전자는 프리미엄과 중저가 휴대전화를 모두 아우르는 라인업을 가지고 있었습니다. 휴대전화 사업 내에서 매트릭스 분석을 해보자면 저가 휴대전화는 포화되었고 경쟁력도 약한 사업부였을 것입니다. 아직은 성장 여력이 있고 나름의 브랜드 인지도가 있는 프리미엄 라인업(물음표 혹은 스타)을 남기고 저가 라인업(개)을 없애는 선택이었을 텐데요. 저가 라인업의 매출액이 0이 되면서 휴대전화 사업부 전체에 들어가는 고정비와 부품 공급, 연구개발에서 발생하던 규모의 경제가 훼손되어 적자 폭이 줄지 않았던 것으로 추측합니다.

삼성전기는 대기업이 직접 하기에 적절하지 않은 사업을 계속 분사하기로 유명합니다. 그러나 아무리 사업부를 분사해도 삼성전기의 ROE는 10%를 겨우 넘기는 수준에서 유의미하게 더 높아지지 않았습니다. 오히려 분사된 기업들은 분사 초기에 20% 이상의 높은 ROE를 내는 경우가 허다했습니다. 분사해나간 기업이 자생력을 갖추도록 설비를 싼 값에 양도하거나 직원들의 위로금을 지급한다거나 우호적인 가격에 제품 구매를 보장하는 등의 조치가 있었을 것으로 추측할 수 있습니다.

마이클 포터는 "가장 확고한 경쟁우위란 대단한 전략 몇 개가 아니라 기존의 무수한 활동들이 누적되어 확보된다"고 하였습니다.[80] 기업이 '승부수' 어쩌고 하는 대단한 의사결정을 할 때에는 무언가 대단한 의사결정을 했다기보다는 '승부수'를 띄워야 할 정도로 몰려 있다고 해석하는 게 낫습니다. 투자자에게 도움이 되는 경제적 해자는 결국 경쟁우위를 꾸준히 만들어내는 일상의 활동입니다.[81] 신규 진입자가 진입할 유인을 계속해서 꺾어버리도록 회사를 쇄신해나가는 매일의 활동이 모여서 경쟁우위가 되고, 이러한 경쟁우위에 기반한 '전략'들이 가치를 창출하는 전략이 됩니다.

기업이 가치 확대를 위한 전략을 펼쳤느냐는 결국 장기간 (부채 없이) 높은 ROE를 만들어낼 수 있는지로 귀결됩니다. 미래를 위한 투자(연구개발비와 설비투자 등)와 마케팅비(고객 락인과 브랜드 가치 향상) 등이 어우러져 타사 대비 높은 효율로 이익을 만들어내고 이를 바탕으로 새로운 제품을 내놓고, 또 이익을 내고, 결국 투자자에게 많은 현금을 돌려주는 일이 기업이 하는 활동입니다.

능력 범위 확인

먼 길 오느라 고생하셨습니다. 지금까지 기업을 분석하는 기초적인 방법론을 배워보았습니다. 이제 실제 기업을 분석해보면서 능력 범위를 확인해보고 싶을 텐데요. 분석한 기업이 내 능력 범위 안에 있는지 확인하는 방법을 알아보고 이 장을 마무리하겠습니다.

과거 주가와 실적, 이벤트

기업 분석이 어느 정도 마무리되었다면 과거 10년 치 이상, 가능한 긴 기간의 주가 차트를 쭉 펼쳐봅시다. 매출액과 이익 등 실적 지표도 함께 띄울 수 있으면 좋습니다. 주가는 기본적으로 이익을 따라가지만, 이익에 큰 변동이 없는데도 주가만 움직이는 경우도 있고, 이익이 크게 변했는데도 주가는 그다지 변하지 않거나 오히려 반대로 움직이는 경우도 있습니다.

과거 차트를 보면서 실적이 크게 변한 시기에는 어떤 이유로 크게 변했는지, 주가의 움직임은 이와 관련해서 혹은 이와 관련없이 어떤 움직임을 보였는지 중요한 구간별로 파악해봅시다. 이 연습을 하고 나면 이 회사의 투자자들이 무슨 생각을 하는지, 어떤 요소에 어떻게 반응하는지 등을 추측할 수 있습니다.

〈그림 9-3〉은 대한민국을 대표하는 게임사 '엔씨소프트'의 과거 20년

그림 9-3

엔씨소프트의 20년간 주가와 매출액, 영업이익 차트

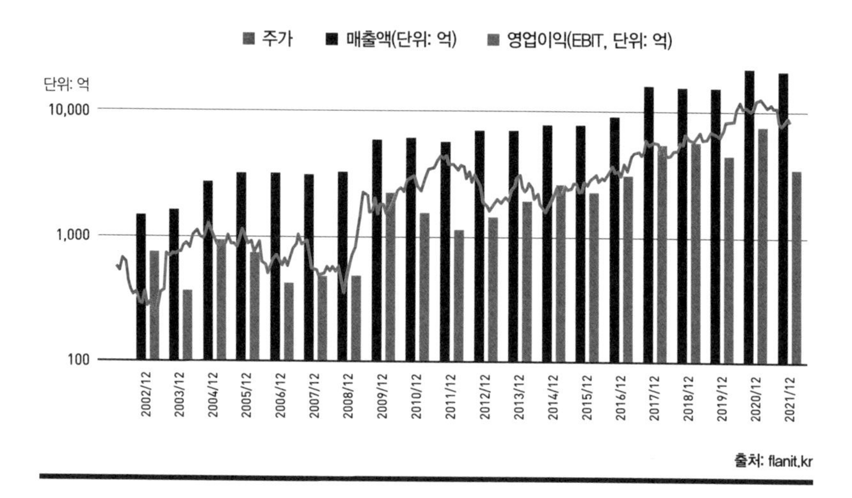

출처: flanit.kr

간 주가와 매출액, 영업이익 차트입니다(로그 단위입니다). 이 회사에는 과거에 어떤 일이 있었고 주가는 어떻게 움직였을까요?

엔씨소프트는 1998년 9월 '리니지', 2003년 10월 '리니지 2'를 연이어 성공적으로 출시했습니다. 엔씨소프트의 주가는 2003년 중순부터 리니지 2 출시 기대감으로 상승했습니다. 흥행은 성공했고 2004년 이익은 전년 대비 158% 증가했지만, 주가 상승은 오히려 2003년이 더 컸습니다.

이후 2008년까지 주가는 장기간 하락했습니다. 이 당시는 퍼블리셔 모델과 캐주얼 게임이 대세였던 시기로, 엔씨소프트는 굵직한 작품을 몇 년에 한 번 내놓는 게임사라는 인식 때문에 주가가 장기간 안 좋았습니다. 이에 더해 개발비를 전액 당기비용 처리한 덕에 이익은 (일부 무형자산으로 쌓는) 경쟁사보다 더 나빠 보인 영향도 있었을 것입니다. 2005년 4월 '길드워'라는 게임도 출시했고 나름의 성공을 거두었지만 재무적으로 큰 이익을 주지는 못했습니다.

2008년 11월 엔씨소프트는 '아이온'이라는 신작을 출시하고, 성공했습니다. 이제 엔씨소프트는 리니지라는 단일 IP를 벗어난 게임사가 되었습니다. 여기에 더해 2009년 선보인 '블레이드 앤 소울'의 트레일러 영상은 엄청난 반향을 일으켰습니다. MMORPG를 표방하면서도 거의 대전 액션 게임에 가까운 게임성을 보여주면서 게임 유저들은 환호성을 질렀습니다. 역시 '기술의 명가' 엔씨답다는 평이었습니다. 한편 2009년 이후 캐주얼 게임 개발사를 연이어 인수하면서, 지나치게 하드코어 게임에만 집중한다는 이미지를 벗으려 노력하였습니다. 덕분에 2010년부터 이익은 감소했지만 주가는 오히려 상승했습니다. 게임 같은 흥행 산업에서는 단일 제품의 흥행에 대한 의존도가 감소하고 다양한 파이프라인을 갖추는 모습에 시장은 프리미엄을 줍니다.

주가가 급락한 2012년에는 무슨 일이 있었을까요? 3월에 'NC다이노스'라는 야구단을 출범합니다. 게임 회사가 야구단이라니…. 물론 대중적인 인지도 확보를 위해서 야구단을 운영하는 것도 괜찮은 방법이기는 합니다만, 엔씨소프트처럼 유저층이 명확하고, 대중적인 인지도가 인력 확보에 큰 영향을 미치지도 않는 사업에서 야구단을 운영하는 행태에 투자자들이 그다지 신뢰를 보내기는 어렵습니다. 일반적으로 스포츠 구단을 운영하는 건 개인의 사치라는 인식이 강하니까요.

6월에는 동종 업계 삼두마차[82] 중 하나인 '넥슨'이 엔씨소프트의 지분을 14.7% 인수했습니다. 함께 힘을 합쳐서 글로벌 시장에서 어깨를 견줄 수 있는 훌륭한 게임을 출시해보자는 명분이었는데요. 문제는 그게 1대 주주인 김택진의 지분을 받아가면서 이루어진 거래라, 최대주주가 변경되었다는 점입니다. 협업도 좋지만, 그동안 회사를 키워온 창업자가 2대 주주로 내려가야만 했는지에 대해서는 많은 의문을 남겼습니다.

같은 달에 오랫동안 기다려온 '블레이드 앤 소울'이 드디어 출시되었습니다. 기대한 만큼의 조작감을 보여주었으나, 한국 게임의 고질적인 문제로 꼽히던 운영[83] 등이 비판을 받으면서 대주주가 바뀌어서 그렇다느니 하는 논란에도 올랐습니다.

온라인의 유저 게시판은 회사에 대한 불만과 조롱 글로 넘쳐났지만, 이익을 꺾지는 못했습니다. 오히려 이후 수 년간 엔씨소프트는 차곡차곡 이익을 늘려가는 모습을 보여주었습니다. 한편 '길드워 2', '와일드스타' 등을 출시하면서 지역과 장르의 저변을 넓히려는 시도도 꾸준히 하였습니다. 2015년에는 삼두마차의 나머지 한 회사인 '넷마블'이 지분을 인수하면서 또 주목을 받았습니다. 이와 함께 넷마블은 '리니지 2', '블레이드 앤 소울' 등 엔씨소프트의 IP를 활용한 모바일 게임을 다수 출시하겠다고 발표했습니다.

엔씨소프트의 과거 문제였던 장르 편중(MMORPG), 플랫폼 편중(PC)이 모두 해소되며 주가는 이에 화답하였습니다. 엔씨소프트의 자체 모바일 게임인 '리니지 M'까지 성공적으로 출시(2017년 6월)되면서 주가는 2012년 말부터 2017년까지 약 3배 상승하였습니다.

이후 엔씨소프트의 행보는 다시 논란의 여지가 많아졌습니다. 넥슨은 의미 있는 어떤 결과를 낳지 못한 채 지분을 매도했고, 넷마블과의

그림 9-4

엔씨소프트 주가와 영업이익 차트

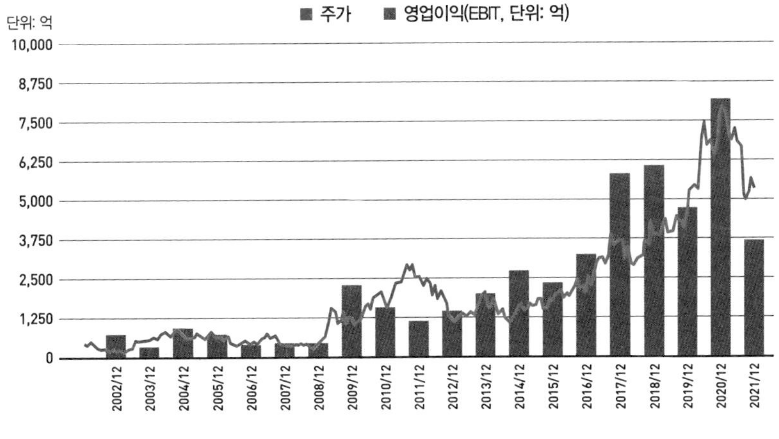

협업은 2018년 12월 '블레이드 앤 소울 레볼루션' 출시를 끝으로 새로운 소식이 나오지 않고 있습니다. 모바일 게임도 자체 제작에 몰두하고 있고, '프로야구H3', '트릭스터' 등의 게임을 출시했지만 흥행에 성공했다고 보기는 어렵습니다. 2018년 이후 흥행작은 '리니지 2M'과 '리니지 W' 정도로서, 리니지 IP에 대한 의존도가 더욱 강화되었습니다. 특히 확률형 아이템을 비롯한 과금 모델이 뜨거운 도마 위에 오르면서 웃지 못할 상황을 연출하기도 했습니다.[84] 또한 최근 대세로 자리 잡은 유명 'BJ'들을 활용한 프로모션이 게임의 장기적인 흥행에 도움이 되는 모델인지도 의문시되고 있습니다.

이 사례에서 우리는 무엇을 알 수 있을까요? 다음과 같은 사항들이 있겠습니다.

- 흥행 산업은 제품 출시 직전의 기대감이 주가에 더 큰 영향을 미친다. 제품이 출시되고 흥행한 이후에 따라붙는 것은 위험하다. 반대로 (2008년 11월 아이온 사례처럼) 기대감이 거의 없었을 경우에는 출시 이후에 따라붙어도 이익을 볼 여지가 크다.
- 흥행 산업은 개별 제품의 흥행 여부에 따른 리스크가 줄어드는 것으로 프리미엄을 받을 수 있다. 그러나 무작정 다양한 제품을 출시하기만 해서는 장기적인 성장을 담보하기 어렵다.
- 유저들의 불만은 생각보다 덜 중요하다. 비난하는 사람이 많다는 건 그만큼 많은 관심을 받고 있다는 뜻이다. 아예 유저들에게서

잊히는 게 가장 위험하다.

그렇다면 이를 바탕으로 현재 주가에서는 무엇을 추론할 수 있을까요? 현재 실적이 나빠지고 있고 주가도 함께 하락하고 있다면 신작에 대한 기대감이 사라지고 있거나, 무언가 다른 이유로 회사에 대한 신뢰가 훼손되었다고 볼 수 있겠지요. 실적이 나빠지고 있지만 주가가 오르고 있다면 신작에 대한 기대감이 부풀어오르고 있다고 볼 수 있겠고요. 실적이 좋아졌음에도 불구하고 주가가 하락한다면 신작에 대한 기대감이 이미 충분히 반영되어 소위 '셀 온 더 뉴스sell on the news'하는 중이라고 볼 수 있겠습니다. 실적이 좋아지면서 주가도 함께 상승하고 있다면 최근의 신작에 더하여 후속작, 혹은 신작의 지역 확장에 대한 기대감이 붙거나 구조적인 개선에 대한 기대감이 있다고 볼 수 있겠지요(단편적인 예시일 뿐입니다. 실제로는 좀 더 여러 가지 변수가 있을 것입니다).

이처럼 과거의 실적과 주가를 훑어보는 것으로 우리는 기업의 속성, 변화 방향, 투자자들의 행태와 기대감 등 투자 성과에 크리티컬하게 영향을 미치는 주요 사항을 파악할 수 있습니다. 이는 피터 린치도 즐겨 썼던 방법입니다. "나는 중대한 사건과 변변치 않은 사건을 모두 상기하기 위해 사무실 내 자리 옆과 집에 장기 차트집을 별도로 비치해놓고 있다"고 말한 바 있습니다.[85]

신제품 출시

기업이 신제품을 출시할 때마다 어떤 의도로 출시한 것이며, 성공했을 경우 혹은 실패했을 경우 재무적으로 어떤 결과를 내놓을지 눈에 들어온다면 능력 범위 안에 있습니다.

애플은 2020년 11월 자체 칩셋인 'M1'을 공개했습니다. 자사의 맥 제품에 사용하는 칩셋으로서, 기존의 인텔 칩셋을 대체하였습니다. 애플은 하드웨어와 OS가 통합되어서 최적의 효율을 낼 수 있는 강점을 지녔는데, CPU, GPU, NPU, RAM 등을 통합한 칩셋을 내놓음으로써 이러한 강점에 쐐기를 꽂습니다.

처음에는 맥북에만 적용하는 칩셋으로 알려졌습니다만,[86] 2021년 4월 발표에서는 아이패드 프로에 적용하였습니다. 원래 노트북은 CISC 코어를, 모바일 제품은 RISC 코어를 사용하는데, M1은 RISC 코어를 사용하여 저전력으로 고성능을 내는 칩셋입니다. RISC 코어는 효율이 좋지만 그 위에 돌아가는 소프트웨어가 CISC 기반과는 호환되지 않습니다. 기존의 CISC 기반 인텔 칩셋을 사용하다가 굳이 불편을 감수하면서 RISC 기반으로 바꾸었다는 건 모바일 기기로의 확장성을 고려한 선택이었다고 볼 수 있으니, 여기까지는 어느 정도 예상된 수순이었다고 할 수도 있겠습니다.

한편 2022년 3월에는 M1 칩셋을 하위 모델인 아이패드 에어에도 탑재한다고 발표했습니다. 이는 약간 의외였는데 아이패드 프로는 고성능으로, 아이패드 에어는 휴대성과 가격으로 차별화를 두는 라인업입니다. 아이패드 프로에 탑재하는 칩셋을 아이패드 에어에도 탑재했다는 건 아이패드 프로의 성능 우위를 약간 희석시키는 선택입니다. 애플은 왜 이런 선택을 하였을까요?

크게 두 가지로 생각해볼 수 있습니다. 하나는 애플 제품 간 차별화보다는 애플 제품과 타사 제품의 차별화가 더욱 중요하다는 겁니다. 애플이 원하는 바는 휴대전화-태블릿-노트북-데스크탑-손목시계-이어셋 등의 제품을 고객이 모두 구매하여 통합 생태계 내에서 애플이 제공하는 서비스를 이용하는 것입니다. 애플 제품 라인업 간의 세세한 차이보다는 '애플 제품군'이 '타사 제품군'보다 압도적으로 우월함을 보여주어서 애플의 전반적인 영역을 계속 확장하는 게 애플의 전략에 더 부합하는 행위입니다.

또 하나는 칩셋 생산비용입니다. 애플은 자체 팹이 없기 때문에 외부 파운드리에 제작을 의뢰하는데, 파운드리 비용은 생산량이 늘어날수록 개당 단가가 떨어집니다. 반도체 팹은 엄청난 고정비 비즈니스니까요. 그리고 칩셋을 연구개발하는 데에도 많은 비용이 들어가기 때문에, 한번 제대로 개발한 칩셋은 약간 무리해서라도 최대한 많이 사용해주어야 다음 모델을 개발하기가 수월해집니다.

애플의 칩 개발 역사는 사실 꽤 오래되었습니다. A시리즈(모바일 기기), S시리즈(애플워치), W시리즈(음향기기), 기타 H시리즈, T시리즈, U시리즈 등 메인 프로세서와 보조 칩셋 등 다양한 칩셋을 자체 개발하여 제품에 탑재하고 있습니다. PC향 칩셋은 일종의 애플의 숙원사업으로, 그동안의 칩셋 개발 역사에 방점을 찍는 제품이라고 볼 수 있습니다. 이번 칩셋의 성공을 통해서 애플은 자사 제품의 성능도 올리고, 칩셋 라인업도 정리하여 원가 측면에서도 타사가 도저히 넘볼 수 없는 존재가 되었습니다.

이렇게 어떤 회사가 신제품을 출시했을 때 출시 의도, 경쟁 구도와 수익성에 미치는 영향 등을 다각도로 추론할 수 있다면, 회사는 투자자의 능력 범위 안에 있다고 볼 수 있습니다. 비록 그 분석이 틀릴지라도, 향후에 일이 흘러가는 추이를 보면서 무엇이 틀렸는지를 파악하고 추론을 개선해나갈 수 있습니다.

전략적 의사결정

인수합병이나 분할 등 전략적 의사결정에 대해서도 그 이유가 무엇인지 눈에 착착 들어온다면 해당 회사에 대한 투자는 내 능력 범위 안에 있다고 할 수 있습니다. 전략적 의사결정은 워낙 다양한 변수들이 개입하기 때문에, 얼핏 보아서 이해하기 어려운 경우가 많습니다.

마이크로소프트는 2022년 1월, 게임 회사 블리자드를 687억 달러에 인수한다고 발표하였습니다. 블리자드는 한때 '워크래프트', '스타크래프트', '디아블로', '오버워치' 등의 연이은 성공으로 전설적인 위상을 얻었지만, 최근에는 성과도 부진하고 여러 구설수가 난무하는 회사가 되었습니다. 이런 회사에 한화로 무려 약 80조 원에 달하는 거액을 지불[87]하고 인수하는 의도는 무엇일까요?

단기적으로 생각해볼 수 있는 요인은 마이크로소프트의 콘솔 게임 사업인 '엑스박스'입니다. 소니의 '플레이스테이션'과 양대 산맥을 형성하는 가운데, 콘텐츠 확보는 사업의 사활을 걸 정도로 중요한 요소입니다. 블리자드와 액티비전이 보유한 강력한 게임 라인업을 엑스박스에 안정적으로 출시할 수 있다면 플레이스테이션과의 경쟁에서 든든한 버팀목이 되어줄 것입니다.

거시적인 관점에서 보자면 클라우드 서비스와의 연계를 떠올릴 수 있습니다. 마이크로소프트의 애저Azure 서비스는 아마존의 AWS, 구글의 구글 클라우드와 경쟁합니다. 클라우드 서비스의 3대 고객은 비디오, 커머스, 게임입니다. 그런데 아마존은 커머스를, 구글은 비디오(유튜브)를 이미 잡고 있지요. 그렇다면 마이크로소프트는 게임 사업을 좀 더 강화함으로써 자사의 클라우드 서비스 역량을 더욱 키울 수 있습니다.

좀 더 멀리 가보자면 메타버스를 이야기할 수도 있습니다. 소문만 무성한 잔치가 될 수도 있지만, 가상 공간에서 실생활을 영위하는 그 순간이 어쨌거나 온다면, 마이크로소프트가 꽤 유리한 위치에 서 있는 건 사실입니다. 메타버스를 즐기려면 하드웨어(콘솔/PC), 인터페이스(헤드기어/컨트롤러), 소프트웨어(게임/커머스/비디오/소셜미디어) 등이 필요하겠지요. 페이스북은 사명까지 메타로 바꾸는 등 메타버스에 진심인 듯한 행보를 보이지만, 가지고 있는 건 오큘러스 하드웨어와 소셜 미디어 페이스북/인스타그램뿐입니다. 구글은 하드웨어가 약하고, 애플은 애플리케이션이 부족합니다. 마이크로소프트는 모든 밸류 체인을 다 가지고 있습니다. 누가 승자가 될지는 알 수 없지만, 블리자드가 가진 강력한 IP와 게임 개발 노하우를 습득하는 건 경쟁에서 상당한 힘이 될 것입니다.

혹은 그냥 단순히, 게임 산업이 앞으로 유망하고 마이크로소프트는 현금이 남아도는데 마침 좋은 가격에 매물이 나와서 인수한 것일 수도 있습니다(흥미롭게도 버크셔 해서웨이가 이미 블리자드 주식을 보유하고 있었습니다). 결과는 지나봐야 알겠지요. 어쨌거나 이런저런 시나리오들이 머릿속에 막 떠오른다면 투자자는 어느 정도 능력 범위 안에서 놀고 있다고 볼 수 있습니다. 만약 이 뉴스를 접하고 "마이크로소프트는 '오피스' 만드는 회사 아니야? 게임 회사를 왜 인수해?" 이런 생각이 들었다면 당장 투자에 나서는 것보다는 공부를 좀 더 하는 게 나을 것입니다.

미래 예측

회사가 과거에 걸어온 길과 주가의 관계를 나 나름대로 해석할 수 있고, 현재 하는 선택(신제품과 전략적 의사결정)에 대해서도 남과 다른 의견을 내놓을 수 있다면 상당한 능력 범위를 갖추었다고 볼 수 있습니다. 그럼 이제 미래를 예측해볼 수 있습니다.

다음 그림을 볼까요.

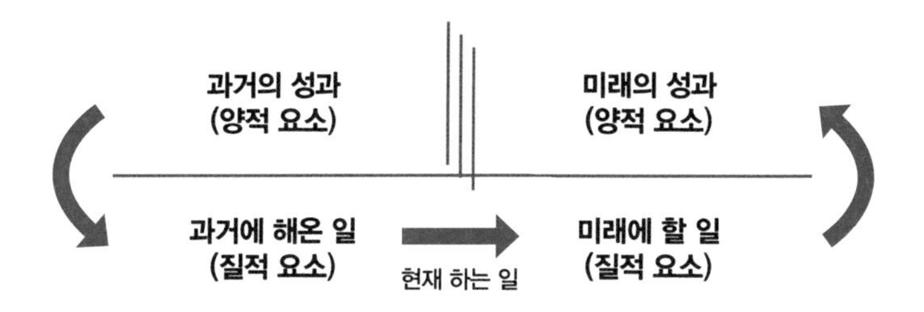

우리가 원하는 건 미래의 숫자지만, 과거의 숫자를 가지고 미래의 숫자를 바로 예측하는 일은 위험합니다. 과거 5년간 순이익이 20% 성장했다 해서 앞으로 5년간 20% 성장할 거라고 기대하면 안 됩니다. 가끔 그런 식으로 예측치를 내놓으면 업계에서는 '자 대고 그었냐'라는 면박을 받습니다.[88]

위 그림처럼 과거에 내놓은 성과의 이면에 있는 활동들을 파악하고, 그러한 원동력이 현재도 이어지고 있는지를 파악하면 미래에 계획하고 있는 일을 회사가 얼마나 잘 달성해갈 수 있을지, 예상치 못한 변수가 발생했을 때 얼마나 잘 대응할지 등을 추측할 수 있습니다. 그 결과로 미래의 숫자가 하나씩 찍혀나갑니다. 이 숫자들이 새로이 나올 때마다 우리는 회사에 대한 판단을 수정하고 또다시 미래를 그려나가는 거죠.

이것이 지금까지 9장에서 우리가 공부한 것이고, 다른 모든 투자자가 이제껏 해온 일입니다. 애널리스트의 분석보고서 또한 그 과정을 거쳐서 나왔고요.

내가 모든 걸 세세하게 예측할 필요는 없습니다. 대략의 큰 그림만 그려도 되는데요. 여기서 다른 사람의 예측치, 이를테면 애널리스트 보고서의 미래 추정치라든가, 실제 그 기업에 투자하고 있는 사람들을 만난다면 그 사람들이 이야기하는 기대치 등을 참고하여 내 생각과 비교해볼 수 있습니다.

애널리스트 전망치에서 작년 대비 올해 영업이익 30% 성장을 전망하고 있는데, 그 근거를 살펴보면 기존 사업에서 X만큼, 신규 사업에서 Y만큼 영업이익이 추가될 것으로 제시하고 있다고 해봅시다. 내 생각에 기존 사업이 부진하여 X만큼의 이익이 안 나오거나, 신규 사업에서 매출액은 추정치만큼 나올 수 있어도 이익률이 좋지 않을 거라고 생각한다면 전체 이익 성장은 애널리스트 전망치에 못 미치겠지요. 누가 옳든 간에 이런 식으로 '나만의 생각'을 이야기할 수 있다면 어느 정도 능력 범위가 있다고 볼 수 있습니다.

맞고 틀리고는 별 상관없습니다. 어차피 틀릴 테니까요. 내 생각이 있으면 틀리고 나서 고칠 수 있습니다. 그게 중요합니다.

능력 범위 유지보수

능력 범위는 계속 변합니다. 능력 범위도 일종의 감가상각이 됩니다. 한번 확보한 능력 범위라 하더라도 꾸준히 업데이트하지 않으면 시대에 뒤처집니다. 필립 피셔는 "성공적인 주식 매수는 주식을 사는 시점의 일반적인 기업 정보에 달려 있는 게 아니다. 오히려 주식을 산 뒤에 알게 되는 기업 정보에 따라 좌우된다"고 하였습니다.[89]

터치스크린이 처음 나왔을 때 저항막 방식이냐 정전용량 방식이냐, ITO 필름을 몇 장씩 어떤 순서로 배치하느냐 등의 특성은 각 회사마다 다 달랐고, 휴대전화 회사가 어떤 방식을 선택하느냐에 따라 부품 회사들은 일희일비했습니다. 이에 따라 투자자들도 공부를 엄청 했어야 했는데, 종국에는 디스플레이에 직접 터치스크린을 내재한 인셀/온셀 방식이 나오면서 터치스크린 산업 자체가 거의 사라져버렸습니다.

능력 범위의 범주는 다양합니다. 의류, 화장품, 음악, 영화, 여행, 레저, 음식료, 자동차 등 실생활에서 마주치는 소비재들일 수도 있고, 반도체, 의료장비, 바이오 등 전문 지식이 필요한 영역일 수도 있습니다. 혹은 부동산이나 인프라 서비스 등 회사가 가지고 있는 특정 자산이나 비용 요소에 대해서 남다른 분석을 할 수도 있습니다.

혹은 좀 더 넓은 의미에서는 단기적인 시장의 심리 분석이라든가, 남들보다 더 거시적인 그림을 그리며 장기적인 시야로 기다릴 수 있다는 등 특정 '스타일'이 본인의 능력 범위일 수도 있습니다.

필립 피셔는 필요한 정보를 얻기 위해서는 상대방이 알고 있는 지식을 나에게 꺼내놓을 수 있도록 관심을 불러일으키고 믿음을 심어주어야 한다고 하였습니다.[90] 이런 대인기술이나 성격도 넓게 보면 능력 범위에 포함될 수 있겠지요.

중요한 건 내 능력 범위가 어디인지 인식하고, 내가 현재 능력 범위를 넘어선 곳에서 투자하고 있는 게 아닌지, 내가 능력 범위 이내라고 믿고 있는 영역은 여전히 내 능력 범위 안이 맞는지를 꾸준히 확인하는 일입니다. 그런 다음 능력 범위를 차근차근 넓혀나간다면 더할 나위 없이 건전한 태도일 것입니다.

10 가치평가라는 환상

> "증권분석에서 주식을 평가하는 일반 원칙이 도출될 것으로 기대해서는 안 된다. 주가는 사려 깊은 계산이 아니라, 사람들의 변덕스러운 반응에 따라 결정된다."
> **_벤저민 그레이엄과 데이비드 도드, 《증권분석》[91]**
>
> "어떤 종목이든 내재가치를 측정하려 할 때
> 소수점 이하까지 정밀하게 값을 구하려는 것처럼 어리석은 짓도 없다."
> **_필립 피셔[92]**
>
> "답을 그보다 더 정확하게 계산하는 것은 시간 낭비일 테고,
> 더구나 계산해봐야 어차피 틀릴 것이다."
> **_조던 엘렌버그[93]**

앞장에서 우리는 기업을 분석하는 방법을 배웠습니다. 그럼 이제 우리가 정말 궁금해하는 질문, "그래서 이 사업이 얼마짜리인데요?"라는 질문에 대답해볼 차례입니다.

'싸다'는 건 도대체 뭔가요? PER이니 PBR이니 하는 지표를 갖다 대어서, 특정 값 이하면 싸다고 할 수 있는 건가요? 아니면 어떤 정교한

계산 기법으로 구해낸 '적정가격' 대비 30% 이상 할인되어 있으면 싼가요? 혹은 '공포감에 사라'는 말처럼, 사람들이 겁에 질려 있거나 주식에 냉랭한 반응을 보일 때 사면 싸게 사는 건가요?

싸게 샀다는 건 언제 검증되나요? 오늘 1만 원의 가격이 싸다고 생각해서 샀는데 내일 9,900원이 되면 어제는 비쌌던 건가요? 그랬다가 내일 1만 100원이 되면 다시 1만 원은 싼 가격이었던 게 되는 건가요? 회사의 상황과 상관없이 다른 투자자들이 그저 겁에 질려 주식을 와장창 팔아서 주가가 하락하면 내가 비싸게 샀던 게 되나요? 다른 사람들이 열광하며 맹목적으로 주식을 사서 주가가 올라가 있으면 옛날 가격은 싼 가격이 되나요?

이런 식으로는 싸다 비싸다를 논할 수 없습니다. 어떤 행위에 대한 평가가 사후적으로 계속 바뀐다면, 그리고 다른 투자자의 심리가 어떻게 되느냐에 따라 계속 바뀐다면 그 평가는 합리적인 평가라고 할 수 없습니다(역사에서는 늘 있는 일이지만요).

물론 '오늘 가격이 어제 대비 싸다/비싸다' 같은 말은 할 수 있습니다. 엄밀한 사실이니까요. 그러나 투자에서 이야기하는 '싸게 샀다'라는 게 단지 '내일 가격이 오늘보다 비싸질 거다'라는 거라면, '싸게 산다'라는 명제는 성립할 수 없습니다. 당장 내일 가격이 어떻게 될지를 예측할 수 없으니까요. 그리고 지금까지 논의한 기업의 펀더멘탈과도 거의 무관한 이야기가 됩니다.

이렇게 한번 생각해봅시다. 삼성전자의 시가총액이 4만 원이라면 싼가요? 주당 가격이 아니라 시가총액입니다. 삼성전자라는 회사 전체를 4만 원에 인수할 수 있다면 응하겠느냐는 질문입니다. 누구든 '그렇다'고 대답할 수 있을 것입니다. 그런데 그렇게 자신 있게 대답할 수 있는 이유는 뭔가요? 어제까지 삼성전자의 시가총액이 400조 원이었기 때문이라는 건 썩 마음에 드는 대답이 아닙니다. 길가의 돌멩이도 누군가는 1억 원에 거래할 수 있습니다. 내가 그 가격을 지불하고 돌멩이를 매수하는 건 전혀 다른 이야기죠.

워런 버핏은 2022년 주주총회에서 비트코인 전체를 35달러에 준다고 해도 안 사겠다고 했습니다. 비트코인 전체의 시가총액은 400조 원이 넘기도 했습니다. 어제 400조 원이었던 비트코인 전체를 4만 원에도 사지 않겠다는 발언은 어떤 관점에서 이해할 수 있을까요?

이 장을 끝마치고 나면 '싸다'는 게 무엇인지 나름의 대답을 얻을 수 있을 것입니다. 그 결론이 가치를 계산하는, '싸다'는 판단을 하는 어떤 마법의 공식을 알아내는 형태는 아닙니다. 가치라는 게 도대체 무엇인지 깊이 이해하고 나면 '싸다'는 개념은 자연스럽게 머리에 들어옵니다.

사람들은 가치평가에 대해서 많은 환상을 품고 있는 듯합니다. 정교한 가치평가 기법을 잘 익혀서 이 주식이 얼마짜리인지를 잘 계산해내는 게 투자의 핵심이라고 생각하는 사람이 많습니다. 가치 기반의 사고체계는 내가 만족할 수 있는 가격인지 아닌지를 구분해내지 못하면 애초에 성립하지 않으니 가치평가가 이 사고 체계의 핵심을 차지하는 건 맞습니다. 가치 기반의 사고를 하는 투자자들이 '저평가/고평가, 싸다/비싸다'라는 말을 시시때때로 입에 올리기도 하니까, "도대체 그걸 어떻게 구분하는가" 하는 의문이 매번 드는 것도 당연합니다.

가치평가 기법을 통해서 정교한 하나의 값을 뽑아내는 것은 큰 의미가 없습니다. 중요한 건 가치를 구성하는 요소가 무엇인지를 이해하고, 지금까지 알려진 요소들을 반영하였을 때 '대략' 어느 정도의 범위면 적당하다고 말할 수 있을지 계산해내고, 향후에 발생할 변수들이 그 범위에 어떻게 영향을 미칠지 파악하는 것입니다. 여기서 좀 더 나아가면, 현재 주어진 가격 혹은 과거에 지나온 가격으로부터 다른 시장참여자들이 반영한 가정(우선순위를 둔 요소, 기대치, 사업 전망 등)을 추론해보고 나의 가정과 비교해볼 수도 있겠습니다.

평가 지표와 평가 기법

기본적인 용어부터 짚고 넘어가 봅시다. PER이라는 용어 정도는 다들 들어보셨겠지요. 시가총액을 순이익으로 나눈 값입니다. 혹은 주가를 주당순이익으로 나눈 값이기도 하고요. 가치평가를 이야기할 때 가장 자주 듣는 용어입니다. 전통적으로 널리 쓰인 지표이고, 시장이 상승세에 있을 때에는 '이런 건 이제 통하지 않는다'며 폄하되는 지표이기도 합니다. 유동성이 넘치던 2020~2021년에는 '이제 PER은 끝났고 PDR을 사용해야 한다'라는 말도 유행했었죠.

• 지표와 기법의 구분

PER에 대해서 '통한다' 혹은 '통하지 않는다'라는 표현을 쓰는 것 자체가 사실 약간 어폐가 있습니다. PER은 '평가 지표valuation indicator'이지 '평가 기법valuation method'이 아닙니다.

예를 들어 우리는 질량을 측정하는 단위로 킬로그램을, 거리를 측정하는 단위로 미터를 사용합니다. 질량을 부피로 나누면 밀도가 되고, 거리를 시간으로 나누면 속력이 됩니다. 이렇게 단위들을 조합하여 유용한 값을 만들어낼 수 있는데요, 이 값을 지표라고 부릅니다. 이 지표들에 대하여 어느 정도가 적정한지 과도한지 등의 판단을 내리는 과정을 평가라고 하고, 평가에 사용하는 방법을 평가 방법이라고 부릅니다.

다음 문장을 살펴볼까요. 별로 중요한 이야기는 아니니 대충 읽으면 됩니다.

"테슬라의 '모델 3'은 기존에 NCA 배터리를 사용하다가 LFP 배터리를 채

택하기 시작했습니다. NCA 배터리는 LFP 대비 질량 에너지 밀도(Wh/kg)가 높습니다. 반면에 용량당 가격($/kWh)이 비쌉니다. 모델 3은 LFP 배터리를 채택하면서 공차중량(kg)이 늘어났지만 주행거리(km)의 손실은 별로 크지 않았고, 덕분에 원가를 많이 절감할 수 있었습니다."

여기 등장하는 에너지 밀도, 용량당 가격 등은 지표이고, 중량, 거리 등은 단위입니다. 'LFP 채택을 통해 테슬라는 원가를 절감할 수 있다'는 서술이 평가고요.

다시 PER로 돌아와봅시다. PER은 측정 지표일 뿐, 가치 판단을 하는 방법이 아닙니다. 가치 판단이란 '얼마의 PER이면 싼가' 하는 이야기죠. 앞으로 좀 더 살펴보겠지만, '적정 PER'을 결정하는 요인은 미래의 이익 성장성과 할인율 등입니다. 미래에 더 큰 이익 성장을 기대하면 더 높은 PER을 부여할 수 있고, 성장 기대감이 별로 없으면 낮은 PER을 부여해야겠지요. PER 자체로는 주식이 싼지 비싼지를 이야기하는데 아무런 의미가 없습니다. 필립 피셔 또한 "어떤 종목의 PER이 높든 낮든, PER 자체는 그 주식이 본질적으로 싼가 비싼가와는 아무 상관이 없다"고 하였습니다.[94]

PDR 이야기를 해볼까요. PDR은 Price to Dream Ratio의 약자입니다. PBR에서의 Book value(순자산가치)와 PER에서의 Earning(이익)은 모두 현재 혹은 과거를 다룰 뿐, 미래를 나타내지 못한다고 주장합니다. 우스개로 하는 이야기라면 괜찮겠지만, 만약 진지한 주장이라면 이렇게 반문해봅시다.

"그래서 선생님께서 투자하신 그 회사는 PDR이 몇 배인가요?"

평가 지표라 하면 숫자로 표현할 수 있어야 합니다. 단순히 '미래를 반영하라'는 주장만으로는 부족하죠. '미래의 어느 시점의 이익이 얼마이며 그 이익 대비 현재 몇 배다'라고 이야기할 수 있어야 합니다. 잠시 후 PER에 대해서 자세히 이야기하고 나면 자연스럽게 알게 되겠지만, PDR이란 그저 '장기 포워드 PER'의 다른 표현일 뿐입니다. PER에 대비되는, 혹은 PER을 대체하는 지표가 아니라는 거죠.[95]

• 평가 방법론 개요

초심자를 위한 주식투자 책에서는 보통 이렇게 서술합니다. "가치평가 기법에는 절대가치평가, 상대가치평가, 역사적 가치평가 3가지가 있다. 절대가치평가는 기업의 가치를 절댓값으로 직접 구한다. 상대가치평가는 동종 업계나 비슷한 사업 구조를 가진 회사들 간의 평가 지표를 비교한다. 역사적 가치평가는 한 기업이 과거에 받아온 평가 지표와 현재의 지표값을 비교한다. 절대가치평가 방법에는 DDM, DCF, RIM, EVA 등이 있고, 상대가치평가와 역사적 가치평가법으로는 PER, PBR, PCR, EV/EBITDA 등이 사용한다."

물론 아무것도 모를 때에는 이렇게 나열해도 도움이 되긴 하겠습니다만, 몇 가지 문제가 있습니다. 먼저, 이런 서술은 평가 지표와 평가 방법론을 구분하지 않습니다. 둘을 구분하지 않고 서술하다 보니 특정 평가 지표는 특정 평가 방법론에만 사용하는 지표라는 인식을 은연중에 하게 됩니다. "절대가치평가를 하는 데 PER을 왜 써요?" 같은 질문이 나오는 거죠.

또한, 절대가치, 상대가치, 역사적 가치를 취향껏 쓰면 되는 대등한 방법론으로 인식하는 문제가 있습니다. 평가 방법론에는 일종의 위계가 있습니다. 절대가치평가, 즉 이게 얼마짜리이냐 하는 질문에 대한 대답이 우선입니다. 그 대답을 내놓는 게 어렵기도 하고 너무 변수가 많다 보니 보완하는 차원에서 다른 두 가지 방법, '비슷한 다른 기업은 어떤 평가를 받고 있는가(상대가치평가)', '이 기업은 과거에 어떤 평가를 받아왔는가(역사적 가치평가)'를 씁니다. 이 두 방법은 계산하기도 쉽고 결괏값이 직관적으로 눈에 잘 들어오는 장점이 있습니다.

그러나 상대가치평가와 역사적 가치평가에는 순환참조라는 심각한 결함이 있습니다. 먼저 상대가치평가를 볼까요.

비슷한 사업을 하는 A, B 두 회사가 있다고 합시다. A회사를 좋아하는 사람들이 "B회사 대비 싸다, A는 PER이 12배인데 B는 20배다, 이 정도로 B 대비 할인받아야 할 이유가 없다"며 A를 삽니다. 그렇게 사람들이 A주식을 많이 사서 A의 PER이 15배로 올라갑니다.

그러면 B회사의 투자자들은 "A회사와의 밸류에이션 갭이 과거보다 좁혀졌으니 B회사가 싸졌다"면서 B주식을 삽니다. 그렇게 B주식의 가격이 상승하면 또 앞서의 논리대로 A가 저평가되었다는 주장을 할 수 있게 됩니다. 이런 식으로 서로가 서로를 참조하면 가격이 무한히 올라버릴 수 있습니다. 유동성이 확장되는 국면에서 실제로 그런 일을 종종 목격하기도 하고요.

A가 B보다 PER이 낮다면 A가 저평가일 수도 있지만 B가 고평가일 수도 있습니다. 그러나 대부분의 사람은 주가가 오르길 원하기 때문에, B가 고평가라고 하기보다는 A가 저평가라고 생각하고 싶어 합니다.

역사적 가치평가도 마찬가지입니다. 과거 5년 평균 15배 PER을 받다가 최근에 10배로 낮아졌다면 저평가인가요? 과거 5년이 고평가였다가 지금 적절한 수준으로 내려온 것일 수 있지 않습니까.

절대적으로 얼마의 가격이 적절한가에 대한 감을 잡지 못하고 손쉬운 방안으로 상대적/역사적 지표만을 보다 보면 이런 함정에 빠집니다. "나는 이 회사 전체를 이 정도 가격에 인수할 수 있다면 적정하다고 생각한다"라고 말할 수 있어야 상대적/역사적 값들에 대해서도 더 입체적으로 이해할 수 있습니다.

수학자 조던 엘렌버그는 "한 수를 다른 수로 나누는 것은 단순한 연산일 뿐이다. 무엇을 무엇으로 나눠야 할지를 알아내는 것이야말로 수학이다"라고 하였습니다.[96] 우리는 다양한 평가법의 장단점을 파악하고 자유자재로 써먹을 수 있어야 합니다. 특정한 하나의 방법론, 지표에만 의존하는 건 그만큼 내 무기가 취약하다는 의미입니다. 존 템플턴은 "낮은 PER은 저가 주식을 판단하는 한 가지 척도이긴 하나 그것은 너무 제한적인 방법에 불과하다. 그것은 우리가 활용하는 수십 가지 방법 중 하나일 뿐이다"라고 했습니다.[97]

가치평가 지표는 매우 다양합니다. 이제 중요한 가치평가 지표들에 대해서 잠시 생각해본 후 본격적으로 가치평가 방법론에 대한 이야기를 해보겠습니다.

• PER

대표적인 평가 지표입니다. 시가총액을 순이익으로, 혹은 주가를 주당순이익으로 나눈 값입니다. 회사가 현재 버는 돈이 연간 100억 원이고 시가총액이 1,000억 원이면 PER은 10입니다. 이 지표는 '투자금 회수 기간'으로 설명하기도 합니다. 1,000억 원을 투자했고 연간 100억 원씩 회수하니까 10년이 지나면 원금이 회수되고 그 이후부터는 이익이라는 거죠.

처음에 이렇게 배우는 것도 나쁘지 않은데, 거기서 끝이 아니라는 점에 주의하셔야 합니다. 이렇게만 본다면 'PER이 낮은 회사가 원금 회수 기간이 짧으니까 무조건 유리하겠네'라고 착각할 수 있습니다. PER이 높은 회사는 높은 이유가 있고, 낮은 회사는 낮은 이유가 있습니다.

PER에 대한 좀 더 정교한 해석은 '기업이 향후에 벌어들일 이익의 증가 속도에 대한 투자자의 기대감'입니다. PER이 20배인 회사는 PER이 5배인 회사에 비해서 미래에 이익이 증가하는 폭이 훨씬 클 것으로 투자자들이 기대하고 있습니다. A, B 두 회사가 현재 둘 다 100억 원의 순이익을 내고 있는데 A의 시가총액이 1,500억 원이고 B의 시가총액이 1,000억 원이라면, 곧바로 'A가 고평가네'라고 할 게 아니라 'A의 미래 이익이 B의 미래 이익보다 훨씬 클 것이라고 시장에서 기대하고 있구나'라고 해석해야 합니다.

PER의 치명적인 문제는 분모(순이익)가 음수가 될 수 있다는 겁니다. PER 값이 마이너스가 되면 아무런 해석을 할 수 없습니다. 그리고 양수에서 점점 작아지면서 아주 작은 값이 되었을 때에도 문제가 커집니다. 화학 회사나 철강 회사가 PER이 수십 배 혹은 수백 배가 되는 경우를 우리는 종종 볼 수 있는데요. 그렇다고 해서 이 회사의 장기적인 이익 성장을 무슨 빅테크 회사처럼 크게 기대하는 건 아니잖아요? 이건 순전히 공식에 따른 지표 왜곡일 뿐입니다.

이런 사이클 기업의 PER은 하락 사이클뿐만 아니라 상승 사이클에서도 왜곡이 생깁니다. 화학, 철강 업종은 사이클 고점에서 PER이 4, 5배 정도로 대단히 낮아지는 모습을 볼 수 있습니다. 이걸 보고 '왜 이렇게 싸냐'라며 달려들면 대개 아픈 상처를 입습니다.

이런 실수를 피하려면 '정상 수준의 이익'이 얼마인지를 파악하여 그 이익 대비 PER을 평가해야 합니다. 그러나 정상 수준의 이익 추정도 쉽지는 않고, 상대적으로 비교하려면 비교군이 되는 모든 회사의 정상 이익을 추정해야 하기 때문에 오히려 더 어려워집니다.

PER의 문제는 또 있습니다. 일회성 이익이나 비용이 어느 해에 과다하게 발생해도 PER이 상당히 왜곡됩니다. 자회사 매각, 부동산 매각, 인수합병, 세무조사 등으로 특정 해에 많은 비용 혹은 이익이 발생할 수 있습니다.

회사마다 회계 처리 방식이 달라도 PER에 왜곡이 생깁니다. 앞서 연구개발비, 감가상각비 등을 어떻게 회계 처리를 하느냐에 따라 순이익이 달라진다고 말씀드렸습니다. 서로 다른 회사를 비교할 때에는 이런 왜곡을 보정해주어야 합니다. 이런 비용이 장기간에 걸쳐 꾸준히 발생한다면 회계 처리 방식에 따른 차이가 어느 정도 희석되기는 합니다.

PER은 유량과 저량을 합친 값이기 때문에, 이 또한 세밀하게 살펴보아야 합니다. 앞서 CCC를 이야기하면서 했던 논의를 기억하시나요?

유량은 특정 기간 동안 지나간 값이고, 저량은 특정 시점을 찍어서 단면을 살펴보는 값입니다. 주가와 시가총액은 저량이고, 순이익은 유량입니다.

그래서 일반적으로 이야기하는 PER 하나에도 대략 네 종류의 서로 다른 값이 있습니다. 작년, 올해, 지난 12개월, 향후 12개월 등이 자주 쓰이는 PER 값입니다. 지금이 2022년 5월 16일이라고 해봅시다. 2022년 1분기 실적은 다 공시가 되었겠지요. 2021년 한 해 동안 순이익이 120억 원(분기별로 20/30/30/40억 원)이었고, 올 1분기 순이익이 30억 원으로 발표되었습니다. 시가총액이 2,000억 원이라면 PER은 얼마일까요? 2021년 기준으로 보면 16.7배(2,000억 원/120억 원)입니다. 이 PER을 트레일링 PER trailing PER이라고 합니다. 그런데 가장 최근인 2022년 1분기 값이 빠져 있습니다. 최근 분기의 값을 반영하려면 어떻게 해야 할까요? 2021년 2분기부터 2022년 1분기까지 4개 분기의 순이익을 더하면 됩니다. 그러면 PER은 15.3배(2,000억 원/130억 원)입니다. 이 PER을 TTM PER Trailing Twelve Months PER이라고 합니다.

그런데 이건 과거의 값일 뿐이잖아요? 우리에게 중요한 건 미래입니다. 만약에 이 회사의 올해 순이익 전망치가 200억 원이라면 PER은 얼마인가요? 10배(2,000억 원/200억 원)입니다. 이 PER을 포워드 PER foward PER이라고 합니다. 그런데 여기에는 2022년 1분기라는 과거의 순이익과 미래 3개 분기 순이익이 섞여 있습니다. 순수하게 미래 1년간의 순

표 10-1

트레일링 순이익과 포워드 순이익을 적용한 PER

	1q.21	2q.21	3q.21	4q.21	1q.22	2q.22	3q.22	4q.22	1q.23
	20	30	30	40	30	40	50	80	50
순이익(TTM)				120	130	140	160	200	220
PER(TTM)				16.7	15.4	14.3	12.5	10.0	9.1
순이익(12MF)	130	140	160	200	220				
PER(12MF)	15.4	14.3	12.5	10.0	9.1				

이익만 반영하고자 한다면 어떻게 할까요? 만약 2023년 1분기 순이익 추정치가 50억 원이라고 해봅시다. 그럼 향후 4개 분기 순이익은 220억 원이니까 PER은 9.1배(2,000억 원/220억 원)입니다. 이 PER을 12MF PER(12 Months Forward PER, 12개월 포워드 PER)이라고 부릅니다.

여기서 논의를 좀 더 넓혀볼까요? 굳이 향후 1년만 볼 필요가 있나요? 만약에 이 회사가 새로운 프로젝트를 시작했고, 현재는 이익을 못 내지만 3년 후에 대박이 날 수 있다면, 3년 후에 벌어들일 이익에 대비하여 현재의 가격을 평가하는 것이 좀 더 회사의 실체에 부합하는 평가일 것입니다. 3년 후에 프로젝트가 잘됐을 때 순이익이 400억 원으로 늘어날 수 있다면 현재 가격을 '3년 포워드 PER 5배'라고 표현할 수도 있습니다.[98] 앞서 이야기했다시피 PDR이라는 건 회사가 현재 그리는 꿈, 3년 후의 꿈이든 30년 후의 꿈이든, 그 꿈이 이루어진 시점의 이익 대비 시가총액으로 표현할 수 있습니다. 앞의 서술 규칙에 따르자면 '장기 포워드 PER'이라고 부르면 됩니다.

• **PBR**

PBR은 시가총액을 자기자본(=순자산)으로 나눈, 혹은 주가를 주당순자산으로 나눈 값입니다. 흔히 청산가치를 기반으로 평가하는 방법이라고도 합니다. 기업의 순자산은 '적정하게 평가되었다면' 사업을 당장 청산하고 자산을 모두 매각했을 때 수중에 남는 돈을 뜻합니다. PBR 1배 미만에서 주식을 산다면 당장 회사를 청산하더라도 이익을 낼 수 있는 '싼 가격'이라는 뜻이 되기도 합니다.

이런 식의 설명은 많은 오해를 낳습니다. 일단 순자산은 실제 청산가치와는 많이 다릅니다. 자산을 급하게 매각하려면 예상보다 많은 비용을 치르거나 생각보다 낮은 가격에 매각해야 하는 경우가 많습니다. 혹은 가치가 계속 늘어났는데 재평가하지 않았던 자산이라면 장부상에 기재된 금액보다 훨씬 많은 현금을 손에 쥘 수도 있습니다.

그러나 이것은 회계 기법의 한계일 뿐이니 대단한 오해라고 할 정도는 아닙니다. 중요한 건 청산이 누구의 의지이냐라는 거죠. 내가 회사 전체를 인수해서 청산할 일이 없는 한은 1배 미만의 PBR은 허상일 뿐입니다. 오히려 반대로 '그토록 헐값에 거래되고 있음에도 불구하고 청산당하지 않을 어떤 이유가 있음'을 시사합니다.

그리고 PBR을 단순히 청산가치 대비 멀티플로만 해석한다면 1을 초과하는 PBR은 모두 비싸다는 결론으로 이어질 수도 있습니다. PBR은 청산을 감안했을 때나 보는 값이기 때문에 1.5나 2, 3 등의 PBR 값을 가진 주식은 모두 PBR로는 평가가 불가능하다고 생각할 수 있는 거죠.

다시 강조하지만 PBR은 평가 지표일 뿐 평가 기법이 아닙니다. 얼마만큼의 PBR이 적정하다고 이야기할 것인가는 평가 기법과 각 투자자의 사업 전망에 따라 결정되는 것이지, PBR 그 자체로는 '싸다, 비싸다'를 논할 수 없습니다. 1 미만이라고 싼 것도 아니고, 1 초과라고 비싼 것도 아닙니다. 1권 7장에서 우리는 버핏이 시즈 캔디를 사면서 5배의 PBR을 어떻게 정당화했는지 시뮬레이션해보았지 않습니까.

PBR에 대한 적절한 해석은 '이 회사와 동일한 순자산을 갖추는 데 필요한 비용이 향후에 얼마나 큰 부가가치를 낳을 것으로 기대하는가'입니다. 회사의 순자산이 1,000억 원이라면, 1,000억 원을 들이면 대충 이 회사와 비슷한 재무상태표를 갖춘 회사를 만들 수 있다는 뜻입니다.[99] 그런데 시가총액이 500억 원, 즉 PBR이 0.5배라면 1,000억 원을 들여서 비슷한 회사를 만들어봤자 그만큼의 부가가치를 낼 수 없는 사업이라는 뜻입니다. 만약 시가총액이 2,000억 원, 즉 PBR이 2배라면 이 사업은 투입비용의 2배만큼 가치를 낼 수 있다는 뜻입니다.

거칠게 표현하자면 PBR은 '투자 원금 대비 프리미엄'이라는 뜻입니다. 그리고 이 프리미엄의 크기는 사업이 앞으로 창출해낼 부가가치의 크기에 따라 정당화되겠지요. PBR 1배라면 그럭저럭 평균만큼의 부가가치는 내는 사업을 하고 있다는 뜻입니다. PBR 1배 미만이라면 당장 청산하는 것이 바람직하다고 시장이 평가하고 있다는 뜻입니다. PBR 1배 초과라면 꽤 괜찮은 사업을 한다고 평가받고 있는 거죠.

PBR은 PER 대비 여러 장점이 있습니다. 우선 앞서 언급한 대로 PBR 1배라는 꽤 유의미한 '기준점'을 제시합니다. 그리고 사이클 기업이나 적자 상태인 기업이라도 PBR은 측정할 수 있습니다. 그리고 유량-저량의 결합이 아니라 저량-저량의 결합이기 때문에, 화자의 의도에 따라 여러 값이 혼재하는 PER의 단점도 거의 없습니다. 그냥 최근 분기의 자기자본 값을 넣으면 됩니다.[100]

한국을 대표하는 화학 회사 롯데케미칼의 2009년부터 2021년까지의 PBR과 PER 변화폭을 볼까요? 〈그림 10-1〉입니다.

롯데케미칼에게 2010년은 '차화정' 시기라고 불리는 대형 상승 사이클이었습니다. 2015~2017년도에는 상당한 업사이클이었고요. 이후 다운사이클이었다가 코로나19 국면에서 잠깐의 작은 업사이클을 또 겪었습니다. 왼쪽 PBR 밴드 차트는 이런 사이클과 시장의 평가를 잘 반영합니다. 좋을 때 올라가고 안 좋을 때 떨어지지요.

그림 10-1

2009~2021년까지 롯데케미칼의 PBR과 PER 변화폭

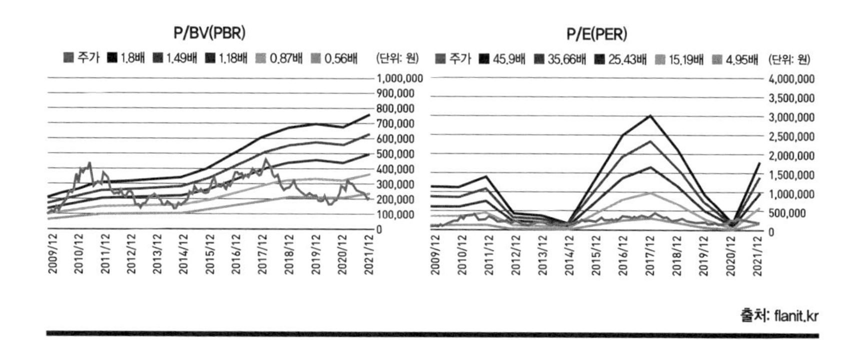

출처: flanit.kr

오른쪽 PER 차트는 어떤가요? 기준이 되는 순이익 값의 변동폭이 너무 크다 보니까 의미 없는 이상한 값들의 나열로 보입니다. 자세히 보면 더 큰 문제가 있습니다. 업사이클 때 저 PER, 다운사이클 때 고 PER이 됩니다. 업황이 좋고 주가가 비쌀 때 PER이 낮고, 업황이 나쁘고 주가가 바닥일 때 오히려 PER이 높으니, 지표로서의 의미가 상당히 퇴색됩니다.

이렇듯 PBR은 PER 대비 상당한 장점을 지니고 있습니다. 그러나 투자자들은 PBR이 '청산을 가정한 지표'라서 '정상적으로 사업이 진행되는 중에는 사용할 일이 없는 지표'라고 알고 있는 경우가 많습니다. PBR 자체가 상당히 '저평가'되고 있는 지표인 거죠. 그리고 이 PBR은 ROE와 결합하여 아주 강력한 방법론이 됩니다. 이 장이 끝날 때쯤 알 수 있을 것입니다.

• 배당수익률

배당수익률은 '배당금/시가총액', 혹은 '주당배당금/주가'로 구합니다. 배당은 투자자가 기업으로부터 직접 받을 수 있는 현금흐름이라 안정적인 수익을 원하는 투자자들이 중요시합니다. 웬만한 회사는 배당수익률이 2%가 채 안 되기 때문에, 배당수익률을 중시하는 투자자 혹은 '배당형 펀드' 등은 예컨대 4% 이상의 높은 배당수익률을 기대하는 회사에만 투자하기도 합니다.

배당수익률은 단순히 '투자자가 안정적으로 얻을 수 있는 현금흐름' 이상의 좀 더 깊은 의미를 가지고 있습니다. 회사가 배당을 지급한다는 건 여러 의미가 있습니다. 일단 배당을 지급할 정도로 사업의 현금흐름이 좋다는 뜻입니다. 사업이 별로 좋지 않은 상태에서도 회계적으로 이익이 많이 나는 것처럼 보이게 만들 수는 있습니다. 배당금은 회사가 가진 현금을 회사 외부로 정직하게 내보내는 일이라 꼼수를 쓸 수 없습니다. 그러니 회사가 실제로 돈을 잘 벌지 못하는 상황에서 이익을 부풀릴 수는 있어도 배당을 지급하기는 쉽지 않습니다. 회사가 배당을 지급한다는 건 회계상으로 보이는 이익만큼 실제로 돈을 잘 벌고 있다는 신호로 볼 수 있습니다.

반대로, 배당 지급 여력이 있어도 배당을 지급하지 않는 회사도 많습니다. 배당을 지급했다는 건 배당 지급 여력에 더해서, 경영진이 주주를 중시하는 성향을 가지고 있다는 증거입니다.[101] 기업의 경영진은 대체로 회사의 규모가 커지는 것을 좋아합니다. 규모가 크다는 건 수중에 마음대로 사용할 수 있는 자원이 많다는 뜻입니다. 기업의 현금을 주주에게 줘버리면 주주로부터 감사하다는 말을 들을 수 있지만, 이 돈을 내부에 두고 투자 재원으로 쓰면, 이 자금을 받아가는 사람들(직원, 벤더사, 사업 양도자)로부터 좋은 '대접'을 받을 수 있습니다. 다른 사람들로부터 대접받는 걸 중시하는 경영자는 자금을 회사에 유보하려는 유인이 강해집니다. 반대로 배당을 지급한다는 건 그 유혹을 극복하고 주주들에게 무언가를 돌려주겠다는 의지를 표명한 것입니다.[102]

그러나 지나치게 높은 배당수익률을 좋게만 보기는 어렵습니다. 배당은 일단 이중과세의 문제가 있습니다. 회사는 번 돈에 대해서 법인세를 냅니다. 배당을 지급할 때에는 거기서 또 배당세를 냅니다. 배당세는 종합소득 중 금융소득에 해당하여 다른 소득과 합산하여 일정 금액을 초과하면 추가로 세금을 냅니다.

또 하나, 배당을 많이 지급한다는 건 그만큼 회사에 추가 성장을 위한 기회가 부족하다는 뜻일 수 있습니다. 배당수익률이 높은 회사들은 오랜 시간이 지났을 때 배당금액 자체가 성장하지 않아서, 가치가 성장한 기업에 투자했을 경우보다 오히려 더 낮은 배당을 얻는 경우가 많습니다.[103]

한편 배당수익률은 주가의 저평가 정도를 파악하는 좋은 척도가 되기도 합니다. 연 20%씩 성장하는 회사라면 배당수익률은 많아야 1%를 넘기기 어려울 것입니다. 만약 그런 회사 중에서 배당수익률이 2%가 넘어가는 경우가 있다면 1) 비슷한 성장성을 가진 기업 대비 상대적으로 현금 여력이 매우 좋은, 따라서 내재가치가 더 높거나, 2) 펀더멘탈에 큰 문제가 없는데 주가가 급락하여 배당수익률이 일시적으로 높아졌을 수 있습니다. 배당을 아예 지급하지 않아서 배당수익률이 0%라면 이런 식의 판단을 할 수 없겠지만, 적게라도 배당을 지급하는 회사라면 이렇게 저평가된 상황을 판단할 수 있는 좋은 지표가 되기도 합니다.

그러므로 배당수익률이 대단히 높을 필요는 없지만, 같은 퀄리티면 배당을 안 주는 기업보다는 배당을 주는 기업이 더 좋습니다(배당 대신 자사주매입소각을 한다면 그것도 괜찮습니다만, 좀 더 고민할 여지가 있습니다. 11장에서 상세히 다룹니다.).

• **EV/EBITDA**

EV는 뭘까요? 'Enterprise Value'의 약자로서, 말 그대로 '기업가치'입니다. 주식의 시장가치와 부채의 시장가치를 합해서 구하는데요. 그 의미는 기업의 자산 전체가 시장에서 어떻게 평가받고 있는가입니다. 이 EV를 EBITDA라는 값으로 나눈 지표가 EV/EBITDA입니다.

투자를 좀 하다 보면 EBITDA라는 지표를 가끔 보게 됩니다. 우리말로는 '에비따'라고 읽습니다(EBITA나 EBITDAR도 동일하게 읽기 때문에, 혼선을 피하기 위해 그냥 영어로 표기하겠습니다. 어차피 EV도 EV로 써야 하니). 풀어서 적어보자면 'Earnings Before Interests, Taxes, Depreciation, and Amortization'으로서, '법인세, 이자, 감가&감모상각비 차감 전 이익'을 뜻합니다. (헉헉!) 여러분, 투자에서 한 가지 좋은 팁을 드리겠습니다. 이름이 긴 용어가 나오면 도망가세요. 진짜입니다.

EBITDA는 도대체 무슨 의미일까요? 이익(E)은 순이익을 뜻하는데요. 여기서 'before tax', 즉 세금(T)을 다시 더해주면 세전이익이 됩니다. 이건 쉽죠. 이자비용(I)을 더해준다면 재무구조를 고려하지 않은 값을 구하고 싶다는 뜻입니다. 여기까지 보면 (세금과 이자 관련 비용을 환입했으니) 순수하게 영업 측면에서 얻은 이익을 보고 싶다는 뜻입니다. 그건 영업이익이잖아요? 맞습니다. 영업이익operating earnings을 EBITEarnings Before Interests and Taxes라고 부르기도 합니다. 그럼 EBITDA는 영업이익EBIT에서 감가상각(D), 감모상각(A)을 환입한 값이라는 뜻입니다.

감가상각은 9장에서 상세히 설명한 바 있는데요. 건물, 장비 등의 자산을 구매할 때 당기비용으로 처리하지 않고 자본화capitalization해서 재무상태표에 자산으로 기재한 후 내용연수에 따라 그 가치를 천천히 차감해나가는 회계 처리 방식을 의미합니다. 쉽게 말해서, 컴퓨터 한 대를 150만 원을 주고 샀으면 3년은 쓰니까, 올해 150만 원을 한 번에 비용처리하는 게 아니라 3년간 매년 50만 원씩 비용 처리한다는 뜻입니다. 감모상각도 이와 유사한데 석유, 광물, 목재 등 천연자원이나 영업권, 의장권, 어업권 등 무형자산의 가치를 상각하는 것입니다.

한번 큰 금액을 지불하고 구입한 자산을 좀 더 긴 시간에 걸쳐 비용처리하는 게 감가상가비인데, 이 비용을 다시 환입, 즉 영업이익에 더해준 EBITDA라는 값에는 어떤 의도가 담겨 있을까요?

회사를 보다 보면 가끔 이런 주장을 하는 경우가 있습니다. "우리 회사가 작년까지 투자를 많이 해서 지금 감가상각비 때문에 이익이 줄어든 것처럼 보이는데요, 사실은 돈을 잘 벌고 있습니다." 예를 들어 새로운 설비를 3년간 1,000억 원을 들여서 지었고 이걸 5년간 감가상각한다고 해봅시다. 그럼 매년 200억 원의 비용이 발생합니다. 이 금액을 차감하고 난 영업이익이 100억 원이라면 회사 입장에서는 약간 억울한 감이 들 수도 있겠죠. 실제로는 300억 원을 벌고 있는데 100억 원밖에 못 버는 걸로 보이는 '착시'가 생기고 있다고 말입니다.

이럴 때 EBIT보다 EBITDA를 사용하면 회사의 '실제' 이익을 더 잘 파악할 수 있다고 주장합니다. 이 주장은 언뜻 그럴싸해 보이지만, 중요한 조건이 만족되어야 합니다. 앞으로도 300억 원의 이익(EBITDA)을 내는 데 추가 투자가 전혀 들어가지 않아야 합니다. 공장이라면 설비가 노후화되어도 여전히 뛰어난 품질의 제품을 만들어낼 수 있어야 하고요. 접객시설이라면 시설이 노후화되어도 고객이 돈을 지불하면서 방문해주어야 한다는 거죠. 그럴 수가 있나요? 있다면 매우 좋겠습니다. 버핏이 찾아다니는 경제적 해자의 한 형태가 바로 이런 것입니다.

대부분의 감가상각비는 이유가 있어서 발생합니다. 자산은 시간이 지나며 경제적 가치를 상실하고, 이익을 유지하거나 늘리기 위해서는 그에 상응하는 투자를 해줘야 합니다. 1권 7장에서 버핏이 '오너 어닝'을 쓴다고 말씀드렸는데요. 영업이익에서 감가상각비를 더해주고 자본지출을 차감하는 건 그만큼 경제적 실질에 맞는 지표를 뽑아내겠다는 의도입니다. 오너 어닝 공식에 따르자면, 감가상각비가 비용이 아니라고 주장하려면 자본지출이 '0'이어야 합니다. 앞 문단에서 이야기한 '조건'과도 일맥상통합니다.

EBITDA를 사용한다는 건 'EBIT만으로는 가격을 설명할 수 없어서 무언가를 부풀려야 하는 상황'이라고 이해하는 게 낫습니다. 버핏은 'EBITDA는 사람들을 속여 심하게 해를 입힐 수 있는' 지표라고 하였습니다. 성격 사나운 멍거는 한 술 더 떠서 "실제로 EBITDA를 사업에 사용하는 사람들의 행태는 훨씬 더 역겹고 혐오스럽습니다. (중략) 제정신인 사람이라면 누구나 감가상각비가 비용이라고 생각합니다"라고 했습니다.[104] 누군가 EBITDA를 이야기하면 못 들은 척하는 게 낫습니다.[105]

아, 참! EV/EBITDA 지표에서 분자가 왜 '주식 시가총액'이 아닌 '총 시가총액', EV인지를 설명하지 않았네요. 그건 그냥, EBITDA가 재무구조를 고려하지 않은 값이기 때문에 그렇습니다. 9장에서 ROE와 ROA의 차이를 말씀드렸잖아요? 분모가 E(**Equity**, 자기자본)인 경우에는 분자인 R(**Return**, 이익)은 이자 차감 후 이익을 쓰고, 분모가 A(**Asset**, 자산)인 경우에는 분자인 R은 이자 차감 전 이익을 쓴다고요. 재무구조 고려 여부(부채를 얼마나 끌어다 썼으며 이로 인한 이자는 얼마나 발생했는가)를 분자와 분모에 일치시켜주어야 일관성 있는 값이 됩니다.

그런데 EV에도 문제가 있습니다. 주식가치는 '발행주식수×주가'로 쉽게 계산이 되지만, 부채가치는 은근 계산하기가 어렵습니다. 다행히 회사가 발행한 채권이 상장되어 거래되는 '장내 채권'이라면 시장가격을 구할 수 있습니다. 사모사채를 발행하면 시장가를 구할 수 없고 채권평가사에 그때그때 가치 산정을 의뢰해야 합니다. 장내 채권이라 해도 거래량이 없으면 시장가가 무의미하기도 하고요. 채권이 아니라 차입금의 가치를 구하기는 더 어렵습니다. 보통은 비슷한 신용등급을 가진 회사채의 시장이자율을 가지고 구하는데요. 이게 얼마나 의미 있을지는 잘 모르겠습니다. 그래서 부채의 시가총액을 구하지 않고 단순히 순차입금을 더해주기도 합니다(이 경우 EBITDA의 I는 이자비용이 아니라 순이자비용이 되어야 합니다). 그러면 자기자본은 시장가치를 쓰고 타인자본은 장부가치를 쓰는 문제가 생겨서, 역시나 얼마나 의미 있는 값인지 잘 모르겠습니다.

그리고 애초에 주식과 부채를 다 더한 값을 구해서 어디다 쓰나요?

EV를 기업 전체를 인수하는 데 드는 비용이라고 해석하기도 하는데요. 주식과 부채를 다 더해서 인수하는 경우는 회사가 거의 망해가는 특수 상황입니다. 우리가 실무적으로 필요할 일이 거의 없는 값이라는 거죠. 앞으로 영어 대문자 다섯 개를 넘어가는 어떤 지표를 마주치면 그냥 도망가도록 합시다.[106]

가치란 도대체 무엇인가

그래서 가치란 도대체 무엇인가요? 전통적인 설명은 이렇습니다.

> **"가치의 3요소는 자산가치, 수익가치, 성장가치다. 자산가치는 가장 보수적으로 평가했을 때의 기업의 가치이며 주가의 바닥을 추측하는 데 사용할 수 있다. 수익가치는 기업의 현재다. 안정적으로 꾸준히 낼 수 있는 이익에 적정 PER을 곱해서 가치를 산출할 수 있다. 성장가치는 미래에 더 많이 벌 수 있는 이익의 가치다. 미래는 예측하기 어렵기 때문에 웬만해서는 이 가치를 계산에 반영해서는 안 된다."**

좀 더 나아가면 '프랜차이즈 가치'라는 것도 이야기합니다.

> **"이익을 공고하게 유지해주는 시장지배력은 장부에 드러나지 않지만 회사의 가치를 구성하는 핵심 요소 중 하나다. 이 가치를 프랜차이즈 가치**

라고 부르고, 가치에 합산해서 반영하겠다.”

예를 들자면, 순자산이 1,000억 원이며 순이익이 50억 원인 회사가 시가총액이 500억 원이라고 합시다. 일단 PBR이 0.5배니까 싸 보입니다. 자산가치 대비 저평가되어 있다고 합니다. 그리고 순이익 50억 원 대비해서는 PER 10배입니다. 수익가치는 적정하게 평가받고 있다고 합니다. 거기에 회사가 신사업을 하나 시도하는데, 잘되면 순이익 20억 원이 더 붙을 수 있다고 합시다. 현재 수익가치만 따져도 시가총액이 나오니까 미래의 성장가치는 하나도 주가에 반영되어 있지 않습니다. 따라서 회사는 저평가 상태입니다. 이것이 위 논리에 따른 일반적인 가치평가입니다.

그럴싸한가요? 뭐, 각자의 방식으로 기업의 가치를 측정하는 걸 뭐라고 하겠습니까. 그러나 이런 계산법이 보편적으로 적용할 수 있는 일반 이론이 될 수는 없습니다. 논리적으로 너무나 취약하고, 실제로 돈을 버는 데에도 그다지 도움이 안 되거든요.

먼저, 자산가치는 주가의 하방을 지켜주지 못합니다. 자산가치가 하방을 지켜줄 수 있다면 PBR 1배 미만의 주식은 애초에 존재하지 말아야 하지요. PBR이 1배에 현저히 못 미치는 기업은 아직도 너무나 많습니다. 왜 그럴까요? 경영진이 가치를 파괴하고 있기 때문입니다. 차라리 청산하는 게 자본의 효율성을 위해 도움이 되는 일이지만 모종의 이유로 청산되지 않고 있는 회사들은 PBR 1배 미만에서 거래됩니다. 자산가치 이하에 주식이 거래되고 있다는 건 그 자체로 회사에 뭔가 문제가 있다는 뜻입니다. 회사와 싸워서 자산가치까지 주가를 끌어올릴 방안을 추가로 고민해야 합니다. 1권 6장에서도 언급했다시피 필립 피셔는 자산가치에 대해서 "회사가 청산 절차를 밟아서 자산 매각 대금을 주주들에게 넘겨주는 상황이 벌어지지 않는 한 1주당 자산가액은 이 주식의 시장가치와 아무런 상관이 없다"고 하였습니다. 버핏은 "청산 전문가가 아니면 자산가치 대비 할인된 주식을 사는 건 바보짓"이라고 했습니다.[107]

다음, 수익가치와 성장가치는 동일한 이야기입니다. 올해의 수익이 내년에도 유지되는 경우를 몇 번이나 보셨나요? 5년 후, 10년 후에는요? '꾸준히 지속되는 안정적인 이익'이라는 건 환상입니다. 안정적인 사업부라 함은 일반적으로 성숙 시장에서 경쟁이 치열하지 않고 시장점유율도 꾸준히 유지되는 과점 사업을 의미합니다. 그런데 이런 사업이라 하더라도 매년 이익이 꾸준히 같은 값으로 나오지 않습니다. 인건비는 매년 상승하고, 원재료 가격도 매년 변합니다. 시장점유율이 변하지 않더라도 전방 시장의 업황이 부진하여 수요가 확 줄어들 수 있고, 고객사가 가격 인하를 요구하면서 거래처를 바꿔버릴 수도 있습니다.

안정은 그 자체로 독이 될 수 있습니다. 직원들은 해이해지고 내부에서는 능력보다는 연차와 사내 정치에 따른 보상 체계가 고착화됩니다. 창의적인 직원들은 떠나고 지금까지 해오던 대로만 답습하는 사람들만 남습니다. 그러다가 한번 변화가 닥치면 어떻게 되나요? 와르르 무너지지요. 이런 상황도 일종의 '블랙 스완'입니다. 안정적인 사업부라는 건 캐시 카우로서 새로운 가치 창출을 위해서 현금을 만들어내는 역할이어야지, 회사 전체가 그 사업부에 기대서 새로운 일을 추구하지 않는다면 오히려 감점 요인입니다.

아주 특이한 케이스를 제외하고는 회사는 늘 새로이 무언가를 합니다. 우리가 흔히 '안정적인 사업부'라고 부르는 곳에서도 지속적으로 원가 개선, 품질 개선이 일어나고 있습니다. 이 모든 요소가 미래의 이익을 바꿉니다. 엄격한 의미에서 '수익가치'라는 건 존재하지 않습니다. 과거의 이익과 미래의 이익이 있을 뿐이지요. 미래의 이익이 과거의 이익보다 더 클 때 우리는 이걸 '성장'이라고 부르죠. 수익가치와 성장가치를 구분하는 건 책상머리 숫자놀음일 뿐입니다. 9장의 사업 분석 과정을 잘 따라왔다면, 기업은 유기체이며 현재의 안정적인 수익과 미래의 새로운 성장을 뚝 떼서 생각할 수 없다는 점을 잘 파악하셨을 겁니다.

그리고 프랜차이즈 가치라니요. 프랜차이즈는 초과수익을 장기간 유지할 수 있는 힘입니다. 1권 7장에서 상세히 설명드렸습니다. 가치란 미래 현금흐름의 현재가 할인이고, 프랜차이즈(독점력 혹은 시장지배력)는 자본비용률 이상의 현금흐름을 장기간 지속되게 하는 힘입니다. '프랜차이즈 가치'라는 '기업가치에 별도로 더해주는 어떤 부가적인 값'이 있는 게 아니라 프랜차이즈로 인한 미래의 현금흐름 그 자체가 기업의 가치입니다. 회사가 프랜차이즈가 있어서 미래 현금흐름이 증대했다면 그걸로 이미 가치 계산에 반영되었을 텐데, 거기서 프랜차이즈 가치를 또 더하면 중복 계산입니다.

최악의 계산법은 이 3가지(혹은 프랜차이즈 가치까지 더해서 4가지) 가치를 '합산'하는 겁니다. 수익가치와 성장가치는 따로 뗄 수 없으니 그냥 '미래의 이익'이라고 합시다. 여기에 프랜차이즈 가치를 더하면 안 된다는 건 앞 문단에서 말씀드렸고요. 자산가치도 마찬가지로 여기에 더하면 안 됩니다. 자산가치는 자산을 매각했을 때 현실화되는 가치이지 않습니까. 그런데 영업용 자산을 판다는 건 더 이상 사업을 안 하겠다는 뜻이잖아요? 그러니 이 두 값을 합산해서 가치를 산정한다는 건 말이 안 됩니다. 사업을 하거나 안 하거나 둘 중 하나만 해야 하지요. 그건 마치 부동산에서 나오는 임대수익과 부동산을 팔았을 때 받을 수 있는 금액을 '합산'해서 부동산 가치로 산정하는 것과 같습니다(명백한 비영업용 자산을 매각해서 현금화할 계획이 가시적으로 있는 경우에는 예외입니다[108]).

다시 앞의 사례로 돌아가볼까요. 순자산 1,000억 원에 순이익이 50억 원인 회사는 ROE가 5%입니다. 시장 평균에 현저히 못 미치는 사업을 하고 있습니다. 따라서 PBR이 0.5배입니다. 사업을 제대로 못하고 있고 시장은 그 무능함에 별로 매력적이지 않다는 평가를 내리고 있는 겁니다. 저평가니 어쩌니 할 게 아니라 현실을 잘 반영하고 있다는 말입니다. 현재 50억 원의 이익도 근근이 내고 있지만, ROE 5% 정도의 한계 상황에서 이런 회사가 과연 외부 변수에 얼마나 잘 대응할 수 있을지 모르겠습니다. PER 10배는 어쩌면 과한 평가인지도 모릅니다. 이런 회사가 신사업을 벌인다고요? 본업도 제대로 못하는데 신사업이라고 뭘 얼마나 잘하겠습니까. 잘되면야 좋겠지만 잘될 확률을 오히려 평균보다 현저히 낮게 잡아야 할 것입니다. 이런 관점에서 이 회사의 시가총액 500억 원은 저평가되었다고 하기에는 꽤 곤란합니다. 물론 지금 같은 무능함이 영원히 지속된다고 장담할 수는 없으니까, 상황이 조금만 호전되어도 주가가 튀어 오를 가능성은 상당히 크다고 볼 수 있겠습니다. 따라서 자산가치가 얼마 수익가치가 얼마 하는 계산보다는 회사가 어떻게 지금까지의 무능함을 뛰어넘으려고 노력하는지가 훨씬 중요합니다.

가치 기반의 투자를 하는 사람들이 자주 빠지는 '밸류 트랩'이라는 함정이 있습니다. 싸다고 생각했는데 더 싸지는(즉 주가가 '바닥'을 뚫고 지하실로 가는) 현상을 이야기합니다. 밸류 트랩에 빠진 투자자들은 자신이 가치 계산을 정교하게 하지 못했거나, 예상치 못한 이슈로 기업의 실적이 나빠졌기 때문이라고 생각합니다. 밸류 트랩에 빠지는 건 단순히 계산 실수나 운이 나빠서가 아니라, 뻔히 눈에 보이는 회사의 '가치 파괴 활동'을 간과했기 때문일 수 있습니다. 그걸 깨닫지 못한 채 주가가 하락할수록 '더욱 싸졌다'라고 생각하면서 추가 매수를 하다 보면 최악의 밸류 트랩에 빠집니다. 밸류 트랩은 어설픈 사고 체계로 인하여 자신이 뭘 틀렸는지도 모르고, 틀렸을 가능성조차 고려하지 않고 고집을 부릴 때 빠지는 함정입니다.

자, 그래서 가치란 도대체 무엇인가요? 벤저민 그레이엄이 아주 간결하고 명확하게 정의해놓았습니다. 1권 7장에서 인용했던 이야기를 다시 그대로 가져오겠습니다.

"가격은 주는 것이고, 가치는 받는 것입니다."[109]

여기서 출발해봅시다.

가격은 주식을 사면서 내가 치르는 값이니까 명확합니다. 가치는 그 대가로 내가 받는 것인데, 나는 도대체 뭘 받는 거죠? 1권 2장에서 했던 이야기를 기억하실지 모르겠습니다. 기업은 주주로부터 돈을 받아서 돈을 돌려줍니다. 즉 주식은 현금흐름을 창출하는 자산입니다.

현금흐름을 창출하는 자산의 가치를 평가하는 논리는 의외로 명확합니다. 우리는 일상적으로 커피를 마시지만 커피 한 잔의 가격이 적정한지 아닌지를 따지기는 어렵습니다.[110] 커피는 현금흐름을 창출하지 않거든요. 현금을 창출하는 자산은 미래에 돌려줄 현금을 모두 더하면 되니까 오히려 심플합니다. 대표적으로 채권을 생각하면 됩니다. 원금

100만 원에 매년 5만 원씩 이자를 3년간 준다면 창출하는 현금흐름은 총 115만 원이죠. 그런데 이건 미래의 현금흐름이니까 이 채권의 최대 가치가 115만 원이라는 거고, 현재 시점에서의 가치는 그보다 어느 정도 할인되어야 합니다.

현금흐름을 창출하는 자산, 전문용어로 '캐피털 에셋'이라고 하는데요. 캐피털 에셋의 가치평가는 모두 이와 같은 방법으로 할 수 있습니다. 그리고 이렇게 해야만 합니다. 이 이상 명확한 논리는 없으니까요. 주식도 캐피털 에셋이므로 이 방법을 채택하여 가치를 평가할 수 있습니다. 그리고 그게 모든 가치평가의 기초가 되어야 합니다.[111]

하나의 회사와 100명의 투자자가 있다고 해봅시다. 누군가는 회사의 설립에 자본금을 대주었고 누군가는 이후에 그 사람으로부터 주식을 사는 형태로 투자했을 수 있습니다. 각자가 사고파는 가격에 따라서 누군가는 이익을 보고 누군가는 손해를 볼 수도 있겠지요. 여기서 전체 100명의 투자자가 얻은 손익 합계는 얼마일까요?

회사가 100억 원의 자본금으로 설립되었고 10년 후 청산하여 자기자본만큼을 돌려주었다고 해봅시다. 10년간 번 돈 200억 원과 최초 자본금 100억 원을 합한 300억 원이 투자자의 손으로 돌아갔겠지요. 회사의 설립부터 청산까지 모든 기간을 합산했을 때, (수수료와 세금이 없다고 가정하면) 100명의 투자자 전체의 손익 합계는 정확히 200억 원입니다. 어떤 시점에 누가 누구와 얼마의 가격으로 샀다 팔았다 해서 생긴 손익은 모두 서로 상쇄되어 없어집니다. 서로 간의 매매에서 얻은 시세 차익은 제로섬 게임입니다.

주식의 가치가 무엇이냐에 대한 첫 번째 대답을 여기서 얻을 수 있습니다. 주식가치의 '최대치'는 기업이 향후에 벌어들일 돈 전체입니다. 투자자가 칼날 같은 매매로 다른 투자자로부터 싸게 사고 비싸게 팔기를 반복하면서 더 많은 이익을 낼 수는 있겠지만, 투자자 전체로는 상쇄되어 없어지는 돈이기 때문에 이걸 가치라고 부를 수는 없습니다.

"투자자 전체로 보면, 기업이 번 돈 이상을 기업으로부터 빼내는 마법 같은 방법은 없습니다."[112]

그 '최대치'에서 '시스템 외부'로 빠져나가는 돈을 차감하면 전체 투자자가 번 돈이 됩니다. 시스템 외부로 빠져나가는 돈에는 무엇이 있을까요? 거래를 하면서 생기는 수수료와 거래세 등 거래비용이 있을 것입니다.[113] 그리고 수익을 실현한 시점(배당이든 매각이든 청산이든)에서 발생하는 소득세가 있겠지요. 또 한 가지는 경영진의 태도입니다. 경영진이 투자자에게 돌아갈 몫에서 무언가를 개인의 이익을 위해 빼돌리려고 한다면 이 또한 엄청난 감점 요인이 되겠지요.[114]

한편, 기업이 돈을 벌기만 하면 가치가 무조건 늘어나는 건 아닙니다. '할인율' 이상의 돈을 벌어야만 가치가 커집니다. '할인율'에 따라서 기업가치는 크게 줄어들 수 있습니다. 미래의 1억 원은 현재의 1억 원보다 더 작은 가치를 지닐 것입니다. 미래에 발생할 이익은 그에 따라 어느 정도 '할인'해야 합니다. 할인율에 대해서는 1권 7장 '젖소를 키웁시다'에서 간략히 설명한 바 있습니다.

할인율은 '자본비용'과 같습니다. 앞서 1권 2장과 7장에서 자본비용이라는 용어가 몇 번 등장했습니다. 기업에 자본을 대는 투자자는 어느 정도 기대하는 최소한의 수익이 있게 마련이고, 그 이하의 수익을 내는 회사는 '비용만큼의 이익을 내지 못했다'라고 할 수 있겠습니다. 기대치가 10%라면 100억 원의 자본금에 대해서 10억 원은 수익을 내줘야 하고, 5억 원을 벌었다면 이건 번 게 아니라 잃은 겁니다. 이 때 우리는 '가치가 훼손되었다'라고 합니다. 자기자본의 절댓값은 늘어났지만 가치는 줄어들었습니다.

사실 할인율이 무엇인가에 대해서는 훨씬 더 깊은 고민이 필요합니다. 할인율이야말로 가치평가, 그리고 가치평가에서 자연스럽게 파생되는 '기대수익률'이라는 개념과 모두 직접 연결되어 있습니다. 다음 파트에서 상세히 이야기해보도록 하겠습니다. 아주 상세히 말입니다.

일단 여기까지 정리해보자면, **주식의 가치는 기업이 앞으로 평생 벌어들일 돈에서 무언가를 차감한 값입니다.** 이게 다입니다. 앞서 9장에서 기업을 분석하는 기초를 길게 길게 공부했습니다. 그 긴 과정을 거친 결론이 '고작'이거라니, 당황하실 수도 있겠습니다. 그러나 이 뻔해 보이는 말에는 꽤 많은 함의가 담겨 있습니다.

• 가치를 결정하는 마법 공식은 없다

기업이 평생 벌어들일 돈이 얼마인지를 온전히 계산하는 공식이 있을까요? 그건 미래를 완벽하게 예측하는 공식이 존재한다는 말과 같은 이야기입니다. 먼 훗날에는 그런 공식, 혹은 그걸 계산해주는 기계가 나올지는 모르겠으나, 현재는 없습니다. 따라서 주식의 가치에 대한 판단은 주관적이고, 투자가 다 그러하듯 가치평가는 각자의 능력에 따라 각자의 책임하에 수행해야 합니다.

• 재무제표를 깊이 판다고 가치를 정확하게 측정할 수 없다

재무제표는 '기업이 지금까지 해온 일'을 '가능한 한 경제적 실질에 가깝게' 적어놓은 장부일 뿐입니다. 무시해서도 안 되지만 저 아래로 깊이 들어가다 보면 보물 같은 무언가를 발견할 수 있다는 환상을 가져서도 곤란합니다. 물론 내가 회계장부를 보는 눈이 뛰어나다면 남들이 모를 무언가를 발견할 수는 있습니다. 문제는 그걸 앞으로도 나만 알고 있을 가능성이 크다는 거죠.[115]

• 가치의 범위는 상당히 넓다

가치의 최대치는 기업이 '평생' 벌어들일 돈입니다. 이는 상당히 클 수 있습니다. 기업은 웬만해서는 청산하지 않고 계속 사업을 할 테고, 살다 보면 때때로 대박이 나기도 하겠지요. 그러므로 주식가치의 '최대치가 이만큼이다'라고 이야기할 때에는 상당히 조심해야 합니다. 특히 장래의 성장을 크게 기대할 수 있는 기업에 대해서는요.

• 너무 비싼 가격이란 존재한다

예를 들어 기업이 이익이 늘어날 가능성이 전혀 없는데 정상 수준의 이익 대비 엄청나게 높은 PER에 거래되고 있다거나, 미래의 가능한 모든 낙관적인 전망을 모두 반영한 이익 합산보다 더 높은 시가총액이 형성되어 있다거나 하는 경우에는 명백히 '너무 비싼 가격'이죠. 나보다 더 비싼 값을 치를 사람을 찾아야만 돈을 벌 수 있는 상태입니다. 이를 '폰지 구조'라고 합니다. 저는 투자와 투기를 구분하는 건 좋아하지 않지만,[116] '폰지 구조'와 그렇지 않은 구조를 구분하는 건 유의미하다고 생각합니다.[117] '폰지 구조'가 아니면 투자자가 돈을 벌 수 없는 상태에 도달했을 때 이를 거품이라고 부를 수 있습니다.

1990년대 일본의 거품 경제가 극에 달했을 시기에는 '도쿄를 팔면 미국 전체를 살 수 있다'는 농담이 유행했습니다. 일본 황제의 거처가 캘리포니아주 전체 땅값과 맞먹을 정도였습니다. 1990년 일본의 부동산 전체 총액은 2,000조 엔(약 2경 원)에 달했다고 합니다. 당시 미국의 GDP가 약 6조 달러, 일본의 GDP가 약 3조 달러였습니다. 생산량이 절반인 나라의 부동산 총액이 생산량이 2배인 나라의 부동산보다 훨씬 비싸다는 건 누가 봐도 말이 안 되죠. 성장주가 각광받는 시기에는 '너무 비싼 가격이란 없다'라는 말이 유행하는데, 이런 주장을 하는 사람들은 주가가 하락하고 나면 겸손해지거나 사라집니다. 늘 반복되는 일입니다.

• 거품은 함부로 논하면 안 된다

한편, 앞의 일본 거품경제와 같은 명백한 사례가 아닌 이상은 거품은 함부로 논할 수 없습니다. 기업은 꽤 장기간 생존하고, 먼 미래에 벌어들일 이익은 함부로 최대치를 가늠할 수 없습니다. 1960년대의 '니프티 피프티'는 미래의 성장에 과도한 기대를 걸었던 대표적인 사례입니다. 이 주식들은 1970년대에 처참한 성과를 냈지만, 살아남은 회사들은 1980년대에 신고가를 갱신했습니다. 2000년 부근의 IT 버블도 대표적인 버블이었습니다. IT 버블의 붕괴는 많은 사람에게 상처를 주었지만, 아마존 같은 회사는 살아남아서 이전 고점의 수십 배가 넘는 주가 상승을 이루어냈습니다. 가치 기반의 사고를 하다 보면 '거품이다', '비싸다'라는 용어를 쉽게 입에 담는 경우가 많은데, 그렇게 하다가는 아주 많은 기회를 놓칠 수 있습니다. 주가 하락의 아픔도 아픔이지만, 주가 상승을 놓쳐서 느끼는 아픔은 이보다 더 큽니다.

• 먼 미래의 이익에 가중치를 둘수록 외부 요인에 취약해진다

먼 미래로 갈수록 이익의 폭은 불확실해지고, 차감해야 할 요소는 더욱 커집니다. 이익 추정치의 변화폭도 커지고, 할인율도 커지고, 현재의 경영진을 믿을 수 있다 하더라도 그러한 경영진이 미래까지 유지될 수 있을지는 모릅니다. 내가 마음이 바뀌어서 거래를 자주 한다면 거래비용도 많이 발생합니다. 그리고 (주주환원을 포함하여) 이익의 실현 시점에 따라 세금의 폭도 상당히 달라질 수 있습니다. 먼 미래의 이익이 가치 추정에서 차지하는 비중이 커질수록 기업 자체의 성장 못지 않게 외부 요인의 변동에 따라 가치의 변화폭이 커지는 상황이 발생합니다. 보통 기업의 장기 성장에 기대는 투자자들은 외부 요인에 관계없이 기업만 믿고 간다고 외치곤 하지만, 외부 요인의 영향을 완전히 배제할 수는 없으며 오히려 그 영향이 더 커지기도 합니다.

• 일시적인 실적 변동이 전체 가치에 미치는 영향은 크지 않다

부동산 매각이나 세금 혜택 등으로 일시적으로 증가한 이익에 과거 평균 PER을 곱해서 전체 가치가 늘어난 걸로 계산하는 경우가 가끔 있습니다. 예를 들어 원래 연간 100억 원을 벌고 PER이 10배 정도여서 시가총액이 1,000억 원이었는데, 이번에 일시적으로 20억 원 정도 예상치 못한 순이익이 추가되었습니다. 그럼 여기에 PER 10배를 곱해서 1,200억 원, 즉 가치가 20% 늘어났다고 계산하면 안 됩니다. 기업의 가치는 기업이 평생 벌어들일 돈의 합계이기 때문에, 일회성으로 20억 원의 순이익이 생겼다면 기업의 가치는 그냥 20억 원 늘었을 뿐입니다. 가치는 1,000억 원에서 1,020억 원으로 말입니다. 사실 이런 경우는 얼마 없긴 합니다. 투자자들이 그렇게까지 단순하진 않습니다. 그런데 주가가 오르지 않았을 때 PER이 8.3배(1,000억 원/120억 원)로 하락했으니 저평가되었다고 착각해서 주식을 사는 경우는 의외로 왕왕 볼 수 있습니다.

• 거래가 잦을수록 잠재 이익은 줄어든다

주식투자에는 제로섬 게임과 논제로섬 게임이 혼합되어 있습니다. 기업이 향후에 벌 돈과 시가총액을 비교하면서 하는 투자는 논제로섬 게임입니다. 웬만해서는 돈을 버는 게임입니다.[118] 그런 건 모르겠고 내가 얼마의 가격에 사든지 나보다 더 비싸게 사줄 사람만 찾으면 된다고 생각한다면 제로섬 게임입니다. 문제는 거래에 따르는 수수료와 세금, 슬리피지[119] 때문에 실제로는 마이너스섬 게임이 된다는 점입니다. 제로섬 게임에서 돈을 벌기 위해서는 평균보다 조금 뛰어나는 정도로는 부족하고, 평균보다 아주 많이 뛰어나야 합니다. "투자자 전체로 보면, 운동량이 증가할수록 수익은 감소합니다."[120]

이제 여러분이 가치평가 공부를 더 깊게 하다 보면 접하게 될 여러 가치평가 방법론에 대해서 간략히 이야기해보겠습니다. 세상에는 다양한 가치평가 방법론이 있고, 이 책에서 그 모든 방법론을 다룰 수는 없습니다. 여기서는 다양한 가치평가 방법론을 접할 때 반드시 염두에 두어야 할 핵심 사항만 이야기하겠습니다.

주식의 가치는 기업이 앞으로 존속하는 동안 벌어들일 돈입니다. 기업이 언제까지 존속하면서 총 얼마를 벌지에 대한 각자의 판단이 각자가 주식을 소유함으로써 얻는 가치입니다. 각자가 가지는 판단이 서로 교차되는 지점이 곧 가격입니다. 가치평가는 기업이 '정당하게' 받아야 할 가격을 알려주는 '마법의 공식'을 찾아내는 과정이 아닙니다. 기업의 미래에 대한 각 투자자의 전망을 숫자로 표현하는 과정입니다.

가치평가를 좀 더 상세히 공부하다 보면 DDM, DCF, RIM, EVA 등 다양한 방법론을 접하게 됩니다. 이는 결국 투자자 입장에서 '내 몫의 돈'을 어떻게 정의하느냐의 문제일 뿐입니다. DDM은 당장 투자자에게 돌려주는 배당만을 투자자 몫이라고 정의하고, DCF는 세후순영업이익을 주주의 몫으로, RIM은 자기자본비용 이상의 초과수익을 주주의 몫으로, EVA는 영업투하자본 대비 초과수익을 주주의 몫으로 정의합니다(물론 여기에 청산가치 혹은 영구가치는 별도로 추가합니다).

공식에 들어가는 가정이 동일하다면 어떤 방법론을 쓰든 동일한 값이 도출됩니다.[121] 여기서 배운 '기업의 가치는 기업이 미래에 벌어들일 돈'이라는 개념만 잘 이해했다면 다른 공식들도 무리 없이 이해할 수 있습니다.

PER이니 PBR이니 하는 가치평가 지표는 모두 부수적인 요소입니다. 위의 방법으로 도출해낸 어떤 값이 있을 때, 그 값을 순이익으로 나누면 PER이 되고 자기자본으로 나누면 PBR이 될 뿐입니다. 과격하게 말하자면, 가치평가 지표들은 투자자 간에 의사소통을 하기 위한 수단일 뿐입니다. 중요한 건 기업의 미래를 어떻게 전망하느냐입니다.

이것으로 가치에 대한 기본적인 설명을 마쳤습니다. 사실 재무구조나 주주환원율 등도 가치평가 기법에서 중요한 요소이긴 한데, 그건 너무 어렵기도 하고 약간 현실적이지 않은 이야기들이니 넘어가도록 하겠습니다. 우리 앞에는 이런 것들보다 훨씬 더 중요하고 난해한 개념한 가지가 버티고 있습니다.

이제 가치평가의 핵심, 할인율을 이야기해봅시다.

할인율은 도대체 무엇인가

"세계 최초의 투자 지침은 이솝이 제시한 '손안의 새 한 마리가 숲속의 새 두 마리보다 낫다'입니다. 이솝이 빠뜨린 말은 '숲속의 새 두 마리를 잡는 시점은 언제이고 적용하는 할인율은 얼마인가'입니다."

할인율에 대해서 1권 7장에서 처음 소개하면서 인용한 버핏의 말입니다. 미래의 이익을 현재로 환산할 때 할인해야 한다는 건 자명합니다. 그러나 얼마나 할인하는 게 적정한가요? 어느 정도 가치평가를 공부한 사람들은 CAPM이라든가 '리스크 프리미엄' 등의 용어를 들면서 대답을 하겠지만 이 또한 따져보면 문제가 많습니다. 여기서는 학계에서 가르치는 할인율과 그 주장의 문제점을 살펴보고, 투자자가 진정으로 적용해야 할 할인율이 무엇인지를 이야기해보겠습니다.

학계의 정설

1권 7장의 후반부까지 꼼꼼하게 읽은 분이라면 CAPM이라는 용어가 기억날 것입니다. 다시 가져와보겠습니다.

$$K_e = R_f + \beta_i(R_m - R_f)$$

특정 주식(e)에 적용하는 할인율(K_e)는 무위험이자율(R_f)에 '주식의 베타(β_i)×주식의 리스크 프리미엄($R_m - R_f$)'를 더한 값입니다.[122] CAPM은 설명하기조차 부끄러운 공식이지만, 재무학에서는 오늘도 여전히 CAPM을 논하고 있으므로, 그 사람들 앞에서 여러분이 주눅들지 않기 위해서는 한 번은 설명하고 넘어가야 합니다.

우선 베타가 무엇인지 알아야 합니다. 베타는 특정 주식이 전체 주식시장이 움직이는 정도에 대비해서 얼마나 변하는지를 나타낸 값입니다. 비슷한 지표로 분산(혹은 표준편차[123])이나 상관계수라는 지표가 있는데요. 분산은 방향성이 없이 변동폭만을 나타내고, 상관계수는 표준화된 지표라서 1과 -1이 최대/최소 값입니다. 베타는 방향과 진폭을 모두 나타내는 값입니다. 어떤 주식의 베타가 1.5라면 시장이 1% 올랐을 때 이 주식은 1.5% 올랐다는 뜻이고요. 베타가 -0.5라면 시장이 1% 올랐을 때 이 주식은 0.5% 하락했다는 이야기입니다.

CAPM에서는 이 베타 값을 할인율을 정하는 핵심 지표로 사용합니다. 무위험이자율이 1%, 시장위험이 7%(따라서 주식 리스크 프리미엄이 6%), 베타가 1.5인 주식의 할인율은 10%[124]입니다. 짜잔, 할인율이 구해졌습니다.

이제 여러분은 앞에서 구해놓은 연도별 현금흐름을 1.1^n으로 나눠주기만 하면 됩니다. 여기서 n은 경과연도입니다. 1년 후의 미래는 1, 2년 후의 미래는 2 하는 식입니다.

$$PV = \frac{C1}{(1+r)} + \frac{C2}{(1+r)^2} + \frac{C3}{(1+r)^3} + \cdots$$

이거 기억나시죠? 여기에 하나하나 숫자를 넣기만 하면 PV(현재가치)가 뿅 하고 나옵니다.

왜 이렇게 하냐고요? 자 여러분, 할인을 왜 하는지부터 차근차근 따져봅시다.

미래가 불확실하니까 할인하는 거죠? 미래가 불확실하면 위험이 크죠? 미래가 많이 불확실할수록 위험이 크니까 할인을 더 많이 해야겠죠? 그럼 미래가 얼마나 불확실한지를 측정하면 얼마나 위험한지를 측정할 수 있을 테고, 적절한 할인율도 구할 수 있겠지요?

미래가 얼마나 불확실한지는 어떻게 측정할까요? 일단 가장 쉬운 것, 가장 확실한 것, 가장 안 위험한 것으로부터 출발해서, 조금 더 위험해질 때마다 위험한 정도를 하나씩 더해가면 되겠네요? 가장 안 위험한 건 뭘까요? 주식보다 채권이 덜 위험하겠지요? 채권 중에서도 국채가 가장 안전할 테고, 미국이 망할 리는 없으니 미국 국채의 수익률이 가장 안전하겠지요? 그럼 미국 국채의 수익률을 무위험이자율로 쓰고, 주식의 위험을 더해나가면 되겠네요?

주식의 위험을 더한 다음에는 개별 주식의 위험을 더해야겠네요? 개별 주식은 시장보다 변동성이 더 클수록 위험하니까, 주식의 리스크 프리미엄에 개별 주식의 베타를 곱해서 무위험이자율과 더하면 개별 주식의 위험이 나왔습니다. 이제 위험 값을 구했으니 분자를 '1+위험'으로 나눠주면 됩니다.

그럴싸한가요? 다 틀렸습니다. 위 세 문단에서 모든 질문의 대답은 '아니오'입니다.

문제점

• 변동성이 위험인가

1권 7장에서 이미 언급했지만, 변동성은 위험이 아닙니다. 위험을 어떻게 정의할까요? 위험은 손해를 볼 가능성이죠. 우리는 손해보는 걸 두려워하잖아요? 손해를 볼 가능성이 크거나, 가능성은 낮아도 손해가 났을 때 많이 날 수 있으면 위험하다고 느끼지 않습니까. 엄밀한 용어로 이야기하자면 '영구적인 구매력 손실 가능성'을 위험이라고 정의할 수 있습니다.

그럼 변동성은 뭔가요? 변동성도 사실 측정 기준이 다 다르긴 한데요. 보통은 과거 1년이나 3년 동안의 일간 변동성을 사용합니다. 다시 말해 매일매일의 주가 변화폭이 크면 변동성이 큽니다. 이걸 시장지수(코스피나 S&P 500 등)의 변동폭/방향과 비교하여 그 비율을 뽑은 게 베타입니다.

변동성의 문제는 방향이 없다는 점이라고 1권 7장 마지막에서 말씀드렸습니다. 변동성을 위험이라고 하면 주가가 많이 오르건 많이 떨어지건 그냥 다같이 위험하다고 합니다. 회사가 좋아서 주가가 많이 올라도, 회사가 나빠서 주가가 많이 떨어져도 그냥 위험한 겁니다. 회사가 안정적이어서 하락장에 잘 버틸 수 있어도 안전하고, 회사가 아무 일도 하지 않아서 서서히 가라앉고 있어도 안전하다고 합니다.

베타는 방향을 고려한 변동성이라고 보면 됩니다. 시장이 오를 때 더 많이 오르거나 시장이 떨어질 때 더 많이 떨어지면 베타가 높고, 시장이 오를 때 그보다 덜 오르고 시장이 떨어질 때 그보다 덜 떨어지면 베타가 낮습니다.

우리가 원하는 주식은 어떤 모습인가요? 시장이 오를 때 더 많이 오르고 시장이 떨어질 때 덜 떨어지기를 원하잖아요? 베타는 이걸 구분하지 않습니다. 베타 값이 큰 주식이 상승장에서 더 많이 올라서 베타가 큰 건지 하락장에서 더 많이 떨어져서 베타가 큰 건지 알 수 없습니다. 베타 값이 작은 주식이 하락장에서 잘 버텨줘서 작은 건지 상승장에서 지지부진하게 제자리걸음을 해서 작은 건지 알 수 없습니다.

왜 이런 지표를 사용하는 걸까요? 우리가 원하는 그런 주식은 존재하지 않거든요. '그들'의 머릿속에는요. 우리는 시장을 뛰어넘는 수익을 보여줄 수 있는 훌륭한 주식, 훌륭한 기업을 찾아다닙니다. 그러나 학술적으로는 그런 주식이 존재하면 안 됩니다. 왜냐고요? 그런 걸 가정하면 논문을 쓰기가 상당히 곤란하거든요. 시장이 효율적이고 지금까지 나온 정보를 바탕으로 아무리 투자를 해봤자 초과수익을 낼 수 없고, 초과수익이 났다면 그건 순전히 운이다라고 가정해야 논문을 쓰기 편합니다. 이 가정을 뭐라고 하죠? 네, 효율적 시장가설입니다.

인간의 지적인 능력을 아무리 활용해봤자 돈을 벌 수 없다고 하면[125] 남는 건 무엇이겠습니까. '주식의 불확실성이 그대로 주가에 반영되어 매일매일 변동한다, 따라서 주가의 일간 변동성이 위험을 표상하는 지표다'라고 할 수 있습니다. 이제 모든 논의가 간단해졌습니다. 위험을 변동성이라고 '정의'해버렸으니까요. 세상이 참 쉬워 보입니다.

위험이라는 게 도대체 뭔지 다시 생각해봅시다. 우리가 애플에 투자했을 때의 위험, 즉 영구적으로 구매력 손실을 입을 가능성은 어떻게 됩니까? 아이폰이 더 이상 팔리지 않는다, 맥북이 폭발한다, OTT 사업부에 과도한 투자를 하다가 실패한다 등 회사의 사업이 나빠질 위험, 잉여현금을 주주환원에 쓰지 않고 경영진의 사리사욕을 위해 쓴다, 자금을 횡령한다 등 신뢰를 잃을 위험, 단기 변동성에 휘둘려서 샀다 팔았다를 반복하거나 맹목적인 기대감으로 지나치게 높은 가격을 지불하고 주식을 사는 등 투자자의 잘못된 매매 행태로 인한 위험 등이 우리가 진정으로 위험하다고 느끼는 위험이겠지요.

이 모든 위험 요인과 '과거 1년간의 일간 변동성'은 무슨 관련이 있나요? 끝까지 효율적 시장가설을 신봉하는 사람들은 이렇게 말할지도 모르겠습니다. 그 모든 위험이 반영되어 주가가 매일 변하는 거 아니냐고요. 예, 뭐 효율적 시장가설은 이런 식으로 무한정 고집 부릴 수 있다는 장점이 있습니다. 그런 가설을 '반증 불가능 가설'이라고 합니다. 과학에서는 절대 사용하면 안 되는데, 투자는 과학이 아니라 그런지 이런 반증 불가능 가설이 꾸역꾸역 한 자리를 차지하고 있습니다.

이런 위험 요인들을 잘 극복하여 장기간 뛰어난 수익률을 낸 주식이 있다고 해봅시다. 이 주식의 베타 값은 어떻게 될까요? 꽤 크죠.[126] 베타 값이 크면 할인율은? 높죠. 할인율이 높으면? 가치가 낮죠. 회사가 훌륭한 성과를 내서 주식도 그에 따라 훌륭한 초과수익을 냈으면,

CAPM에 따르면 이 주식은 위험한 주식이고 가치가 낮습니다.

회사가 지지부진하여 주가가 장기간 주르륵 흘러내렸다고 해봅시다. 이런 기업의 베타 값은 1 미만인 경우가 많습니다. 그럼 할인율은 어떻죠? 작죠. 할인율이 작으면? 가치가 높죠. 만약 베타 값이 마이너스라면요? 할인율이 0에 수렴하거나 혹은 아예 마이너스가 될 수 있습니다. 그럼 가치는 무한대로 발산하거나 마이너스가 됩니다. 베타라는 값은 애초에 분모에 들어가면 안 되는 값인 겁니다.[127] CAPM은 실전에서 주식투자를 해본 경험이 부족한 분들이 어떻게든 이론을 만들어내려고 노력한 산물입니다. 크게 신경 쓸 필요가 없습니다.[128]

전체 시장이라는 게 도대체 뭔가요? 왜 그 시장 지수의 변동과 개별 주식의 변동 정도가 주식의 위험을 나타내는 지표가 되는 거죠? 회사가 잘되어 가치가 성장하고 그에 따라 주가가 오르는 거 아닌가요? 시장이 상승하고 베타 값이 높아서 주가가 오르는 게 아니라요.

개별 주식의 합이 시장지수입니까? 아니면 시장지수가 먼저 존재하고 지수와 엎치락뒤치락하라고 존재하는 게 개별 주식입니까? 물론 단기적으로야 투자자들이 전체 시장의 움직임을 참고하면서 개별 주식을 사고파니까 전체 시장이 개별 주식의 움직임에 영향을 미치기는 합니다. 그러나 1년 혹은 3년 이상을 두고 보면 개별 기업의 주가와 전체 시장의 유사성은 거의 찾아보기 힘듭니다. 금융 위기나 코로나19 사태 등 10년이 지나도 기억에 남는 대형 사건이 있었던 시기에 주가 급락의 흔적이 남아 있는 정도겠지요.

물론 베타가 아무 의미 없는 값은 아닙니다. 시장을 추종하는, 혹은 역으로 추종하는 ETF를 만들 때 베타는 중요한 성과 측정 지표가 됩니다. 인덱스 ETF는 베타 값 1을 목표로 하고, 그것을 벗어나는 '트래킹 에러'가 낮을수록 좋은 상품이 됩니다. 2배 레버리지 ETF는 베타가 2여야 하고, 인버스 ETF는 베타가 -1이어야 하지요. 존 템플턴도 포트폴리오 매니저들이 감수하는 전반적인 위험 정도를 측정하기 위해서 베타 값을 사용했습니다.[129]

• 위험이 할인율인가

CAPM 공식에 들어가는 변동성 지표의 결함보다 더 큰 문제가 있습니다. 할인을 왜 해야 하는가 하는 질문으로 이어지는 문제입니다.

'위험'을 왜 '할인율'로 반영해야 하는 거죠?

다시 말씀드리지만, 위험은 '영구적인' '구매력 손실' '가능성'입니다. 앞서 애플 주식의 사례를 들면서 여러 가지로 손실이 날 수 있는 시나리오를 이야기해보았습니다. 이 시나리오들은 실제 가치평가에 어떤 식으로 반영될까요? 분자, 즉 현금흐름에 반영됩니다. 휴대전화가 안 팔리거나, 맥북이 안 팔리거나, 혹은 예상치 못한 어떤 비용이 발생하는 등의 사건은 모두 분자에 영향을 미치는 요소입니다.

주식의 가치를 범위로 표현해야 한다는 이야기는 여러 번 반복해서 말씀드렸습니다. 범위라 함은 좋을 때 얼마나 좋고 나쁠 때 얼마나 나쁠 수 있냐는 이야기잖아요? 여러 시나리오별로 분자 값이 달라져서 가치평가 값이 달라질 겁니다. 다양한 시나리오 평가 값 간의 편차가 크다면, 특히 나쁜 시나리오에서 가치가 크게 하락할 수 있다면 '위험이 크다'라고 할 수 있습니다.

분자의 가변성에서 이미 위험이 반영되었는데, 그걸 분모에 또 반영할 필요가 있을까요? 정말로 '위험'한 주식, 즉 사업이 불안정하고 새로운 사업이 잘 될지 확신이 없고 경영진도 못 믿을 그런 회사를 가치평가한다면, 미래의 현금흐름을 상당히 낮춰 잡지 않겠습니까? 좋은 시나리오에서야 얼마든지 높은 값을 부여할 수 있지만, 나쁜 시나리오에서는 상당히 낮은 값을 주겠지요. 이미 시나리오에 위험을 반영하였는데 그걸 분모에 또 한 번 반영하는 건 더블 카운팅(중복 계산) 오류입니다. 반대로 덜 위험한, 아무런 불확실성이 없는 극단적인 경우를 생각해봅시다. 그럼 확실한 하나의 시나리오만 쓰면 되겠지요. 그런데 거기서 위험이 없다고 해서 할인율을 또 낮춰 잡아버리면, 가치를 과도하게 높게 평가해버리게 됩니다. 이 또한 더블 카운팅입니다.

할인율은 투자자의 기회비용이다

다시 근본적인 질문을 해봅시다. 할인은 도대체 왜 하는 거죠? 위험하니까? 아닙니다. 미래가 불확실하니까? 아닙니다. 뭐죠, 도대체?

반박할 수 없는 대답은 이런 겁니다. "인플레이션이 있으니까요." "돈의 가치가 계속 감소하니까요." "은행에 넣어만 놔도 이자가 약간은 나오니까요." "은행보다 안전한 국채에 투자해서 이자를 얻을 수도 있으니까요."

기회비용이라는 용어는 아시지요? 어떤 선택을 했다는 것은 다른 선택을 했더라면 얻을 수 있었던 무언가를 포기한 것이기 때문에, 그 무언가가 해당 선택의 비용이 된다는 뜻에서 이를 기회비용이라고 부릅니다. 투자를 할 때에도 마찬가지입니다. 우리는 같은 돈을 써서 할 수 있는 무언가를 포기하고 이 투자를 합니다. 그럼 무엇을 포기한 건가요?

버핏은 투자를 '장래에 더 많은 구매력을 받으리라는 합리적인 기대에 따라 현재 구매력을 남에게 이전하는 행위'로 정의했습니다.[130] 우리가 무엇을 포기했는지 여기서 명백해집니다. 일단 우리는 당장의 구매 행위를 포기했습니다. 지금 먹을 수 있는 맛있는 햄버거, 더 좋은 자동차, 더 긴 여행을 포기하고 투자를 한 거죠. 이 투자가 '실패한 행위'가 되지 않기 위해서는 최소한 물가 상승률은 뛰어넘어야 합니다. 1년 후 물가가 3% 올랐는데 내 수익률이 2%라면 내 구매력은 줄어들었습니다. 현재의 1,000만 원은 1년 후 1,030만 원의 가치가 있습니다. 할인율은 3%가 되어야 합니다. 최소한 말입니다.

기회비용은 모든 대안 중에서 가장 높은 값으로 정합니다. 투자의 기회비용은 단지 인플레이션만 있는 게 아니죠. 우리가 '아주 쉽게 할 수 있는 가장 안전한 선택'이 또 다른 대안입니다. 은행 이자율이나 국채 수익률이 5%라면요? 다행히 인플레이션을 넘었네요. 우리가 어떤 위험한 자산에 투자한다면 5%를 얻을 수 있는 확실한 대안을 포기하고 위험을 짊어진 것이기 때문에 당연히 그 이상의 대가를 기대해야 합니다(아니면 투자가 아니라 기부겠지요). 은행 이자가 5%인데 내 수익률이 4%라면 역시나 '실패한 투자'입니다. 그러므로 할인율은 5%가 되어야 합니다. 적어도 말이죠.

만약 은행 이자나 국채 수익률보다 인플레이션이 더 높다면요? 그래서는 안 되겠지만 그런 일은 종종 일어납니다. 인플레이션이 6%로 무위험이자율보다 더 높다면 이 인플레이션율이 할인율이 되어야겠지요. 인플레이션이나 국채 금리도 시간에 따라 변하니까, '장기간(아마도 우리의 생존 기간)에 걸친 인플레이션과 국채 금리 전망치 중 높은 값'으로 할인율 규칙을 정해서 써도 됩니다.

인플레이션이나 무위험이자율로는 만족하지 못할 수도 있겠죠. 더 많은 위험을 짊어졌으니 더 나은 수익률을 바라는 건 자연스럽습니다.

그럼 내가 원하는 어떤 값을 정하면 됩니다. 그 값이 정교하게 계산된 적절한 값인지 아닌지는 그다지 중요하지 않습니다. 그냥 대충 내가 만족할 수 있는 값이면 됩니다.

어차피 할인율이 너무 높으면 그 기준을 통과하는 주식이 별로 없을 것이고, 할인율이 너무 낮으면 낮은 기대수익률을 감수하겠다는 거니까요. 단일한 할인율로 여러 투자안을 평가한 다음에 그중 가장 마음에 드는 안을 선택하면 됩니다. 여러 투자안을 비교 평가할 수 있는 단일한 기준을 '설정'했다는 사실 자체가 중요합니다.

이 주장은 학계의 관점에서는 이단에 가까운 주장입니다. 신성한 할인율을 감히 '원하는 값'으로 마음대로 '대충' 정하라니요. 그러나 우리 뒤에는 이 방법을 실제로 사용하시는 훌륭한 투자자가 버티고 있습니다. 워런 버핏은 이렇게 말했습니다.

버핏은 미래의 현금흐름에 불확실성이 있을 때, 현금흐름을 직접 낮춰버리지, 할인율에 '위험 조정'이라는 장난을 치지 않습니다. 스콧 채프먼에 따르면, 버핏은 "무위험이자율에 리스크 프리미엄을 추가하는 식으로 할인율을 계산하지 않습니다. 예측 가능성이라는 기준을 이미 통과했기 때문입니다."[131]

버핏은 "모든 증권에 똑같은 할인율을 적용합니다. 하지만 일부 기업에 대해서는 현금흐름을 더 보수적으로 추정합니다. 금리가 1.5%에 불과하더라도 수익률이 2~3%인 곳에는 투자하지 않습니다. 우리가 생각하는 최소 기대수익률은 국채 수익률보다 훨씬 높습니다. 우리는 영원히 보유할 기업에 투자하므로, 금리가 지금처럼 항상 낮게 유지될 것이라고 가정하지 않습니다."[132]

실무적으로도 이 기법은 훌륭합니다. 물리학에서는 실제 현실을 완전히 반영한 모델링을 할 수 없으므로, 단순화한 가정을 넣어 문제를 풀고 나서 단순화 가정이 정답을 얼마나 훼손했는지 별도로 평가합니다. 이런 방법을 통해 복잡한 방법으로는 도저히 접근할 수 없는 문제를 풀어내곤 합니다.[133]

주식투자로 얼마의 수익률을 원하시나요? 10%를 원하시나요? 그럼 10%를 할인율로 쓰십시오. 5%면 만족하시나요? 그럼 5%로 할인하세요. 그런데 인플레이션이 5%를 넘을지도 모른다고요? 그럼 대충 7%로 하시죠. 그러면 됩니다. 진짜입니다. 버핏은 10%를 쓴다고 했습니다.[134] 저도 10%를 씁니다.

끝났습니다. 분자도 간단하고(회사가 앞으로 평생 벌 돈), 분모도 간단해졌습니다(투자자가 원하는 수익률). 이제 사업 분석만 열심히 하면 됩니다. "현금은 모두 평등합니다. 따라서 기업의 경제성만 평가하면 됩니다."[135]

예를 한 번 들어볼까요? 기업 분석 결과 어떤 회사의 순이익이 올해 100억 원, 앞으로 5년간 매년 10억 원씩 늘어나서 5년 후 150억 원이 되고 이후 그대로 계속 유지될 거라고 해봅시다. 내가 원하는 수익률이 연 10%, 즉 할인율이 10%라면 가치는 〈표 10-2〉처럼 계산할 수 있습니다.

재투자는 없고 배당도 없어서 순이익은 전부 주주의 몫이라고 가정하였습니다. 1년 차부터 6년 차까지의 순이익 750억 원의 현재가 합은 532억 원입니다. 7년 차 이후 영구가치(CV)는 1,500억 원이고, 이 금액을 현재로 다시 할인하면 847억 원입니다. 둘을 합한 금액인 1,379억 원(532억 원+847억 원)이 주식의 현재가치입니다. 이 현재가치를 올해 순이익 전망치로 나눈 PER 값은 13.79배입니다. 우리가 '적정 PER'이라고 부르는 값이 바로 이 값입니다. "적정가치가 1,379억 원이라고 생각합니다"와 "PER 13.79배가 적정하다고 생각합니다"는 같은 의미입니다. 이 예시에는 안 나와 있지만 자기자본이나 매출액 같은 수치도 실제 기

표 10-2

할인율 10%일 때의 가치 (단위: 억 원)

연차	1	2	3	4	5	6	CV
순이익	100	110	120	130	140	150	1,500[136]
할인	1.10	1.21	1.33	1.46	1.61	1.77	1.77[137]
현재가	90.91	90.91	90.16	88.79	86.93	84.67	846.71
현재가 합	1,379						

업에는 있을 테니, PBR이나 PSR로 이야기하고 싶다면 1,379억 원을 그 값(자기자본이나 매출액)으로 나눠주면 될 뿐입니다. '가치평가 지표는 커뮤니케이션 수단일 뿐'이라고 했던 말이 이젠 좀 더 와닿으실까요.

여기까지 논의를 잘 따라왔으면 뭔가 이상한 점을 느낄 겁니다. 투자자가 원하는 수익률이 할인율이라고? 그럼 기대수익률이 얼마인지에 따라 가치가 달라진다는 말입니까?

네, 맞습니다. 달라집니다. 그래서 무슨 문제가 있나요?

문제가 있죠. 우리가 가치를 왜 계산합니까. 얼마나 저평가되었는지, 벌 때 얼마를 벌 수 있고, 잃을 때 얼마를 잃을 수 있는지 그 범위를 추정하기 위해서 가치를 계산한다면서요. 그런데 기대수익률이 얼마인지에 따라서 그 가치가 달라져버리면, 향후 기대수익률의 범위가 달라지지 않습니까?

어라? 방금 뭔가 이상한 걸 못 느끼셨나요? 마지막 문장에서 기대수익률이라는 말이 조금 다른 의미로 두 번 쓰였지요. 기대수익률이라는 건 대체 뭘까요? 우리는 도대체 뭘 기대하는 거죠?

기대수익률은 일차원 값이 아닙니다. 이렇게 관점을 바꿈으로써 위에 언급한 문제가 해결됩니다. 이제 이 책의 가장 중요한 논의로 넘어가보겠습니다.

기대수익률은 이차원 값이다

기대수익률이 뭔가요. 적정가격이 1만 원이고 현재 가격이 5,000원이면 100%의 수익률을 기대할 수 있지요. 이 값을 우리는 기대수익률이라고 부릅니다. 좀 더 깊이 고민해본다면 "좋은 시나리오에서 1만 원이 가능하고, 나쁜 시나리오에서 4,000원도 가능하다, 나쁜 시나리오에서의 기대수익률은 -20%다, 두 시나리오의 확률이 반반이라면 확률적인 기대수익률은 45%다" 이런 식의 이야기를 할 수 있겠지요.

이 서술에서 등장하는 기대수익률은 모두 '특정 %'라는 일차원 값입니다. 그런데 실제로는 기대수익률은 일차원 값이 아닙니다. 이 점을 이해한다면 가치평가를 넘어서서 투자를 바라보는 관점이 완전히 달라질 수 있습니다. 1권 2부에서 언급한 그레이엄, 버핏, 린치, 그리고 앞으로 등장할 현인들의 이야기도 새로운 각도에서 깊이 이해할 수 있습니다.

지속가능기간 N

쉬운 얘기부터 해봅시다. 기대수익률이 10%이고, 어떤 기업의 ROE가 영원히 10%로 유지될 수 있다면 이 기업의 적정 PBR은 얼마일까요? 네, 1배입니다. 현재 자기자본이 1,000억 원인데, 지금 바로 청산한다면 주주는 1,000억 원을 얻을 수 있지요.[138] 가치는 1,000억 원, PBR 1배입니다. 1년 동안 100억 원(ROE 10%니까)을 벌고 청산한다고 하면요? 주주는 1,100억 원을 얻습니다. 가치는 1,100억 원이죠. 그런데 1년 후의 1,100억 원이니까 기대수익률 10%로 할인해주면 1,000억 원이 됩니다. 2년 동안 사업을 하고 청산한다면 2년 차에 110억 원을 추가로 벌어서 자기자본, 즉 주주가 돌려받을 돈은 총 1,210억 원이 됩니다. 2년 후니까 2년 치의 기대수익률 1.21로 나누면 현재가는 또 1,000억 원이 됩니다. 표로 그려보면 〈표 10-3〉과 같습니다.

여기까진 쉽죠. 그럼 ROE가 5%면 어떻게 될까요? 〈표 10-4〉를 봅시다.

시간이 지날수록 가치가 점점 줄어듭니다. 여기서 중요한 건 마지막 행의 값들은 해당 시점(연차)의 값이 아니라 현재 시점의 값이라는 점입

표 10-3

ROE 10%, 할인율 10%일 때의 가치

연차	1	2	3	4	5	6
순이익	100	110	121	133	146	161
연말 자기자본	1,100	1,210	1,331	1,464	1,611	1,772
할인	1.10	1.21	1.33	1.46	1.61	1.77
현재가	1,000	1,000	1,000	1,000	1,000	1,000

표 10-4

ROE 5%, 할인율 10%일 때의 가치

연차	1	2	3	4	5	6
순이익	50	53	55	58	61	64
연말 자기자본	1,050	1,103	1,158	1,216	1,276	1,340
할인	1.10	1.21	1.33	1.46	1.61	1.77
현재가	955	911	870	830	792	756

니다. 조금 전에 언급한 '시간이 지날수록'이라는 말은 관측 시점을 1년 후, 2년 후, N년 후로 한다는 말이 아니라, '기업이 현재와 같은 ROE를 1년 후, 2년 후, N년 후까지 유지한다면'입니다.

1년 후, 2년 후에 가치가 줄어든다는 뜻이 아니라, 지금과 같은 경영을 1년간, 2년간 유지할 거라고 가정했을 때 '당장 지금 시점에서' 계산하는 가치를 이야기합니다. 예를 들어 4년 차의 현재가가 830억 원이라는 뜻은 '4년간 ROE 5%를 유지한 다음 기업을 청산했을 때 주주가 돌려받을 가치의 현재가'입니다. 기업이 청산할 계획이 없고 외부의 압력에 의해 청산당하지도 않을 거라면 현 시점에서 곧바로 그 가치는 0입니다. 가치를 파괴하는 경영이라는 게 이렇게 무섭습니다.

ROE가 15%면 어떻게 될까요? 〈표 10-5〉를 봅시다.

표 10-5

ROE 15%, 할인율 10%일 때의 가치

연차	1	2	3	4	5	6
순이익	150	173	198	228	262	302
연말 자기자본	1,150	1,323	1,521	1,749	2,011	2,313
할인	1.10	1.21	1.33	1.46	1.61	1.77
현재가	1,045	1,093	1,143	1,195	1,249	1,306

시간이 지날수록 가치가 점점 늘어납니다. 앞서 표 10-2와 마찬가지로, 2년 후, 3년 후에 기업가치의 절대금액이 늘어나는 건 당연한데, 그 가치를 '현재가로 환산했을 때'의 가치 또한 늘어납니다. 만약 이 회사가 영원히 ROE 15%를 유지하면서 사업을 해나갈 수 있다면 '현재가치'는 무한대로 발산합니다.

이건 상당히 비현실적인 가정입니다. ROE 15%를 영원히 유지해나간다면 그 회사는 100년쯤 후에는 전 세계를 다 집어삼키겠지요. 그러고도 ROE 15%가 된다는 건 전 세계 GDP 성장률이 15%가 된다는 겁니다. 그런 일이 실제로 일어난다면 아마도 할인율(=기대수익률)도 15%를 훌쩍 넘겨야겠지요. 애플처럼 자사주매입소각으로 높은 ROE를 유지할 수도 있으나, 이 또한 영원히 지속될 수는 없습니다. 발행주식이 0주가 될 수는 없지 않겠습니까.

앞서 기대수익률(=할인율)은 투자자의 기회비용이라고 하였습니다. 기회비용은 모든 대안 중에서 가장 높은 값이지요. 그 정의상 기업의 영구성장률은 절대로 할인율을 넘어설 수 없습니다. 다시 말해, 현재 높은 ROE를 유지하고 있는 기업이라 하더라도 어느 시점에서는 ROE가 할인율(=기대수익률)로 수렴하거나 혹은 그 이하가 된다는 뜻입니다.[139]

기업의 미래를 전망할 때에는 초과수익률이 지속되는 기간, 즉 할인율을 뛰어넘는 ROE가 유지될 거라고 기대하는 기간을 가정해야 합니다. 5년이면 5년, 10년이면 10년 등 어떤 숫자를 설정해야 합니다.[140] (9장을 뚫고 나온 여러분이라면 할 수 있습니다. 정답은 없습니다. 늘 그렇듯 이 또한 주관적인 값입니다.)

예를 들어 〈표 10-5〉의 2년 차 현재가 1,093억 원의 의미는, 향후 2년간 15%의 ROE를 내고 3년 차부터는 할인율인 10%로 회귀한다고 가정했을 때의 현재가치입니다. 6년 차의 현재가 1,306억 원은 향후 6년 동안 ROE 15%를 내고 7년 차부터 10%로 줄어든다고 가정했을 때의 현재가치입니다.

이러한 초과수익의 지속가능기간을 'N'이라고 하겠습니다. ROE의 수준과 해당 ROE의 지속가능기간 N에 따른 적정 PBR 공식은 다음과 같습니다.[141]

$$PBR = \left(\frac{1 + ROE}{1 + r}\right)^N$$

어떤 r, ROE, N 값에 대해서도 적정 PBR을 계산해낼 수 있습니다.

할인율을 10%로 두고 ROE와 N 값에 따른 적정 PBR 테이블을 〈표 10-6〉에 만들어보았습니다.

ROE 10%일 때에는 지속가능기간이 얼마이건 상관없이 적정 PBR이 1로 유지되는 게 보이나요? ROE 15%에 지속가능기간 3년이면 적정 PBR은 1.14, 10년이면 1.56입니다. 만약에 ROE 20%를 10년 유지할 수 있다면 적정 PBR은 2.39배네요. 앞서 평가 지표에서 PBR은 보수적인 경우에만 쓰는 지표가 아니라 상당히 넓은 활용도를 가진 지표라고 말

표 10-6

ROE와 지속가능기간에 따른 PBR(할인율 10% 가정)

ROE \ N	1	2	3	4	5	7	10	20	30	50
1%	0.92	0.84	0.77	0.71	0.65	0.55	0.43	0.18	0.08	0.01
5%	0.95	0.91	0.87	0.83	0.79	0.72	0.63	0.39	0.25	0.10
10%	1.00	1.00	1.00	1.00	1.00	1.00	1.00	1.00	1.00	1.00
15%	1.05	1.09	1.14	1.19	1.25	1.37	1.56	2.43	3.79	9.23
20%	1.09	1.19	1.30	1.42	1.55	1.84	2.39	5.70	13.6	77.5
30%	1.18	1.40	1.65	1.95	2.31	3.22	5.32	28.2	150	4,242
40%	1.27	1.62	2.06	2.62	3.34	5.41	11.2	124	1,387	172,491

씀드린 거 기억하시나요? 그게 이것입니다. ROE 40%의 고성장을 50년간 지속한다고 극단적으로 가정해봅시다. 적정 PBR은 172,491배입니다. 하하하.

낮은 ROE일 때에도 재밌습니다. ROE 5%/1년을 볼까요. 이 말인즉, 올해에는 ROE 5%의 저조한 성과를 내겠지만, 다음 해부터는 정신차리고 기대수익률 수준인 10%로 회귀한다는 가정입니다(혹은 청산해버리거나요). 그럼 PBR 1배보다는 안 되겠지만, 1배에 약간 못 미치는 0.95배의 PBR이 정당한 수준이라고 볼 수 있습니다. ROE 5%/10년은 어떤가요. 0.63배죠? 10년간 기대수익률을 하회하는 성과를 낼 것으로 전망하는 기업의 주식은 자기자본의 37%를 디스카운트해서 사더라도 별로 싸게 산 게 아니라는 뜻입니다. ROE 1%가 10년간 유지된다는 전망은 어떤가요? PBR 0.5배에 사더라도 비싸게 산 겁니다.

이 이야기의 발단은 할인율, 즉 투자자의 기대수익률이 변함에 따라서 적정가치가 변한다는 거였죠? 이제 할인율을 바꿔봅시다. 할인율이 5%라고 가정하면 적정 PBR은 〈표 10-7〉과 같습니다.

PBR 1배가 유지되는 ROE가 10%가 아니라 5%입니다. 전반적으로 적정 PBR 수준이 상승한 게 보이나요? ROE 10% 행은 할인율 5%일 때보다 유의미하게 조금씩 높아졌습니다. 그리고 N이 길어질수록 적정 PBR의 상승폭은 더욱 커졌습니다.

표 10-7

ROE와 지속가능기간에 따른 적정 PBR(할인율 5% 가정)

ROE \ N	1	2	3	4	5	7	10	20	30	50
1%	0.96	0.93	0.89	0.86	0.82	0.76	0.68	0.46	0.31	0.14
5%	1.00	1.00	1.00	1.00	1.00	1.00	1.00	1.00	1.00	1.00
10%	1.05	1.10	1.15	1.20	1.26	1.38	1.59	2.54	4.04	10.2
15%	1.10	1.20	1.31	1.44	1.58	1.89	2.48	6.17	15.3	94.5
20%	1.14	1.31	1.49	1.71	1.95	2.55	3.80	14.5	54.9	794
30%	1.24	1.53	1.90	2.35	2.91	4.46	8.46	71.6	606	43,421
40%	1.33	1.78	2.37	3.16	4.21	7.49	17.8	315	5,600	1,765,781

표 10-8

ROE와 지속가능기간에 따른 적정 PBR(할인율 15% 가정)

ROE \ N	1	2	3	4	5	7	10	20	30	50
1%	0.88	0.77	0.68	0.59	0.52	0.40	0.27	0.07	0.02	0.00
5%	0.91	0.83	0.76	0.69	0.63	0.53	0.40	0.16	0.07	0.01
10%	0.96	0.91	0.88	0.84	0.80	0.73	0.64	0.41	0.26	0.11
15%	1.00	1.00	1.00	1.00	1.00	1.00	1.00	1.00	1.00	1.00
20%	1.04	1.09	1.14	1.19	1.24	1.35	1.53	2.34	3.59	8.40
30%	1.13	1.28	1.44	1.63	1.85	2.36	3.41	11.6	39.6	459
40%	1.22	1.48	1.80	2.20	2.67	3.96	7.15	51.1	365.52	18,686

할인율 15%도 살펴봅시다. 〈표 10-8〉을 보시죠.

할인율이 15%가 되면 전반적인 적정 PBR 레벨이 훅 떨어집니다. 인플레이션이 높거나 금리가 올라가면 장기 고성장을 전망하는 기업들의 주가가 급격히 하락하는 현상의 이론적 근거를 여기서 찾을 수 있습니다.

자, 이제 하려던 이야기를 해봅시다. ROE와 지속가능기간은 기업에 대한 전망입니다. 아무리 투자자마다 주관적으로 전망한다 해도, 어쨌거나 그건 기업에 대한 이야기입니다. 할인율은 투자자 개인의 기대치입니다. 비록 인플레이션이나 무위험이자율보다 낮아서는 안 된다는 제약이 있긴 하지만, 기업과는 상관이 없습니다.

ROE 15%를 5년 유지할 수 있는 기업이 있다고 합시다. 할인율이 10%라면 적정 PBR은 1.25배입니다. 현재 PBR이 1.00배라면 '기대수익률'은 25%입니다. 할인율이 15%라면 적정 PBR은 1.00배입니다. 현재 PBR이 1.00배라면 '기대수익률'은 0%입니다.

뭔가 많이 이상하지요? 할인율은 기대수익률인데 할인율에 따라 기대수익률이 바뀐다니 아니 이게 무슨… 아니, 그러고 보니 할인율이 기대수익률이니까 할인율이 바뀌면 기대수익률이 바뀌는 건 당연한 것 같기도 하고… 아니, 그런데 할인율이 기대수익률이라면서 할인율을 10%라고 해놓고 기대수익률은 또 25%라니 이게 대체 무슨 소리인가요?

문제의 핵심은 주식의 가치가 정적이냐, 동적이냐에 달려 있습니다.

주식의 가치를 동적으로 바라보게 되면 이 모든 의문이 풀립니다.

N년 후의 'Present' Value('현재'가치)

질문을 하나 드리겠습니다. 가치평가를 상당히 깊게 공부한 사람도 꽤 당황하는 질문이니, 답이 쉽게 떠오르지 않는다고 실망할 필요는 없습니다.

현 시점(T0)으로부터 1년이 지나서(T1), 현 시점에서 전망한 모든 예상치가 그대로 들어맞았고, 이후의 예상치도 전혀 변함이 없다면, 기업의 가치는 현 시점 대비 어떻게 변했을까요?

1) 늘어났다.
2) 줄어들었다.
3) 변하지 않았다.

여기서 보통 이런 질문을 받습니다. "기업의 이익이 늘어났나요?" 네, 늘었다고 칩시다(사실 그건 중요하지 않습니다. 후후). 20% 늘어났다고 해볼까요. 현재 시점에서 이 회사의 이익이 작년보다 20% 늘어날 거라고 예상했고, 1년 지나서 봤더니 실제로 20% 늘어났습니다. 자, 기업의 가치는 어떻게 변했을까요?

하나, 둘, 셋, 정답은 '1) 늘어났다'입니다. 쉽죠? 그런데 얼마나 늘어났을까요? 20%? 아닙니다. 할인율만큼 늘어났습니다.

$$PV = \frac{C1}{(1 + r)} + \frac{C2}{(1 + r)^2} + \frac{C3}{(1 + r)^3} + \cdots$$

이 공식 기억하시나요? 이건 현재(T0) 시점의 현재가치, 즉 PV(0)에 관한 공식입니다. 앞의 질문을 다시 해보자면 이렇습니다.

"C1, C2, C3가 동일할 때 1년 후(T1) 시점의 현재가치인 PV(1)이 PV(0) 대비 어떻게 변하는가?"

하나씩 풀어봅시다. PV(1)은 다음과 같습니다.

$$PV(1) = C1 + \frac{C2}{1 + r} + \frac{C3}{(1 + r)^2} + \cdots$$

C1은 현금으로 들어왔으니 할인할 필요가 없고, T(1) 시점에서 1년 후의 현금흐름인 C2를 1+r로 나누고(1년 후니까요), 2년 후의 현금흐름인 C3를 $(1+r)^2$으로 나눕니다. 잘 보면 우변의 모든 항이 PV(0) 대비해서 (1+r)씩 곱해진 거죠? 그러니 PV(1)=PV(0)×(1+r)입니다. 할인율이 10%라면 PV(1)은 PV(0)×1.1, 즉 PV(0) 대비 10% 늘어난 값입니다. 할인율이 20%라면 PV(1)은 PV(0) 대비 20% 늘어난 값이 되는 거고요. C2가 C1보다 얼마나 성장했느냐는 상관이 없습니다.

이건 수많은 성장주 투자자가 실수하는 부분이기도 합니다. 성장주 투자자들의 기본 논리는 이렇습니다. 현재 시가총액 2,000억 원, 순이익 100억 원, 따라서 PER 20배에서, 내년에 이익 30% 성장을 전망한다고 해봅시다. 예측이 들어맞아서 실제 이익이 130억 원이 되면, 적정 시가총액, 즉 가치는 130억 원×PER 20배 해서 2,600억 원이 될 거라고 생각합니다. 틀렸습니다. 예측이 들어맞아서 예상치만큼 30% 성장을 이루어냈다 하더라도 가치는 30% 늘어나는 게 아닙니다. 할인율만큼 늘어날 뿐입니다(이 함정에 대해서, 그리고 이 함정을 극복하는 방법에 대해서 12장에서 상세히 이야기합니다).

할인율과 기대수익률

하던 얘기를 계속 해보죠. 앞서의 질문은 이렇게 바꿀 수 있습니다. "적정 가치에 주식을 사서 장기간 보유한다. 예측이 전부 들어맞았을 경우 투자자의 수익률은 어떻게 되는가?" 가격과 가치는 동일하게 유지된다고 가정하겠습니다.

정답은 이제 다들 아시겠죠. "할인율만큼 돈을 번다"입니다. 적정 PBR이 1.5배라고 했을 때, PBR 1.5배에 주식을 매수해서 1년이 지나고 2년이 지나면 가치는 할인율만큼 상승합니다. 그런데 그 할인율이 얼마죠? 내 마음 속의 숫자죠.

할인율을 낮출수록 적정 PBR 값을 밀어올려서 주가가 저평가되었다고 주장할 수 있지만, 그 가격에 사서 장기간 보유했을 때의 수익률이 낮아집니다. 반대로 할인율을 높여서 적정 PBR 값을 낮추면 그 기준을 통과하는 주식을 찾아내기가 어려워지지만, 그렇게 찾아낸 기업을 장기 보유했을 때 높은 수익을 기대할 수 있습니다.

예를 들어, ROE 20%, 지속가능기간 10년짜리 기업을 발견했다고 합시다. 아주 훌륭한 회사죠. 그런데 가격이 비싸요. PBR이 3배입니다. 어떻게 할까요? 할인율이 10%면 적정 PBR은 2.39배네요. 비싸서 못 사겠습니다. 그럼 할인율을 좀 낮추면요? 5%로 낮추면 적정 PBR은 3.80배가 됩니다. '기대수익률'은 26.7%네요(3.80/3.00-1=0.267).

여기서 콤마 친 '기대수익률'이 바로 우리가 일상적으로 이야기하는 기대수익률입니다. 적정가격을 현재가격으로 나눈 값. 우리는 이 '기대수익률'을 할인율을 희생해서 억지로 높이는 과정을 방금 목격했습니다. 할인율이 낮아질수록 '기대수익률'이 높아지고, 할인율이 높아질수록 '기대수익률'이 낮아집니다. 그런데 이 할인율은 '적정가격에 매수해서 장기 보유했을 때의 기대수익률'이라고 말씀드렸었죠. 결국 '장기간 보유했을 경우의 기대수익률'과 '일차원 값으로 표현하는 일반적인 의미의 기대수익률' 사이에 트레이드오프 관계가 있다는 말입니다.

정리하자면 이렇습니다.

1) 기업의 가치는 할인율에 따라 달라진다.
2) 주식의 가격은 가치와 차이가 있을 수 있다.
3) 가치와 동일한 가격에 매수할 경우 장기적으로 할인율만큼의 수익을 기대할 수 있다.
4) 가치보다 낮은 가격에 매수할 경우 3)에 더한 추가 수익을 기대할 수 있다.

우리는 일반적으로 4)를 기대수익률이라고 합니다만, 실제로 투자자가 기대할 수 있는 수익률은 3)과 4)입니다. 그리고 3)과 4)는 트레이드오프 관계, 즉 한쪽이 커지면 다른 한쪽이 작아지는 관계입니다. **그렇기 때문에 할인율을 대충 정해도 됩니다.** 어차피 기업이라는 실체는 동일하고, 투자자가 장기간 보유했을 때 얻을 수 있는 이익도 동일하거든요.

혼란을 피하기 위해 용어를 정리하고 가겠습니다. 지금까지 기대수익률이라는 용어를 두 가지 의미로 섞어서 사용했습니다. 할인율에 사용하는 기대수익률(=기회비용, 투자자가 원하는 수익률)이 있는 한편, 그 할인율을 적용해서 계산해낸 값인 현재가치와 현재가격의 차이를 뜻하는 기대수익률이 있습니다. 어차피 기업이라는 실체는 동일하고, 같은 가격으로 매수했다면 장기간 보유했을 때 얻을 수 있는 이익도 동일하거든요.

후자의 기대수익률을 '갭 수익률'이라고 부르겠습니다. 앞서 보았듯이 '갭 수익률'은 '적정 PBR/현재 PBR-1'로 구할 수 있습니다. '적정 PBR'은 할인율의 영향을 받습니다. 할인율을 높이면 '갭 수익률'이 줄어들고, 할인율을 낮추면 '갭 수익률'이 높아집니다.

할인율에 적용되는 기대수익률은 이제 '요구수익률'이라고 부르겠습니다. 학문적으로도 많이 쓰이는 용어이고, '원한다'라는 뉘앙스가 들어가 있으니 이쪽이 적절해 보입니다.

한편 할인율은 적정 PBR에 주식을 샀을 때 장기간 기대할 수 있는 수익률이라고 했습니다. 좀 더 엄밀하게 이야기하자면, '갭 수익률'이 0%일 때, 즉 '적정 PBR/현재 PBR=1'일 때 장기간 기대할 수 있는 수익률이죠. 그렇다면 '갭 수익률'이 변함에 따라서, 이렇게 장기간 기대할 수 있는 수익률도 바뀌겠지요? 즉 장기간 기대할 수 있는 수익률은 할인율(요구수익률)과 '갭 수익률'의 함수라는 뜻입니다.

특정 가격에서 주식을 사서 장기간 보유했을 때 기대할 수 있는 수익률을 '장기 기대수익률'이라고 부르겠습니다. 이 수익률은 할인율과 '갭 수익률'이라는 두 변수로 구성됩니다. 다음과 같이 표현할 수도 있겠습니다.

장기 기대수익률=f(할인율, 갭 수익률)

보통 이야기하는 기대수익률은 여기서의 '갭 수익률'입니다. 단순히 '몇 %'라는 일차원 값으로 기대수익률을 이야기하면 할인율이라는 중요한 변수를 빠뜨리기 때문에, 투자자의 판단이 왜곡되어 전달됩니다.

'이 주식을 이 가격에 사서 기대할 수 있는 수익률'이 우리가 진짜로 이야기해야 할 기대수익률이지 않습니까? 이 의미를 포괄하는 기대수익률이 '장기 기대수익률'입니다.

이제 최초의 의문점으로 돌아가보겠습니다. '할인율을 아무렇게나 설정해도 되냐? 기대수익률이 막 변하지 않냐?'라는 게 질문이었죠. 할인율을 마음속의 값으로 설정해도 아무 문제가 없는 이유는 위에서 보듯이 할인율과 '갭 수익률'이 트레이드오프 관계에 있기 때문입니다. 할인율이 높아지면 '갭 수익률'이 낮아지고, 할인율이 낮아지면 '단기 기대수익률'이 높아집니다.

그렇다면 정말로 중요한 '장기 기대수익률'은 어떻게 구할까요? 이차원 값이라면서 두 변수만 제시하면 직관적이지 않습니다. '할인율 10%, 갭 수익률 30%' 하는 식으로 표현하면 정의상 엄밀하긴 하지만, 그래서 내가 장기적으로 얼마를 벌 수 있다는 뜻인지 잘 와닿지 않습니다.

'장기 기대수익률' 공식을 직접 구해봅시다. 앞서 설명한 적정 PBR 공식에서 할인율을 역산하면 다음과 같은 공식이 나옵니다.

$$r = \frac{1 + ROE}{PBR^{\frac{1}{N}}} - 1$$

기업의 초과수익률 ROE, 지속가능기간 N, 시장에서 주어진 PBR을 사용하면 r, 즉 할인율 값이 나옵니다. 앞서 '적정 PBR/현재 PBR=1'이 되면 할인율이 곧 장기간 기대할 수 있는 수익률이라고 했었죠? 그러므로 '적정 PBR/현재 PBR=1'로 만드는 r 값을 구하면 이 값이 곧 '장기 기대수익률'이 됩니다.

할인율 10%, ROE 15%, 지속가능기간 7년이면 적정 PBR은 1.37배입니다. 시장의 PBR이 1.05배라면 '갭 수익률'은 30%겠지요. PBR 1.05배를 위 공식에 넣어서 역산한 r 값은 14.2%입니다. 즉 1.05배에 주식을 사서 장기간 보유하면 연평균 수익률 14.2%를 기대할 수 있다는 뜻입니다.[142]

기대수익률은 '할인율'과 '그 할인율을 적용한 가치와의 현재가격과의 갭'이라는 두 요소로 구성된 이차원 값입니다. 언뜻 단순해 보이는 이 이야기를 하기 위해 먼 길을 돌아온 느낌이네요. 그러나 이 명제를 이해하는 건 아주 중요합니다. 당장 얻을 수 있는 교훈들은 다음과 같습니다.

• **사업 분석의 귀결점은 초과수익의 폭과 지속가능기간이다**

9장에서 기업 분석을 열심히 공부한 분들은 정성적 분석과 정량적 분석을 어떻게 연결시킬지를 자주 묻습니다. 흔히 하는 대답은 모델링이죠. 사업 부문별 매출액, 이익률 등을 예측해서 이번 분기, 이번 해, 다음 해의 이익을 하나하나 집어넣습니다. 이 과정은 매우 수고스러운 반면, 예측가능기간은 기껏해야 2년을 넘기기 어렵습니다. 중요한 건 올해 내년의 세세한 숫자보다는 회사가 다른 경쟁사 대비 지니는 강점이 무엇이냐, 그 강점이 어떠한 재무적 성과로 나타나느냐, 얼마나 장기간 유지될 수 있느냐에 대한 판단입니다. 단기 갭 축소가 아닌 장기 기대수익률을 실현한다는 관점으로 사업을 분석하면 좀 더 묵직한 요소들에 집중하고 단기간의 잔 변동에 흔들리지 않을 수 있게 됩니다. 필립 피셔는 내재가치 측정 시 중요한 것은 현재의 성장률이 아니라 '이 비정상적인 성장률이 얼마나 먼 미래까지 계속될 것인가'라고 하였습니다.[143]

• **할인율 이하의 ROE를 영구적으로 내는 기업의 가치는 0원이다**

회사가 가진 자산이나 현재 안정적으로 내고 있는 수익에 집중하여 가치평가를 하는 투자자들이 상당히 많습니다. 만약 이런 회사들이 ROE가 일반적인 수준(굳이 언급하자면 7~15% 정도)보다 상당히 낮고, 앞으로도 개선될 여지가 안 보인다면 이론적으로 가치는 0원입니다. 내 요구수익률이 10%인데 ROE 3%짜리 회사를 살 때에는 이 행위를 정당화하기 위한 특별한 이유들이 필요합니다. 회사를 직접 지배하거나 회사와 싸워서 비효율적인 자산을 청산하도록 강제할 계획이라든가, 회사가 자발적으로 지금까지의 느슨한 경영을 효율적으로 바꿀 거라는 확실한 전망 등이 있어야 합니다. 그런 특별한 사정이 없이 단순히 자산가치나 수익가치로 접근하는 건 가치평가에 대한 이해가 결여된 행동이며, 가치 없는 자산을 비싸게 사는 행위입니다.

• 적정가격보다 조금 높은 가격에 주식을 사더라도 손해는 아니다

필립 피셔는 "단지 큰 폭으로 상승했고, 일시적으로 고평가된 것처럼 보인다는 이유로 뛰어난 주식을 팔아서는 안 된다"고 했습니다.[144] 고평가된 주식이라면 파는 게 인지상정 아닙니까? 가치를 '장기 기대수익률'의 관점에서 이해해야 이 말을 해석할 수 있습니다.

가치를 정적으로 본다면 적정가격 1만 원짜리 기업을 1만 1,000원에 사면 사는 순간 손해겠지요. 그러나 만약에 이 회사가 ROE 20%를 10년간 낼 수 있다고 판단한 회사라면요? 사실 10년 후의 미래를 어떻게 알겠습니까? 지금 적당히 판단하기에 10년 정도는 회사가 훌륭한 경영을 할 것이라고 기대하지만, 실제로 초과수익 구간은 5년일 수도 있고 20년일 수도 있습니다. 현재의 20%/10년 가정에서 적정 PBR은 2.39배입니다. 이 가격에 사서 장기 보유할 경우 연 10%의 수익률을 기대할 수 있다는 뜻이죠.[145]

현재 가격이 그보다 조금 비싸다 하더라도 그 가격에 사는 게 그렇게 문제가 될 건 아닙니다(혹은 조금 고평가되었다고 반드시 팔아야 할 이유는 아닙니다). 회사가 돈을 벌고 있는 이상은 가치의 절대치는 계속 상승하거든요. 장기수익률이 할인율 10%보다 살짝 줄어들 뿐입니다.

얼마나 줄어들까요? 앞서의 장기 기대수익률 공식에 넣어서 계산해봅시다. 일단 적정 PBR은 2.39배입니다. 딱 이 가격에 사서 장기 보유했을 경우 연 10% 수익률을 기대할 수 있다는 뜻이죠. 운 좋게 조금 싸게, 2배에 샀다면요? 공식에 넣어보면 연 12%의 수익률을 장기간 기대할 수 있습니다.[146] 역시 싸게 사는 게 중요합니다. 조금 비싸게, 3배에 샀다면요? 장기 기대수익률이 7.5%로 줄어듭니다.[147] 그래도 마이너스가 아닙니다!

일차원적인 기대수익률 공식(우리의 용어로는 '갭 수익률')에서는 어떻게 표현하죠? 현재 PBR이 2배라면 기대수익률 20%, 현재 PBR이 3배라면 기대수익률은 -20%라고 표현하죠.[148] PBR 3배에서 사는 건 손해라고 이야기합니다. 이 손해는 기회비용 대비 손실일 뿐, 절대손실이 아닙니다.[149]

당장의 적정가격 대비 10~20% 싼지 비싼지보다 훨씬 중요한 것은 회사가 믿을 만한 경영을 지속하는지입니다. 지속가능기간이 10년에서 5년으로 줄어든다면 적정 PBR은 1.55배로 확 꺾입니다. 반대로 만약 20년으로 더 늘어난다면 적정 PBR은 5.70배로 2배 이상 상승하지요.

가치를 동적으로 이해한다면 사소한 가격 차이보다는 사업의 펀더멘탈에 훨씬 집중할 수 있게 됩니다. 찰리 멍거는 "ROIC가 20년이나 30년 동안 18%인 기업의 주식을 사서 20년이나 30년 동안 유지한다면 처음에 주식을 비싸게 산 것 같더라도 결과적으로 좋은 성과를 낼 수 있다"고 했습니다.[150]

• 할인율을 낮춰서 적정가격을 높게 평가하려는 시도는 매우 위험하다

조금 비싸게 사더라도 절대적으로 손해는 아니라면, 얼마까지 '비싸게' 사도 되는 걸까요? '도저히 살 수 없는 너무 비싼 가격'은 얼마일까요?

앞의 공식에서 계속 더 높은 PBR 값을 넣다 보면 어느 순간에는 기대수익률이 마이너스가 됩니다. 즉 절대손실이 생기는 구간이 존재한다는 거죠. 그 지점이 어디일까요? 기대수익률을 0으로 만드는 값을 찾아내면 됩니다.

공식에서 r=0으로 만드는 PBR 값을 구해보면 이렇습니다.

$$PBR = (1 + ROE)^N$$

간단합니다. ROE 20%, 10년 지속이라면 최대 지불할 수 있는 PBR은 6.19배입니다. 연 10% 수익률을 기대한다면 2.39배는 되어야 하겠고, 그보다 좀 더 높더라도 기대수익률을 낮출 뿐이지만, 6.19배를 넘어서는 가격을 지불하면 대단히 운이 좋아야만 돈을 벌 수 있습니다.

성장주의 경우 특히 이 문제는 심각해집니다. 장기적으로 성장을 기대하는 회사는 초과수익의 폭과 지속기간을 길게 잡기 마련입니다. 그럴수록 할인율의 변화에 따른 가치 변화폭이 커집니다. 장기 고성장을 기대하는 주식은 할인율을 조금만 낮춰도 가치가 급등합니다. 유동성이 늘어나는 구간, 저금리 구간에서는 '리스크 프리미엄'이 줄었다는 이유로 할인율을 낮춰서 성장주의 높은 가격을 정당화하고는 합니다.

이렇게 할인율을 낮춰서 가격을 정당화하는 건 요구수익률을 낮추었다는 뜻이기 때문에 큰 의미가 없습니다. 뿐만 아니라, 할인율을 올릴 수밖에 없는 구간, 즉 인플레이션이 심해지거나 금리가 올라가는 시기에 가치가 크게 하락하기 때문에 엄청나게 큰 위험을 떠안는 일입니다.

• 가격으로부터 시장의 심리를 추론할 수 있다

가치평가 관점에서 사업 분석의 귀결점은 1) 초과수익의 폭과 2) 지속가능기간입니다. 여기에 3) 할인율을 넣으면 4) 가치, 즉 적정가격이 나옵니다. 이렇게 총 4개의 변수로 공식이 만들어지는데요. 공식의 변수가 4개라는 말은 3개의 변수를 고정시키면 나머지 한 변수를 도출할 수 있다는 이야기입니다. 지금까지는 1), 2), 3)을 통해서 4)를 계산했는데요. 4)에 시장가격을 넣어서 1), 2), 3)을 역으로 추론해낼 수 있습니다.

앞서의 장기 기대수익률 계산 공식은 1) 초과수익, 2) 지속가능기간, 4) 시장 PBR을 집어넣어서 3) 할인율을 역산한 것입니다. 이때의 할인율은 내가 아닌 시장이 부여한 할인율입니다. 즉 시장의 기대수익률이 얼마나 되는지입니다. 나의 요구수익률이 10%이고 ROE 15%/5년짜리 기업을 발견했다면 내가 생각하는 PBR은 1.25배겠죠. 이런 주식이 1.58배에 거래되고 있다면 시장은 할인율 5%, 즉 장기 기대수익률 5%를 감수하고 있다는 뜻이니 상당히 과열되어 있다고 판단할 수 있습니다. 혹은 시장이 1.00배를 주고 있다면 할인율이 15%로서, 지금 주식을 사면 장기간 15%의 수익률을 기대할 수 있는 매력적인 구간이라는 뜻입니다.[151]

할인율을 고정시키고 지속가능기간을 추론할 수도 있습니다. 할인율 10%에 ROE가 15%이고 PBR이 1.5배라면 시장에서는 대략 이 회사의 초과수익이 10년 정도 지속될 거라고 기대하고 있다고 생각할 수 있습니다. 그럼 역으로 나에게 그게 납득이 되느냐고 물어볼 수 있습니다. '아무리 생각해도 3년 정도 반짝하고 말 기업인데?'라는 생각이 든다면 비싼 거고, '20년은 충분히 갈 수 있다'고 생각하면 싼 거죠. 만약 시장가격에 반영된 지속가능기간이 20년 이상이라면, '원래 인간은 그렇게 장기적인 시야를 갖고 있지 않아' 하면서 넘겨버릴 수도 있습니다.[152]

• '싸다'는 건 무엇인가

이제 '싸다'는 건 무엇인지 직접 대답해볼 차례가 되었습니다. '싸다'

는 건 도대체 뭔가요? '싸게 사면' 도대체 무슨 일이 일어나나요? 싸다는 건 지금이 바닥이고 더 이상 주가가 하락하지 않는다는 건가요? 내일부터 반등하는 건가요?

일단 우리가 아는 건 '싸다'라는 건 타이밍이 아니라 높이에 대한 이야기라는 겁니다. 가격과 가치라는 두 '높이'를 비교해서 갭을 구한 게 일반적으로 말하는 기대수익률입니다. 기대수익률이 높을수록 싸다고 이야기하죠. 그러나 우리는 여기서, 기대수익률은 이차원 값이라고 배웠습니다. 그렇다면 이 관점에서 싸다는 건 어떤 의미인가요?

'싸다'는 건 현재의 가격에 구매했을 때 장기간 기대할 수 있는 연평균 수익률이 높다는 뜻입니다. 즉 A주식을 '싸게 샀다'라는 건 'A회사의 사업에 대해서 투자자가 향후 약 7년간을 전망했고, 그 전망이 맞아떨어질 경우 7년간 연 19% 정도의 수익률을 기대할 수 있다. 시장의 평균적인 기대수익률은 연 10%여서, 보유기간 동안 연 9%p가량의 초과수익을 기대한다'라는 식입니다.

반대로 '비싸다'라는 건 'A회사의 사업에 대해서 투자자가 향후 약 10년을 전망했는데, 여러 시나리오 중 가장 낙관적인 시나리오를 가정하고 그 시나리오가 맞아떨어진다 하여도 현재의 가격에서는 10년간 연평균 약 3% 정도의 수익률을 기대할 수 있다. 다른 투자 안의 평균적인 기대수익률은 연 10%이기 때문에 도저히 매력적이지 않다'라는 겁니다. 혹은 할인율을 마이너스로 넣어야 가격이 정당화되는, 즉 마이너스 기대수익률을 가지는 경우에도 비싸다고 할 수 있겠지요.

이렇듯 '싸다, 비싸다'라는 건 당장 내일 혹은 1년 후의 가격이 어떻게 될 것인지와 상관없습니다. 이 점을 파악하지 못하고 가치 기반의 투자를 하면 '왜 나는 주식을 싸게 샀는데 더 싸지기만 하는 걸까요' 혹은 '비싸다고 생각해서 안 샀는데 계속 더 비싸지네요' 같은 상황을 마주하곤 합니다.

버핏은 주식을 사기 시작한 이후에 오히려 주가가 더 하락하기를 원한다고 했습니다. 더 사면 되니까요. 그리고 충분한 수량을 확보한 이후에 주가가 더 떨어져도 상관없다고 했습니다. 회사가 더 사주면서 주당 가치가 상승할 테니까요.[153] 이 말을 오해하면 안 됩니다. 가치 계산이 끝났다고 해서 가치보다 얼마 이상 할인된 가격에는 그냥 사고, 가격이 빠질 때마다 무조건 '물타기'를 하면 된다고 오해해서는 안 됩니다. 버핏이 생각하는 가치는 동적이고, 회사가 장기적으로 꾸준히 주주가치를 증대시켜 줄 거라는 믿음이 있어야만 합니다. **다른 투자자의 움직임을 고려하지 않고, 오로지 회사와 나 사이에서만 기대수익률을 계산할 수 있어야만** 이런 말을 할 수 있습니다. 이러한 사고 체계를 갖추기도 어렵고, 그 조건에 맞아떨어지는 믿을 만한 기업을 찾아내는 기회도 드뭅니다.

필립 피셔는 훌륭한 주식을 발견해서 소유하고 있다면 함부로 팔지 말라면서 그 이유로 "정말로 매력적인 투자 기회란 쉽게 발견할 수 없기 때문"이라고 하였습니다.[154] 주식을 '싸게 산다'라는 건 단순히 가격 수준의 문제가 아니라 투자자의 '사고 체계', '능력 범위', '기업 분석 노력', '그에 맞는 기업이 존재할 것', '그 기업을 발견했을 것'이라는 모든 조건이 맞아떨어질 때 가능한, 아주 희귀한 상황입니다. 내가 투자자로서 아무런 사고 체계도 갖추지 않고 기업에 대해서 아무것도 모른다면, 가격은 그저 숫자일 뿐입니다. '싸다, 비싸다'라는 범주 자체가 존재할 수 없습니다.

프리미엄의 조건

사업 분석의 귀결점은 투자자가 판단하는 초과수익의 폭과 지속가능 기간입니다. 어느 정도 사업이 돌아가는 행태에 대한 감이 잡혔다면, 가치평가를 이렇게 연습해볼 수 있습니다. 기업의 요약재무제표를 펼쳐놓고, 이 기업이 앞으로 장기간 낼 수 있는 ROE와 그 지속가능기간을 대충 추측해본 다음에 적정 PBR을 생각해보고, 자기자본에 그 금액을 곱해서 시가총액을 추측해봅니다. 그러고 나서 실제 시가총액을 봅니다. 저는 대충 10초 정도면 됩니다.[155] 힐끗 보고 '이 정도이지 않을까' 생각하고 시가총액을 보면 대체로 그 가격에 있습니다. 물론 제가 생각한 가격보다 훨씬 위나 아래에 있는 경우도 많습니다. 그러면 이제 내가 뭘 잘못 생각했을까, 혹은 시장이 무언가 대단히 실수하고 있는 게 아닐까 하는 생각을 해봅니다.

저는 '고밸류', '저밸류' 같은 용어보다는 '프리미엄'이라는 용어를 좋아합니다. 주식을 사는 가격은 PBR 1배, 즉 장부가를 기준으로 무언가를 더 얹거나 깎은 가격입니다. 시장가격이 PBR 1배 대비 얼마나 높은가 낮은가를 저는 프리미엄이라고 부릅니다. 혹은 이익에 대해서 얼마의 멀티플을 주느냐도 프리미엄이라고 부를 수 있습니다. 어떤 값에 무언가 더 가치를 부여해준다는 의미로 프리미엄이라는 용어를 쓰도록 하겠습니다.

앞에서 했던 연습은 한 문장으로 표현하자면 '어떤 사업에 얼마만큼의 프리미엄을 주는 게 적정한가'를 연습하는 것이라고 볼 수 있습니다. 물론 초과수익의 폭과 지속가능기간이 길면 프리미엄을 많이 받을 수 있는데요. 어떤 사업에 대해서 대체로 높은 ROE가 나오고, 지속가능기간이 길다고 볼 수 있을까요?

경험이 쌓이면 쌓일수록 시장이 프리미엄을 부여하는, 혹은 디스카운트를 하는 다양한 사례를 접하게 됩니다. 시장이 프리미엄과 디스카운트를 주는 여러 사례를 숙지하고 있다면, 시장이 일상적이지 않은 프리미엄을 부여할 때 좋은 기회로 삼을 수 있을 것입니다.

프리미엄을 부여받을 수 있는 사업이라고 해서 언제든 사도 되고, 높은 프리미엄을 부여받을 수 없는 사업이라고 들여다볼 가치가 없다는 이야기가 아닙니다. 프리미엄을 받아야 하는데 못 받고 있다면 좋은 매수 기회가 될 테고, 프리미엄을 받지 말아야 하는데 받고 있다면 매도 기회로 삼을 수 있다는 이야기입니다.

그럼 적절한 프리미엄을 받고 있다면요? 할인율만큼 수익이 나겠지요. 이번 장을 열심히 따라왔다면 쉽게 대답할 수 있을 것입니다. 한편, 그럼에도 불구하고 우리가 높은 프리미엄을 줄 수 있는 사업에 좀 더 에너지를 쏟아야 하는 이유가 있을까요? 네, 있습니다. 그게 필립 피셔 투자 철학의 핵심입니다. 12장에서 그 이유를 알 수 있을 것입니다.

실제 사업들의 프리미엄은 경험에 기반한 이야기라서 딱 떨어지게 유형화하기는 어렵지만, 제 소견으로는 대략 다음과 같습니다. 물론 이 외에도 많겠지요.

• 반복구매

고객이 한번 구매하고 다음에 언제 구매할지 알 수 없고, 다음 구매 주기가 돌아오더라도 우리 제품을 다시 구매할 가능성이 크지 않다면 프리미엄을 높게 줄 수 없습니다. 반도체 소재나 소모품류는 반도체를 생산할 때마다 계속 필요하기 때문에 반복구매가 꾸준히 일어납니다. 반도체장비는 반도체 회사가 설비투자를 할 때 집중적으로 매출이 나오고 투자 사이클이 끝나면 한동안 쉬어갑니다. 장비 회사에 제대로 투자하려면 상당히 많은 공부와 잦은 업데이트가 필요합니다.

화장품, 음식료 등은 반복구매가 많이 일어나는 사업입니다. 이런 업종에서 브랜드를 확실히 갖춘 회사들은 높은 프리미엄을 받습니다. 한편 의류업은 브랜드가 공고하더라도 의외로 프리미엄이 높지 않습니다. 고객은 옷을 자주 사기는 하지만, 한 브랜드의 옷에 크게 충성하지 않거든요. 옷을 살 때마다 선택지는 너무 많습니다.

구독모델은 최고의 반복구매 모델입니다. 유료 멤버십 모델을 성공적으로 안착시킨 사업자는 엄청난 프리미엄을 받습니다. 소프트웨어나 미디어 회사들은 대부분 구독모델로 과금합니다. 이 모델이 좋은 모델이라는 건 모두가 알아서, 할 만한 회사는 모두가 구독모델에 뛰어들고 있습니다.[156] 심지어 휴대전화 회사나 자동차 회사, 게임 회사도 구독모델로 달려들고 있습니다.

반복구매라는 측면에서는 음원 스트리밍 서비스도 높은 프리미엄을 받아야 하겠지만, 자체 콘텐츠를 가지기 어렵기 때문에 대부분 비슷한 서비스를 내놓고 UI나 기타 편의성 측면에서 승부해야 하기 때문에 대단히 높은 프리미엄을 받기는 어렵습니다.

• **확장성**

앞서 화장품과 의류를 비교했었는데요. 확장성 측면에서도 좀 차이가 있습니다. 화장품은 물론 피부 톤이나 트렌드에 따른 수요층이 구분되기는 하지만, 요즘에는 소셜미디어 덕분에 어떤 트렌드가 글로벌하게 확장되기가 쉽습니다. 특정 화장법이 유행하면 화장품이 덩달아 많이 팔릴 수 있습니다. 반면에 의류는 의외로 국가별로 체형이 상당히 다르기 때문에, 어떤 스타일이 유행한다 해서 그 스타일을 잘하는 브랜드 업체의 매출이 그만큼 늘어나기가 쉽지 않습니다. SPA 브랜드가 한때 유행했지만 전 세계의 디테일한 수요를 맞추기는 어려워서 로컬 브랜드에 다시금 밀리는 모습을 보여주었습니다. 음식료도 마찬가지로, 한번 입맛을 사로잡으면 반복구매가 잘 일어난다는 측면에서는 프리미엄을 받을 수 있지만, 그렇게 입맛을 잡기가 너무나 어렵다는 점 때문에 확장성 측면에서는 프리미엄을 받기가 어렵습니다. 가끔 어떤 제품이 어디어디의 입맛을 사로잡았다며 주목받는 경우도 있지만, 일시적인 유행에 그치는 경우가 많습니다. 입맛은 습관이라 생소한 습관을 인위적으로 학습시키기는 정말 어렵습니다. 어떤 맛에 익숙해지도록 하는 데 성공했다면 지속가능기간은 생각보다 훨씬 길 수 있습니다.

• **생산성 향상**

기존과 같은 자원을 이용해서 더 많은 이익을 낼 수 있는 여지가 많을수록 생산성이 높다고 합니다. 규모의 경제와도 비슷한 개념인데요. 자산운용업을 예로 들자면, 100억 원을 운용하는 회사가 1,000억 원을 운용한다고 해서 대단히 많은 인력이나 설비가 필요하지 않습니다.[157] 카지노에서 고객이 베팅하는 자금의 크기는 고객이 얼마나 돈이 많은지에 달려 있겠지요.[158] 운용자금이 10배로 늘어났는데 이익은 100배 늘어날 수 있습니다.

검색엔진, 전자상거래, 모빌리티 등 플랫폼이라고 부르는 기업들이 높은 멀티플을 받는 이유를 보통은 '신사업 확장' 때문이라고 생각하지만, 생산성 향상이 기여하는 바도 상당히 큽니다. 사업이 어느 정도 궤도에 오르고 나면 늘어나는 트래픽 관리와 알고리즘 정교화 등에 비용을 더 쓰겠지만, 그 비용 증가분보다는 이익이 늘어나는 폭이 훨씬 더 클 수 있기 때문에 현재 이익 대비 멀티플을 높게 부여할 수 있습니다. 한편 스마트폰이 처음 등장하던 시기에 앱 제작 등의 비지니스도 소프트웨어 업종이니까 높은 멀티플을 받아야 한다는 주장이 있었는데요. 앱 개발을 위탁받는 업체는 생산성 향상 가능성이 낮기 때문에 높은 프리미엄을 받기 어렵습니다.

• 원가절감능력

저는 프리미엄을 줄 수 있는 요소라 생각하지만 시장에서는 프리미엄을 거의 주지 않습니다. 회사의 원가절감능력은 단기적으로는 이미 그때그때의 실적에 반영되어 있고, 원가절감능력이 뛰어나다는 건 매크로에 큰 변수가 발생했을 때 부각되거든요. 그래서 이 점은 오히려 유가 혹은 원자재 가격이나 환율이 급등하여 원가 우려로 동종 업계의 모든 주식이 도매급으로 다함께 하락했을 때 매수 기회를 줍니다. 남들이 원가 상승으로 부진한 실적을 낼 때 혼자서만 이익을 잘 내서 부각받을 수 있기 때문입니다. 이런 기업은 회복탄력성이 좋기도 하고, 장기적으로도 경쟁사보다 더 나은 성과를 내는 경우가 많습니다.

• 락인

9장 산업 분석과 경쟁력 분석에서 다루었는데요. 네트워크 효과(소셜 미디어나 거래소 등 고객의 수가 곧 서비스의 부가가치가 되는 경우)나 배타적 소모품(면도날, 프린터 토너 등 특정 회사의 제품을 샀으면 다른 회사의 소모품과는 호환이 안 되는 경우), 전환비용(신용카드, 은행계좌, 통신서비스 등 대단히 차별화된 서비스를 제공받지 않더라도, 다른 회사의 서비스로 옮겨가는 일 자체가 번거로운 경우) 등을 통해 고객을 계속 움켜쥐고 있는 경우를 이야기합니다. 아이돌 같은 팬덤 비지니스도 넓게 보면 락인이 잘되는 비즈니스라고 볼 수 있겠습니다. 꾸준한 매출액과 장기적인 가격 상승도 기대할 수 있기 때문에 프리미엄을 줄 수 있는 요인입니다.

• 예측 가능성

사업의 불확실성이 심하지 않으면 프리미엄을 줄 수도 있습니다. 어쨌거나 예측 가능성이 낮은 것보다는 높은 게 좋으니까요. 연예기획사나 게임처럼 흥행 산업은 초기에 한두 번의 흥행작만 가지고 있는 경우에는 아무리 인기가 많더라도 프리미엄을 정당화하기 어렵습니다. 그만큼 사업의 변동성이 크니까요.

만약 초기 흥행에서 얻은 현금흐름을 바탕으로 다양한 파이프라인을 성공적으로 론칭했다면, 개별 파이프라인이 각각 존재할 때보다 더 높은 프리미엄을 받을 수 있습니다. 이제 한두 프로젝트가 실패하더라도 회사가 크게 타격을 입지 않고, 그런 만큼 더 과감하고 창의적인 시도를 통해 새로운 시장을 개척해나갈 수도 있으니까요.

그러나 실제로는 이런 경우보다는 불확실성이 줄어들었다는 착각으로 주가가 올랐다가 '아닌가벼' 하면서 내려앉는 경우가 많습니다. 흥행 산업에서 지속적인 흥행을 만들어내기는 생각보다 훨씬 어렵습니다. 연예기획사는 이제 '아이돌 육성 프로세스'가 일종의 플랫폼으로 자리 잡는 모습입니다. 그러나 게임 산업은 오히려 신작의 흥행 예측 가능성이 갈수록 낮아지는 느낌입니다.

• 사이클

전통 사이클 산업에서도 불확실성이 줄었다고 착각하는 이런 사례가 흔히 보입니다. 사이클 고점에서 주가가 한창 올라 있을 때에는 사이클이 피크아웃하는 것이 눈에 보임에도 불구하고 갖은 논리로 주가가 유지될 수 있다는 근거를 들이댑니다.

그중 약방의 감초처럼 등장하는 논리가 바로 사이클 축소 및 소위 '구조적 성장'에 관한 이야기입니다. 경쟁업체의 수가 줄어들었고 과거처럼 경쟁을 치열하게 할 이유가 없으니 사이클의 진폭이 줄어들고 주기가 짧아질 수 있다, 따라서 디스카운트를 하지 않아도 된다는 논리입니다.

그 논리는 일부 맞을 수 있으나(실제로 디램 산업은 사이클의 진폭이 줄었습니다) 사람들은 작은 변화에도 호들갑을 떠는 경우가 많기 때문에, 프리미엄의 레벨이 한 차원 높아지는 데에는 실패하는 경우가 많습니다(디램 업체의 PBR 진폭은 그다지 줄어들지 않았습니다).

• 산업의 고성장

신생 고성장 산업에 있는 기업이라면 사람들은 아주 쉽게 프리미엄을 줍니다. 그러나 산업의 고성장에 따른 높은 프리미엄은 허상인 경우가 많습니다. 산업이 고성장할수록 경쟁은 치열해지고, 한번 우위를 가진 기업이라도 그 우위를 공고히 유지하기가 어렵습니다(그리고 모든 투자자들이 공부를 열심히 하기 때문에 내가 투자자로서 다른 투자자 대비 우위를 가져가기도 어렵습니다).

그래도 한참 동안 다같이 주가가 좋은 와중에 나만 주식을 안 가지고 있고 공부도 안 되어 있으면 투자 성과와 식사 자리 대화 양쪽에서 다 소외되어서 슬픕니다. 이럴 때 적당히 끼기 위한 방법이 없지는 않습니다. 거창하게 용어를 붙여보자면 '터미널 스테이지 밸류에이션'이라고 할 수 있겠는데요. 산업이 최대한 성장하고 포화된 국면에서 어느 정도 크기일지, 개별 업체들의 점유율은 얼마 정도일지, 이 회사의 점유율은 얼마쯤일 테고 이익률은 얼마일지 등을 계산해봅니다. 거기에 '포화된 산업'에서의 적정 프리미엄을 부여하면 미래의 가치가 나오죠.[159] 그 가치를 현재가로 할인하면 현재의 가치가 됩니다. 이렇게 해보면 단편적인 이슈들로 왈가왈부하는 것보다는 훨씬 편하면서도 트렌드에 뒤처지지 않을 수 있습니다.

이런 극단 값들을 논해보는 게 오히려 산업을 더 깊이 이해하는 데 도움을 주기도 합니다. 마이클 포터는 "각 시나리오 변수가 나타낼 수 있는 가장 극단적인 값을 도출해낼 수 있다면 산업구조의 진화 방향을 더욱 깊이 이해할 수 있다"고 하였습니다.[160]

• **가격결정력**

기업이 원하는 만큼 가격을 올릴 수 있다면 당연히 프리미엄을 받아야겠지요. 그러나 그 또한 허상인 경우가 많습니다. 아무리 고객이 열광하는 비즈니스라도 가격을 너무 올리면 결국 저항에 부딪힙니다. 넷플릭스는 '코드 커팅' 현상이라는 용어를 만들어낼 정도로 소비자가 열광하는 비즈니스였지만, 2021년에 가격을 올렸더니 2022년 1분기에 10년 만에 최초로 유저 수가 감소하고 주가가 급락했습니다. 물론 코로나19 사태가 마무리 국면에 접어들고 OTT의 경쟁이 심화된 이유도 있지만요.

가격결정력이 있음에도 불구하고 정부의 눈치를 보느라 가격을 올리지 못하는 경우도 있습니다. 음식료 업종이 특히 그러한데요. 정권 말기가 되어 가격통제가 느슨해졌을 때 슬금슬금 '프리미엄' 신제품을 출시하거나 기존 제품의 가격을 인상하곤 합니다. 전력 회사는 아예 정부가 가격을 정해버리기 때문에 가격결정력이 제로입니다. 어떤 해에 큰 이익을 내면 그 자체로 가격통제의 빌미가 됩니다. 일시적으로 아무리 돈을 잘 벌더라도 자신의 목숨을 자신의 뜻대로 할 수 없는 회사에는 프리미엄을 줄 수 없습니다.

• 부외자산

회사에 귀속되는 자산이지만 장부에 표시되지 않는 (심지어 무형자산으로 기재되어 있더라도 경제적 실질과는 많이 동떨어져 있는) 자산이 많다면 프리미엄의 요인이 될 수 있겠습니다.[161]

소형 기획사 A와 대형 기획사 B에서 각각 어떤 아이돌 그룹을 5년간 50억 원을 들여서 데뷔시켰다고 해봅시다. 소형 기획사 A의 아이돌에는 아무도 관심을 가지지 않기 때문에 홍보비도 많이 들고 각종 방송에 출연시키기 위한 눈에 보이지 않는 비용들이 많이 듭니다. 반면에 대형 기획사 B에서 신인 그룹이 나오면, 유튜브에 티저 영상만 올려도 수백만 조회수가 나오고 언론과 팬들이 알아서 소개해줍니다. 누군가는 광고비를 내면서 홍보하고, 누군가는 유튜브 광고 수익을 거두면서 홍보를 합니다. 대형사 B가 이렇게 할 수 있었던 것은 과거에 다른 아이돌들을 성공시키면서 다져온 입지가 있기 때문이지요. 그 위상은 재무제표상으로는 전혀 드러나지 않습니다. 그러나 엄청난 가치가 있다는 점은 누구도 부정할 수 없습니다.

한편 부외자산의 반대인 부외부채는 주가 급락의 단초를 제공하기도 합니다. 건설사는 건설 시공을 맡으면서 시행사의 채무를 보증해주는 경우가 많았는데, 이는 장부에 기록되어 있지 않은 부채였습니다. 2008년 금융위기로 부동산 가격이 하락하고 미분양이 급증하자, 시행사는 채무를 감당할 수 없게 되고, 이 손실을 건설사가 떠안으면서 어마어마한 손실을 냈습니다.

• 훌륭한 경영진

이와 같은 다양한 프리미엄의 조건은 누가 만들어내는 걸까요? 기업에 있는 사람들이 노력한 결과지요. 그럼 그 사람들이 열심히 에너지를 쏟게 만드는 건 누구일까요? 기업의 경영진입니다. 기업의 경영진은 모든 프리미엄의 원천입니다. 그들이 어떻게 하느냐에 따라 기업의 가치는 엄청나게 높아질 수도, 0원이 될 수도 있습니다.

경영진 평가가 결국 사업 분석과 가치평가의 최종 귀결점이라고 볼 수도 있습니다. 이제 경영진을 평가하는 방법을 익혀봅시다.

11 생선 가게 고양이

> "소유한 기업의 경영진이 탁월하다는 믿음을 갖고 있지 않다면 투자자는 도대체 그 주식을 왜 보유하고 있는지 스스로에게 물어보아야 한다."
>
> _필립 피셔[162]

> "어떤 기업의 최고 경영자가 자신이 주주로부터 회사 재산을 신탁받았다는 진실된 감정을 갖고 있지 않다면 머지않아 그 회사의 주주는 마땅히 자신이 받아야 할 몫의 중요한 부분을 잃게 될 것이다."
>
> _필립 피셔[163]

투자자 입장에서 경영의 핵심은 장기간 높은 ROE를 유지하는 능력입니다. 경영진이 그러한 능력을 가지고 있는지 파악하는 일은 투자자의 중요한 과제입니다. 그리고 또 한 가지, 그렇게 번 돈이 정말 주주를 위한 돈이라는 믿음도 가질 수 있어야 합니다. 회사가 돈을 벌어도 회사가 그 돈을 주주에게 돌려줄 생각이 없다면 아무 소용이 없습니다.

버핏이 경영진을 얼마나 중요하게 생각하는지는 1권 7장에서 누차 이야기하였습니다. 멍거도 당연히 경영진을 중요시하고요. 버핏과 멍거는 필립 피셔로부터 큰 영향을 받았는데요. 아마도 경영진을 중시하는 성향도 필립 피셔의 영향이라고 생각합니다.

필립 피셔는 "주식을 평가할 때의 중요 기준 중 90%를 차지하는 것은 경영진의 능력, 9%는 업종, 1%는 기타 요소들이다"라고 했습니다.[164] 그는 《위대한 기업에 투자하라》에서 좋은 주식을 고르는 15가지 조건을 이야기하였는데요. 실상 그중 절반가량이 경영진에 관한 내용이었습니다.[165] 피셔는 "유능한 경영진이라는 요소는 단순히 이론적이고 추상적인 관점에서만 중요한 것이 아님이 명백하다"면서, "주당순이익의 실제 가치는 경영진의 능력에 따라 크게 올라갈 수도, 또 크게 내려갈 수도 있다"고 하였습니다.[166] 실제로 "보다 기민하고 현명한 전문 경영진이 일상적 운영 업무를 담당하고, 장기 계획을 수립하며, 주주들에 대한 깊은 책임을 인식하는 기업들은 실적이 크게 오르고 주가도 대대적으로 올랐"습니다.[167]

경영진이 뛰어난 능력을 가지고 주주를 위해 일한다면 현재 벌어들이는 이익에 높은 프리미엄을 지불할 수 있습니다. 반대로 경영진을 믿을 수 없다면 회사가 어떤 숫자를 내놓든 간에 투자자에게 주는 가치는 0원입니다. 내 돈이 아니거든요. 존 템플턴은 어떤 회사의 경영진과 미팅한 다음에 "그를 신뢰할 수 없으니 당장 전량 매도하라"고 지시한 적도 있습니다.[168]

이렇듯 경영진은 아주 중요한 요소인데요. 경영진을 어떻게 평가하고 가치에 어떻게 반영할 것인가는 활발하게 연구가 이루어지지 않았습니다. 경영진은 특정 몇몇의 사람을 지칭할 텐데, 부족한 샘플로 광범위한 연구를 수행하기도 어렵고, 정보가 제대로 드러나지도 않고, 어떤 결론을 내리고 공개하려다 보면 개인적인 관계가 틀어질 수도 있습니다.

그래서 경영진에 대한 평가는 대체로 뜬구름 잡는 이야기에 그치는 경우가 많습니다. 이 장에서는 경영진이 실제로 어떤 나쁜 일을 할 수 있는지, 그리고 신뢰할 수 있는 경영진을 구분할 수 있는 가능한 한 객관적인 지표로는 무엇이 있는지 살펴보도록 하겠습니다.

나쁜 사람들

주식회사의 경영진은 주주로부터 받은 투자금을 최대한 잘 불리기 위해서 선임된 전문가 집단입니다. 경영진은 주주의 가치를 늘려주고 그 대가로 보상을 받아가는데요. 대체로 경영진은 주주보다 소수이고, 기업의 경영은 워낙 방대하고 복잡하기 때문에, 경영진은 보상 체계에 따른 정당한 보상보다는 주주나 다른 사람의 이익을 훼손하고 본인들의 보상을 뒤로 챙겨가는 경우가 많습니다. 흔히 '대리인 문제'라고 합니다. 주주와 대리인, 그리고 기타 이해당사자들의 이해관계를 일치시키는 문제는 투자와 경영에서뿐만 아니라 사회적으로도 아주 큰 이슈입니다.

경영진, 그리고 이 경영진 자신이거나 혹은 이들에게 영향력을 행사하는 대주주는 다양한 방식으로 자신들의 이익을 위해서 타인(특히 외부 주주)의 이익을 훼손합니다. 그들이 할 수 있는 '나쁜 짓'에는 어떤 종류가 있는지 나열해보겠습니다. 참고로 이 목록은 대표적인 사례일 뿐이며, 지금도 그 '나쁜 사람들'은 창의적으로 사익을 편취하기 위해 머리를 굴리고 있을 겁니다.

터널링

바닥에 구멍을 뚫어 무언가를 빼내는 모습을 상상하시면 됩니다. 터널링 방법은 아주 다양한데요. 대주주나 경영진의 일가친척이나 친한 친구의 명의로 회사를 설립하고 그쪽에 비교적 단순하지만 꼭 필요한 일들, 이를테면 구매조달이나 건설 시공, 청소, 경비, 구내식당의 식자재 납품 등의 업무를 맡깁니다. 아예 기업이 생산하는 제품의 일부 부품을 몰아줄 수도 있습니다. 좀 더 악질적으로는 멀쩡하게 부품을 잘 만들어주고 있는 회사의 설계를 그대로 베껴서 그들과 모종의 이해관계가 있는 다른 업체에 몰아줍니다. '경쟁입찰'이라는 명목하에 말이죠. 혹은 정말로 아무 일도 하지 않는 중간 유통업자를 만들어서 해당 업체를 통해서만 납품하도록 하고 유통수수료를 수취할 수도 있습니다.

전통적인 방법 중 하나로 부동산 임대가 있습니다. 웬만한 회사는 사무실은 필요하게 마련이고 공장이나 연구소가 필요하다면 더 대규모의 부동산이 필요합니다. 회사가 사업적으로 사용할 부지나 건물을 다른 사람이 미리 취득하게 하고 그쪽에 임차료를 내면 쏠쏠한 이익이 생기죠. 이런 행위는 '특수관계인 거래'라고 해서 규제 대상이기는 하지만, 회사가 마음먹고 숨기면 얼마든지 감출 수 있습니다.

한국에서는 이런 행위를 '일감 몰아주기'라고 부르며 강하게 규제하고 있습니다. 비단 한국만의 문제는 아닙니다.[169] 최근 한 공유오피스 회사의 대표는 회사를 이용해 개인 부동산의 임대수익을 취했고, 회사 이름에 개인의 저작권을 걸어서 회사로부터 저작권료를 수취하기도 했습니다.

지배구조 활용

기업을 누가 어떤 권한으로 지배하는지를 지배구조라고 합니다. 정상적인 주식회사는 주주로부터 위임받은 경영진이 권한을 행사해야 합니다. 그런데 아주 적은 규모의 지분을 보유한 특정 주주가 기업을 좌지우지하는 경우가 꽤 있습니다. 회사가 여러 계열사를 가지고 있으면, 이들은 본인들에게 유리한 쪽으로 사업을 뗐다 붙였다 하면서 자신들의 이익을 늘립니다.

예를 들어, 지주회사 A의 자회사 B에서 훌륭한 신사업을 진행 중이라고 합시다. 대주주의 A회사 지분율이 60%이고, A가 소유한 B지분이 50%라고 하면, 대주주는 B를 30% 소유한 셈입니다. B의 가치가 커지는 것보다는 A의 가치가 커지는 게 대주주에게 유리합니다. A가 사업지주회사라면 B의 신사업을 A에 헐값에 매각합니다. 어떻게 헐값이 가능하냐고요? 신사업이니까요. 가치평가를 제멋대로 할 수 있습니다. 혹은 딱히 할 변명이 없다면 '재무구조가 튼튼하고 현금흐름 창출력이 좋고, 그룹 전체의 전략적 자원을 활용할 수 있는 A회사에서 사업을 수행하는 게 더 낫다'고 말해도 됩니다. 지주회사가 이런 식이라면 자회사들의 장기 성장 동력은 제로에 수렴합니다. 어떤 신사업을 발굴하더라도 모회사에 뺏겨버리니까요.

현금이 풍부한 자회사는 그룹사의 '용돈주머니'로 활용되기도 합니다. 그룹 차원에서 C라는 회사를 인수하고 싶은데, C와 연관 사업을 하는 A는 돈이 없고 B에 현금이 가득합니다. B는 C를 인수해서 얻는 게 아무것도 없더라도 A를 위해서 울며 겨자 먹기로 C를 인수해버립니다. B의 주주들은 황당하죠.

그런 논란을 피하려고 아예 A와 B를 합병해버릴 수도 있습니다. 물론 합병가액은 A에게 유리한 쪽으로 하겠지요. 어떻게 그게 가능하냐고요? B의 실적을 망가뜨려버리면 됩니다. 건설사라면 몇 년간 수주를 안 해버리면 되고, 소비재 회사라면 신제품을 안 내놓을 수도 있습니다. 혹은 그동안 숨겨두었던 악성 재고나 부실채권을 털어내면서 이익률을 하락시킬 수도 있고요. 더 웃긴 건 그렇게 합병한 다음에 B를 다시 분할해버리는 거죠. 그냥 분할하기가 민망하다면 기존에 A가 하고 있던 사업부 중에서 계륵 같은 걸 하나 B에 붙여서 내보내면 됩니다. 이제 시너지가 난다고 주장하면 됩니다. 참 내.

2021년, 모 화학 회사가 배터리 사업부를 물적분할하면서 크게 이슈가 된 적이 있습니다. 이로 인해 한국에서도 지배구조가 대중적으로 도마 위에 오르게 되었습니다. 사안의 옳고 그름을 떠나서, 이렇게 이슈화가 되는 일 자체로 자본시장이 건전해지는 데 기여한다고 생각합니다. 흥미로운 점은 이때 인적분할이 정당하며, 물적분할은 외부 주주의 이익을 훼손하는 '나쁜 일'이라는 인식이 팽배했다는 건데요. 인적분할이 과거에 대주주의 지배력 확대를 위해 어떻게 쓰였는지를 아신다면 차마 그런 말씀을 할 수 없을 겁니다. 궁금한 분들은 '자사주 마법'과 '인적분할' 두 키워드로 검색해보시기 바랍니다.[170] 인적분할도 대주주의 사익 편취를 위해 상당히 자주 쓰이는 방법입니다. 오히려 더 악독할 수 있습니다. 중요한 건 분할의 형태가 아니라 의도입니다. 그리고 좀 더 중요한 건, 다른 상장사의 지배를 받는 회사가 애초에 상장을 해서는 안 되는 건데요. 법적으로 개선이 필요합니다.

리베이트

아주 전통적인 사익 편취 방법입니다. 어떤 회사에 대형 거래를 체결해주고는 그 의사결정을 담당한 개인이 현금이나 그에 상응하는 대가를 받는 거죠. 리베이트에 따라 구매 의사결정이 이루어지면 회사는 저품질의 원재료를 높은 가격에 채택할 수 있습니다. 그 대가는 회사의 비용 증가나 신뢰 훼손을 넘어서서, 사회에 치명적인 영향을 끼칠 수 있습니다. 건설 회사가 설계대로 건물을 짓지 않으면 어떤 일이 벌어지는지는 굳이 언급하지 않아도 다들 잘 아시리라 생각합니다.

의전비용

크게 드러나지는 않지만 대주주, 경영진, 혹은 사내에 소소하게 권력을 가진 사람들을 '아랫사람'이 '모시는' 비용입니다. 임원의 사무실, 임원들이 독점적으로 사용하는 사내 공간과 리조트, 차량과 운전기사, 임원들의 유희를 위한 각종 사내 행사들은 기업의 실제 비용이기도 하며, 사내에 큰 위화감을 조성하여 일할 의욕도 떨어뜨립니다. 특히 열심히 창의적인 일을 해야 할 훌륭한 직원들이 의전 업무에 배치되어 고통받고 있다면 그 잠재적인 비용은 헤아릴 수 없습니다. 또한 이런 의전활동은 경영진이 손 하나 까딱하지 않고 일상을 보낼 수 있게 해주어서, 자기네가 만드는 제품의 품질이 실제로 얼마나 나쁜지조차 파악할 수 없게 만듭니다.[171]

해외 지사가 많으면 의전도 창의적으로 다양하게 할 수 있습니다. 대주주 일가가 해외여행을 갈 때 현지 가이드 역할을 해주는 건 거의 당연시되는 관례고요. 해외 지사를 통해 각종 면세품을 확보해서 대주주 일가에게 배송해주기도 한다는 풍문도 있습니다. 해외 지사가 많으면 횡령을 하기도 쉽습니다. 앞서 나열한 모든 일을 해외에서는 더욱 적극적으로 할 수 있지요.

앞서 존 템플턴이 경영진을 만나보고 바로 모든 주식을 처분한 사례를 말씀드렸었는데요. 전문은 이렇습니다. "방금 회사 사장을 인터뷰했는데 그가 사무실에 대형 바를 차려놓고, 주식 시세를 알려주는 기계를 설치해놓았다. 그를 신뢰할 수 없으니 회사 주식을 모두 매각하라."

격식을 갖추는 게 아무 의미가 없지는 않지만, 무엇이든 회사의 비용을 쓰는 행위라면 회사의 이익에 도움이 되어야만 합니다. 임원이 비지니스석을 타고 출장을 갔다면 정말로 현장에서 열심히 일을 하느라 체력을 보전할 필요가 있었어야 하고, 차량 운전 서비스를 제공한다면 운전할 시간을 아껴가면서 더 중요한 업무에 집중해야만 합니다(혹은 교통사고의 가능성을 조금이라도 줄이는 게 회사의 이익이 될 정도로 중요한 위치에 있는 사람이거나).

문어발 확장

대부분의 경영진은 규모를 키우는 걸 좋아합니다. 규모는 곧 권력입니다. 모든 인간이 권력을 좋아하는 건 아니지만, 권력을 추구하는 인간이 경영진이 될 확률은 높습니다. 그리고 권력을 가진 사람은 과거보다 권위적이 되고, 더 큰 권력을 추구할 개연성이 큽니다.[172]

회사의 자기자본은 주주로부터 잠시 위임받은 돈입니다. 초과수익을 내기 위해 유보하는 자금이 아니라면 주주에게 돌려줘야 합니다. 경영진은 이 돈을 주주에게 돌려주지 않아도 될 핑곗거리를 발견하면 어떻게든 그 핑계를 활용하고자 하는 경향이 있습니다. 직원을 더 뽑고, 매장을 늘리고, 신제품을 출시하고, 커다란 홍보 행사를 열고, 사업을 인수합니다.

물론 진정성 있게 확장을 추구할 수도 있겠지요. 워런 버핏의 버크셔 해서웨이도 전통적인 '복합기업'입니다. 넓은 의미에서는 재벌기업과 큰 차이가 없습니다(그래서 이사회와 경영진을 분리하라, 버핏은 경영에서 물러나라, 버핏의 가족을 이사회에서 빼라 등의 주장이 주주총회에서 종종 등장합니다).

결국 중요한 건 장기간에 걸쳐 어떤 성과를 냈느냐, 그 성과를 주주에게 돌려주었느냐입니다. 그 발자취는 아무래도 어느 정도는 재무제표에 남게 마련입니다.

열어보면 대충 다 나와요

어떻게든 남 모르게 사익을 취하고 싶은 욕구는 만국 공통인 것 같습니다. 모든 회사의 경영진은 사익을 취하고 싶은 욕구를 아마도 거의 매일 접하고 있을 것이며, 지금까지 그런 일을 저지르지 않았다면, 그것만으로도 훌륭한 경영진이라고 봐줘야 할지도 모르겠습니다.

하지만 경영진을 '믿을 수 있다'고 하기에는 부족합니다. 경영진이 주주의 이익을 편취하는 행위를 하지 않았다는 건, '아직' 저지르지 않았거나, 이미 저질렀는데 '아직' 드러나지 않았을 뿐 아닌가 하는 의심을 지울 수 없습니다. 경영진을 믿기에는 좀 더 증거가 필요합니다.

그 경영진들이 실제 지인이라면 좀 도움이 될까요? 회사 대표가 내 친구라 해서 '믿을 만한 사람'인지 아닌지 잘 알 수 있을까요? 어떤 웹툰의 대사가 떠오릅니다. "믿을 만하다는 형용사가 사람이라는 명사 앞에 올 수가 있나?"[173] 경영자가 나의 지인이라 해도 사람은 사람인지라 내 판단이 틀릴 수 있고, 오히려 편향될 수도 있습니다. 사람을 직접 아는 게 도움이 안 되지는 않겠지만 한계가 있고, 모든 회사의 경영진을 마음대로 만날 수 있는 것도 전혀 아니지요. 그렇다고 방송 출연 영상이나 인터뷰 등을 보고 됨됨이를 파악하는 것도 아니 될 말입니다. 좀 더 객관적으로 확인할 수 있는 지표가 있어야 합니다.

회사가 지금까지 해온 일들은 재무제표에 남습니다. 그냥 남는 게 아니라 어떤 의도가 묻은 채로 남습니다. 재무제표의 여러 항목, 그리고 그와 관련된 여러 수치로부터 우리는 이 재무제표를 만들어낸 사람을 믿을 수 있는지 없는지를 어느 정도 파악할 수 있습니다.

과거에 그레이엄 방식의 투자가 유행하던 시절에는 재무제표를 통해 가치를 계산하곤 했었습니다. 현 시점에서는 재무제표를 샅샅이 파내서 숨겨진 자산을 발견하는 일은 유효성을 많이 상실했습니다. 그러나 재무제표를 통해서 회사의 신뢰성을 파악하는 일은 여전히 유의미하고, 무형의 가치가 더욱 중요해지는 요즈음에는 신뢰성 파악의 중요성이 더욱 커집니다.

무형자산

무형자산이 많은 회사는 조금 의심해보아야 합니다. 무형자산은 말 그대로 '무형'의 무언가인데 이것을 굳이 수치화해서 장부에 기재하는 데에는 어떤 이유가 있겠죠. 부채비율이 낮아져야 한다거나, 무언가를 대단히 비싼 값에 매수해서 무형자산으로 기재하지 않을 수 없었거나요. 무형자산을 다 상각해버렸을 때 자본잠식이 된다면 꽤 심각한 상황입니다.

9장에서도 설명했지만 무형자산이 많으면 신뢰의 문제도 있지만, 이익에서 뒤통수를 맞을 가능성도 큽니다. 오랫동안 기다려온 어떤 프로젝트가 좀 잘된다 싶으면 그제야 무형자산을 상각하면서 이익을 깎아 내려갑니다. 전문용어로 '스무딩smoothing'이라고 합니다. 이익의 굴곡을 줄여서 평탄화하는 작업이죠.

무형자산이 많다고 나쁜 회사는 아닙니다. 버크셔 해서웨이만 하더라도 기업인수를 많이 하면서 장부가 이상으로 지불한 금액을 '영업권'으로 잡았었습니다.[174] 무형자산이 많다고 나쁜 회사는 아니지만, 나쁜 회사는 대체로 무형자산이 많습니다. 모든 회사의 경영진에 워런 버핏만큼의 신뢰를 줄 수는 없으므로, 이 무형자산이 무엇인지 별도로 공부해봐야 하고, 그 자체로 투자자의 에너지를 소진하는 일입니다. 재무상태표에 알 수 없는 무형자산이 상당히 많이 쌓여 있다면 그냥 다른 회사를 찾아보는 게 낫습니다.

유동자산

유동자산 중에서도 믿을 수 없는 항목들이 있습니다.

건설사, 조선사의 경우 미청구공사라는 항목이 있습니다. 역시 9장에서 말씀드렸었는데요. 미청구공사가 많다는 건 원가관리가 제대로 안 되고 있다는 뜻입니다. 회사가 능력이 부족해서 그럴 수도 있지만, 무리하게 저가 수주 경쟁을 한 다음 실제 원가가 손실로 드러나는 시기를 최대한 늦추는 중이라고 볼 수도 있습니다.

매출채권에서도 매출액 증가폭보다 더 큰 폭으로 매출채권이 늘어났다면 조금 의심해보아야 합니다. 해외법인이 많고 해외법인향 매출채권이 증가했다면 더 의심해보아야 합니다. 특히나 현금이 소진되어 가는 중에 유상증자를 앞두고 매출채권이 늘어나면서 이익이 늘었다면 상당히 의심해보아야 합니다.

매출채권 중에서 회수하기 어려울 것 같은 금액은 대손충당금이라는 계정으로 따로 설정합니다. 매출채권 대비 대손충당금의 비율이 경쟁사 대비 높거나 과거 평균 대비 높아졌다면 이 또한 의심해보아야 합니다. 돈을 떼이는 걸 좋아하는 사람은 없지 않겠습니까. 대손충당금률이 높아졌다는 건 회사의 제품을 사가는 쪽이 건전하지 않거나, 건전하지 않아지고 있다는 뜻입니다. 단순히 사업상의 변동이라면 그러려니 할 수 있지만, 구매자가 건전하지 못한 걸 알면서도 계속 그쪽으로 제품을 판다는 건 의심해볼 여지가 있습니다.

은행의 경우는 조금 다릅니다. 은행은 대출이 주업무이기 때문에 대손이 언제나 발생합니다. 경기가 부진할 것으로 전망하거나 감독당국의 정책에 따라 채권을 다 함께 보수적으로 평가하면서 대손충당금을 많이 쌓을 수 있는데, 좋은 일은 아니지만 은행의 신뢰성을 의심할 사안은 아닙니다. 오히려 반대로 다른 은행들이 충당금을 많이 쌓고 있는데 어떤 은행만 충당금을 쌓지 않고 있다면, 그 은행의 대출만 건전해서가 아니라 그 은행만 아직 미래를 낙관적으로 보고 있다는(혹은 그래야만 하는 어떤 다른 이유가 있다는) 뜻일 수 있습니다.

유휴자산

회사의 자산 중 영업에 사용되지 않고 있는 자산을 유휴자산이라고 합니다. 재무제표에 딱 찍어서 '유휴자산입니다'라고 나오지는 않습니다. 회사에 물어봐야 합니다. 딱히 부동산이 많이 필요한 사업이 아닌

데, 총자산 대비 건물이나 토지가 꽤 많고 임대료 수익(영업외수익-기타 수익)이 발생하고 있다면 유휴자산이라고 볼 수 있습니다.

혹은 현금이 상당히 많은데 회사의 사업과는 별 관련 없는 투자자산(상장주식이나 만기 1년 이상의 폐쇄형 펀드)에 돈이 들어가 있다면 이 또한 썩 좋은 일은 아닙니다. 비상시를 대비해 유동자금을 확보해두는 건 좋지만, 직접 개별주식에 투자를 한다는 건 그만큼 리스크를 짊어지고 본업 외의 일을 하고 있다는 것이고, 즉시 환매가 불가능한 펀드에 가입했다는 건 비상시를 대비한다는 취지에 어긋납니다.

그레이엄식의 재무제표 분석가들은 이런 유휴자산을 플러스 요인으로 보았지만,[175] 누차 설명했다시피 기업을 겁박하여 그 현금을 외부로 뽑아낼 요량이 아닌 이상은 이런 유휴자산의 존재는 플러스 요인이 아니라 마이너스 요인입니다. 쓸데없는 데에 에너지를 쏟고 있다는 뜻입니다.

영업외비용

영업외비용은 온갖 이상한 회계의 온상입니다. 투자자산 상각, 유형자산 손상차손, 매출채권 팩토링 수수료 등 기업이 외부에 알리고 싶지 않은 불온한 비용을 여기에 다 때려 박습니다. 보통 투자자들은 영업이익률만 보고 세전이익률(세전이익/매출액)은 보지 않으니, 영업이익률을 높아 보이게 하고 싶다면 각종 회계 준칙을 적용해서 사실상 판매관리비가 되어야 할 비용을 영업외비용으로 빼버립니다.

이 중 매출채권 팩토링 비용이 많이 발생하는 건 좀 위험합니다. 팩토링이란 매출채권을 은행에 맡기거나 싸게 팔고 현금을 받아오는 일입니다. 회계 용어로는 '매출채권 할인'이라고 합니다. 팩토링을 하면서 할인한 금액은 은행이 수수료로 가져가고 이자비용 항목으로 계상됩니다. 기업이 팩토링을 하는 건 그만큼 현금흐름이 말라 있거나, 애초에 매출채권 자체가 현금회수 가능성이 낮았다는 뜻입니다.

환헤지를 한답시고 파생상품 관련 평가손실과 처분손실이 영업외비용(금융비용)으로 발생합니다. 분기별 환율 변동폭과 손익을 몇 년 치 나열해놓고 보면 흥미로운 걸 찾아낼 수도 있습니다. 수출 기업이 환율 상승으로 인한 손해를 피하고자 선물환매도를 했다면 원화 약세 시 손실, 원화 강세 시 이익이 나야 정상입니다. 가끔 어떤 회사는 환율이 오르든 떨어지든 영업외에서 꾸준히 손실이 발생하는 경우가 있습니다. 관련 환헤지 인력이 굉장히 무능하거나 무언가 이상한 일이 일어나고 있다는 뜻입니다.

영업외비용이 많이 발생하는 회사라면 그냥 쳐다보지 않는 게 낫습니다.

4분기에만 발생하는 비용

앞서 9장에서 일회성 손실이라고 부르는 다회성 손실에 대해 말씀드린 바 있습니다. 택배 파손, 프로모션 제공 후 대손상각 등은 일상적으로 겪는 일입니다. 회사는 이런 비용 중 일부는 한참 쌓아뒀다가 나중에 한 번에 털어버릴 수 있습니다. 이번 비용은 그냥 발생해도 신뢰가 훼손되는데, 만약 이런 비용이 매년 4분기에 집중적으로 발생한다면 이 회사는 상당히 못 믿을 회사입니다.

투자자들은 보통 1, 2, 3분기는 분기 실적을 열심히 봅니다. 그 숫자들을 통해서 올해 실적을 전망합니다. 3분기 실적이 10월에서 11월 중순경에 발표되고 나면 한 해가 거의 끝났습니다. 한 해를 마감하고 크리스마스 시즌, 연말 연초를 어찌어찌 보내고 나면 2월쯤부터 4분기 실적이 나옵니다. 이때 실적은 연간 실적으로 합산해서 발표합니다. 1~3분기 실적이 좋았다면 4분기에 비용을 왕창 때려 넣어도 '연간' 실적에는 별로 티가 안 납니다. 덧셈 뺄셈을 굳이 해보아야 4분기만의 실적을 발라낼 수 있습니다.

그렇게 발라낸 4분기 실적이 별로라고 해도, 회사는 "일회성 손실이었다" "이제는 발생하지 않는다" "4분기에 털어낸 만큼 올해는 기저가 낮다" "더 좋은 성과를 낼 수 있다" 등으로 약을 칩니다. 그때는 이미 새해가 된 다음이기 때문에, 새해를 전망하는 데 급급하지 4분기만의 실적을 가지고 왈가왈부하기에는 시간이 없습니다. 1분기가 한참 진행

중이고, 십중팔구 회사는 1분기에 대한 낙관적인 기대감을 조성합니다. 이런 일이 매번 반복되는 회사는 언제나 당해 컨센서스는 높지만 지나고 나면 결국 제자리걸음일 수 있습니다.

법인세율

현재 법인세율은 약 20~25% 수준입니다.[176] 법인세법상 소득은 회계상 순이익과 달리, 익금과 손금을 다시 모두 분류해서 산정합니다. 그러므로 회계상 순이익과 어느 정도 차이가 있을 수밖에 없습니다. 기업의 매출액이나 영업수익은 익금으로, 비용은 손금으로 다시 분류하는데, 익금/손금으로 산입되지 않는 항목들이 있습니다. 이를 익금불산입/손금불산입이라고 하는데요. 현재의 익금/손금으로 반영하지 않지만, 나중에 반영해줄 경우에는 '유보'라고 합니다. 이러한 '불산입'이 발생하면 회계상 책정한 법인세와 실제 국가에 납부하는 법인세가 달라집니다.[177] 만약 손금불산입이면서 유보가 아닌, 즉 세무상 손금으로 인정되지 않는 비용이 많은 경우 기업은 회계상 발생한 이익보다 더 많은 소득이 발생한 것으로 처리되고, 법인세가 늘어납니다.

기업의 법인세율은 '1-순이익/세전이익'으로 간단하게 계산할 수 있는데요. 만약 이 비율이 장기간에 걸쳐 정상 범위의 법인세율인 20~25% 수준을 넘어선다면, 무언가 문제가 있습니다. 손금산입이 안 되는 비용들이 많다는 건데, 말인즉슨 세법상 기업의 정상적인 영업활동에 필요한 비용으로 인정되지 않는 비용이 많다는 거죠. 물론 아닐 수도 있습니다. 이를 자세히 파고들고 싶다면 회계 전문가에게 자문을 구해야 하는데, 꽤 피곤한 일입니다.

컨센서스 트렌드

애널리스트의 추정치 평균을 컨센서스라고 합니다. 한국에서는 '에프앤가이드'에서, 글로벌로는 '블룸버그' 등에서 컨센서스를 집계합니다. 연간으로 컨센서스가 어떻게 변해왔는지를 꾸준히 추적한다면 회사와 시장이 어떤 톤으로 소통하는지를 파악할 수 있습니다. 매년 초에 전년 대비 상당한 폭의 성장을 전망하다가 하반기에 들어서 고꾸라지는 사례를 어렵지 않게 볼 수 있습니다. 시장에서 지나치게 과한 기대를 하였거나, 회사가 시장 참여자들로 하여금 낙관적인 기대감을 조성하는 데 꾸준히 성공했다는 의미죠.

이런 회사는 주가에 지나치게 신경을 쓰고 있을 가능성이 큽니다. 회사가 주가에 신경을 써야 하는 이유는 무엇일까요? 주가와 연계된 어떤 계약이 존재할 수 있습니다. 경영진 개인의 보상이면 그나마 다행이고요. 주가가 내려갈수록 주주가치가 더 희석되는 형태의 '메자닌'이 발행되어 있거나 한다면 모두가 고통스럽습니다.[178]

메자닌

메자닌은 전통적인 자본조달 구조인 주식, 채권이 아니라 전환사채, 신주인수권부사채, 영구채, 전환상환우선주 등을 지칭합니다. 복잡하게 말하면 너무 길어지니 단순하게 이야기해보자면, 메자닌은 '금융쟁이'들이 위험은 덜 무릅쓰고 이익은 많이 가져가고자 만든 신비로운 상품이라고 보시면 됩니다.

투자자는 나름의 계산으로 그들에게 유리하다고 생각하고 메자닌에 투자하고, 기업은 나름대로 그만한 사정이 있어서 메자닌 발행에 동의합니다. 메자닌은 가치 계산이 매우 복잡합니다. 비전문가가 함부로 건드릴 게 아닙니다. 전문가들도 대단히 정교한 평가법을 가지고 메자닌에 투자하지는 않습니다.

메자닌이 많이 발행된 회사를 보았다면 '세상에 공짜는 없다'라는 단순한 진리를 떠올리시기 바랍니다. 이 명제에 동의하는 사람이라면 무언가 수상쩍은 함정이 있을 거라고 감을 잡을 수 있겠지요. 회사가 메자닌을 발행했다는 건 (내부든 외부든) '재무 전문가'가 고용되어 있다는 뜻입니다. 그 재무 전문가의 역할 중 하나는 회사가 투자자로부터 비싼 가격, 낮은 비용으로 투자를 유치하는 겁니다. 그 '전문가'는 그 작업의 대가로 수수료나 급여를 받아가고요. 투자자에게 유리하고 회사에게 불리한 메자닌을 발행할 사람이 회사에 고용되지는 않겠지요. 만약 그렇다면 그 회사는 그 정도로 심각하게 위기에 처해 있다는 뜻입니다.

저는 메자닌이 발행되어 있는 회사는 그냥 피해갑니다. 사실 별다른 이유는 없고 계산하기 귀찮거든요. 메자닌이 발행되어 있으면 기업의 가치에서 주주가 차지하는 몫이 얼마인지가 불명확합니다. 다시 말해, 사업을 아무리 분석하더라도 거기에서 주주의 몫을 계산하는 데에 추가로 노력이 들어간다는 말이지요. 자본 구성은 그만큼 중요합니다.

자본 구성

9장의 재무제표 분석에서 가장 먼저 언급한 지표가 자본 구성입니다. 회사가 설립 시점에 딱 한 번 투자자로부터 자금을 유치하고 그 후에는 이익잉여금으로 꾸준히 성장하는 게 이상적인 모습입니다('재무전문가'는 적절히 차입을 하는 게 더 이상적이라고 하겠지만요). 자본잉여금은 기업이 돈이 필요할 때마다 자본시장에 손을 벌려서 돈을 당겨올 때 찍히는 계정입니다. 자본잉여금이 자기자본에서 차지하는 비율이 높으면 그냥 거르는 게 낫습니다. 기업이 고객을 상대로 돈을 벌지 않고 투자자를 상대로 돈을 벌어서야 되겠습니까.

증자 시기와 주가

그런 의미에서 증자 이력을 살펴보는 것은 아주 간단하게 회사의 신뢰성을 확인할 수 있는 방안입니다. 특히, 증자 시점에 주가가 어떠했는지를 살펴보면 꽤 흥미로운 그림을 발견하기도 합니다. 주가가 갑자기 치솟고, 그때마다 유상증자를 하고, 이후에는 주가가 하락하기를 반복했다면 매우 의심스럽습니다. 주가가 이유 없이 치솟는 일이야 시장에서 자주 있지만, 그때를 기존 주주의 지분율 희석을 감수하면서 자금 확보의 기회로 삼는다면 썩 좋아 보이지 않습니다. 물론 회사는 '주가가 높을 때 증자를 해야 기존 주주의 지분율 희석을 최소화할 수 있다'고 주장하겠지요. 애초에 증자를 할 상황이 안 되었어야 더 좋지 않겠습니까. 회사가 장기적으로 뛰어난 성과를 낼 자신이 있다면 다른 수많은 자금조달 방식 중에서 왜 유상증자를 택합니까.

낮은 부채비율, 높은 자기자본이익률

워런 버핏은 1986년 12월 22일에 월스트리트저널에 '회사 팔 사람 연락해주세요'라는 광고를 냅니다.[179] 역시 버핏답다는 생각이 드는데요. 이 기고문에서 그는 본인이 원하는 회사의 조건을 딱 4가지로 제시합니다. '1) 적어도 1,000만 달러 이상의 세후 수익, 2) 단순한 비지니스, 3) 탄탄한 경영진, 4) 높은 자기자본이익률과 낮은 부채비율'이 그 조건입니다.

1), 2)는 투자자로서의 버핏이 이해할 수 있어야 한다는 조건입니다. 그 정도로 사업 내용이 단순하며, 다수의 고객이 회사의 제품을 선택함으로써 어느 정도 검증해준 회사여야 합니다. 3)은 그 사업을 일구어낸 경영진이 어떤 사람들인가 하는 것이겠고요. 4)는 약간 결이 달라 보입니다. 자기자본이익률과 부채비율은 그냥 재무제표 분석에 쓰이는 지표들이지 않나요?

지금까지의 논의를 쭉 잘 따라온 분들이라면 이 두 지표가 정말 핵심 지표라는 걸 잘 아실 수 있을 겁니다. '지속가능한 높은 ROE'는 사업

분석의 핵심 귀결점입니다. 그런데 높은 ROE는 단순히 부채비율을 높이는 것만으로도 일부 달성할 수 있습니다. 버핏은 그런 식으로 달성한 ROE가 아니라, 진정 훌륭한 사업 역량을 통해 달성한 ROE만을 인정하겠다고 한 거죠. 버핏의 투자법에 대한 탁월한 해설서를 쓴 로버트 해그스트롬은 "훌륭한 기업이라면 부채를 끌어다 쓰는 레버리지의 도움 없이 높은 ROE 올릴 수 있어야 하며, 높은 ROE를 올리기 위하여 부채에 의존하는 기업들은 의심의 눈초리로 보아야 한다"고 하였습니다.[180]

앞서 9장의 사업 분석에서 ROIC가 이론적으로는 기업의 효율성을 나타내는 가장 좋은 지표라고 말씀드렸습니다. 그러나 IC(투하자본)가 정확히 얼마인지 알 수 없기 때문에, 알 필요가 없는 회사를 선택하는 게 중요하다고도 했습니다. 부채비율이 낮으면서 ROE가 높은 회사라면, 총자산에서 얼마만큼이 투하자본이고 얼마만큼이 잉여자본인지 구분할 필요성이 줄어듭니다. 이 장의 신뢰성 테스트를 통과한 회사라면 더더욱이요.

1분 연습

위에서 언급한 요소들을 가지고 처음 보는 회사를 짧은 시간에 믿을 만한지 아닌지 평가할 수 있습니다. 일단 재무제표를 요약해서 제공하는 사이트로 들어갑니다. 저는 에프엔가이드의 컴퍼니 가이드(http://comp.fnguide.com)를 선호합니다. 기본 탭인 'Snapshot'과 세 번째 탭인 '재무제표' 탭을 오가며 다음 사항을 확인합니다.

1) 연간 ROE가 꾸준하고 높은지 확인한다. 10% 이상이면 기본은 하고, 15% 이상이면 좋고, 20% 이상이면 훌륭하다. 30% 이상이면 지속가능하지 않다고 보는 게 낫다.
2) ROA도 ROE와 유사한지 확인한다. 7% 이상이면 괜찮고, 10% 이상이면 좋고, 15% 이상이면 훌륭하다. ROE가 높은데 ROA가 낮으면 부채가 과도하거나 영업 외에서 무언가 이상이 있다는 뜻이다(금융 회사는 예외[181]).
3) 재무상태표에서 현금, 매출채권, 무형자산, 자본잉여금과 이익잉여금의 비율을 확인한다. 현금이 0에 가깝거나, 매출채권이 연간으로 등락이 심하거나 최근에 급증했거나, 무형자산이 자산의 대부분이거나, 자본잉여금이 자기자본의 대부분이면 위험하다.
4) 무형자산상각, 재고자산상각, 매출채권상각, 금융비용 등 영업외 비용/일회성 비용을 확인한다. 가끔 한 번이면 그러려니 하지만, 매 분기 꾸준히 혹은 4분기마다 꾸준히 발생하면 못 믿을 회사다.
5) 배당을 하는가. 단돈 10원이라도 배당을 하면 최소한의 믿음은 줄 수 있다. 배당을 전혀 하지 않는다고 나쁜 회사는 아니니다. 다만 다른 측면에서 더 많은 믿음이 필요하다.

여기까지 대충 1분 정도 걸립니다. 이 테스트를 통과한 회사라면 멀쩡하게 사업다운 사업을 하는 회사라고 믿어볼 만합니다. 물론 여기서 탈락하더라도 분석할 가치가 있는 회사는 많습니다. 일단 이런 짧은 테스트를 통해서 회사의 진정성을 파악하고 본격적인 분석에 들어가서 어떤 항목에 주의해야 하는지 감을 잡을 수 있습니다.

경영진의 깊이

포커에서는 '텔'이라는 용어가 있습니다. 플레이어가 갖고 있는 패에 대한 단서를 제공하는 행동이나 태도를 말합니다. 베팅의 강도, 말, 시선, 손 떨림, 몸의 각도 등 플레이어의 몸에서 나오는 모든 움직임이 단서가 될 수 있습니다.

프로 포커 선수가 된 심리학자 마리아 코니코바는 저서 《블러프》에서 '텔'이라는 용어를 싫어한다고 했습니다. 그 용어는 마치, 몇 가지 근거를 찾아내면 바로 상대의 마음을 읽을 수 있다는 오해를 준다고 합니다. "정보를 제공하는 것은 하나의 제스처, 떨림, 행위가 아니라 전체적으로 반복되는 패턴과 행동"입니다.[182]

경영진에 대한 이야기를 하다 보면 '사람을 어떻게 믿을 수 있나', '경영진의 신뢰성을 확인하는 법을 알려달라' 등의 질문이 나옵니다. 신뢰라는 건 특정한 한두 가지의 신호로 확인되는 것이 아니라 오랜 시간을 두고 관찰했을 때 반복되는 패턴과 행동으로 '쌓여나가는' 것입니다. 앞에서 제가 예시로 든 사안들은 제가 나름 오랜 기간 투자를 하면서 '결국 뒤통수를 치는 기업들'의 패턴들, 그리고 '믿음직하게 사업을 하는 기업들'이 숫자상으로 보여주는 양상들을 모아놓은 것입니다.

저기서 한두 가지가 들어맞는다거나 한두 가지가 부족하다 하여 '못 믿을 회사', 혹은 '믿어도 될 회사'라고 단정짓지 마시기 바랍니다. 믿음이란 각자가 부여하는 것이고, 계속 부딪히고 깨져가면서 '믿을 수 있는 회사'에 대한 기준을 각자가 쌓아나가야 합니다.

한편, '사람이 아니라 시스템을 믿으면 되는가'라고 질문할 수도 있습니다. 좋은 질문입니다. 사람이 특정 행동을 하게끔 장려하고 특정 행동을 하지 못하게 제약하는 시스템이 공고히 유지된다면 그 조직의 향방도 어느 정도 가늠해볼 수 있겠지요. 사람과 시스템은 서로 계속 영향을 미칩니다. 한쪽 방향으로만 작동하는 게 아니라는 거죠. 버핏은 윈스턴 처칠의 다음 말을 인용했습니다. "우리가 집을 만들고 나면 이제는 집이 우리를 만든다."[183]

문제는 그 시스템을 만들어내는 것이 누군가 하는 점입니다. 단 한두 사람이 만들어내는 시스템이라면 그 사람의 사정에 따라 시스템도 바뀔 수 있습니다. 한두 사람이 만들어낸 시스템이 아니라 다수의 경영진이 참여하여 시스템에 기여한다면 이 시스템의 지속가능성이 더 높다고 기대할 수 있습니다.

필립 피셔의 15가지 조건 중 9번은 '두터운 경영진이 있는가'입니다.[184] 경영진의 깊이depth to its management라는 표현을 저는 참 좋아하는데요. 한 명의 최고경영자가 모든 권한을 쥐고 흔드는 게 아니라, 권한이 넓게 분포되어 어느 한 사람이 최고 의사결정부터 세부사항까지를 마음대로 할 수 없다면 '경영진이 두텁다'고 합니다.[185]

스티브 잡스 생전의 애플과 사후의 애플을 비교해보는 건 늘 흥미로운 주제입니다. 알려진 대로라면 잡스 생전의 애플에서는 잡스에게 아주 많은 권한이 집중되어 있었는데요. 잡스 사후 팀 쿡 체제에서는 여러 의사결정권자가 의견을 주고받는다고 알려져 있습니다. 당장 키노트만 보더라도 과거에는 잡스 혼자 나왔지만 지금은 다양한 경영진이 등장합니다. 잡스는 2009년에 사망했고, 버크셔 해서웨이는 2016년에 애플에 투자했습니다.

버핏은 2013년까지만 하더라도 애플이 아무리 재무적으로 훌륭한 성과를 내더라도 철도 회사 BNSF만큼의 확신을 가질 수 없다고 하였습니다.[186] 버핏은 2016년에 애플이 '마이너스 운전자본'을 필요로 한다는 것을 깨달았고,[187] 2017년에는 "애플은 소비재 회사"라고 하였습니다.[188]

따라서 버크셔가 애플에 투자한 이유는 이해할 수 있는 소비재 회사로 변모하였고 막대한 현금흐름을 주주환원에 활용하기 때문이라고 추측할 수 있는데요. 애플이 이런 모습이 된 건 팀 쿡 체제에서입니다. 애플은 잡스 사후 '두터운 경영진 체제'로 전환되었고, 그 두터운 경영진이 내놓은 결과가 버핏의 마음에 쏙 드는 모습이었으니, 투자하지 않을 수 없었으리라 생각합니다.

버핏은 2007년 주주서한에서 이렇게 이야기했습니다. "슈퍼스타가 있어야만 훌륭한 성과를 낼 수 있는 사업이라면 훌륭한 사업이라고 평가할 수 없습니다. 지역에서 가장 뛰어난 의사가 주도하는 의료 사업은 사업이 빠르게 성장하고 많은 이익을 낼 수 있겠지만, 사업의 미래에 대해서는 거의 아무것도 이야기할 수 없습니다. 그 의사가 사라지면 사업의 해자도 사라지니까요."[189]

경제적 해자의 유형에 대해서 잘 정리한 팻 도시의 《경제적 해자》라는 책에서도 '슈퍼스타 CEO'는 환상이라고 이야기합니다.[190] 유명한 CEO가 회사에 영입된다고 해서 나쁜 비즈니스를 좋게 바꾸기는 상당히 어렵습니다.

그러므로 경영진에 대한 판단이 곧 사람에 대한 판단을 의미하지 않습니다. 간혹 특정 한 명의 CEO가 회사를 좌지우지하는 경우가 있지만, 이는 그 자체로 회사에 대한 감점 요인이 됩니다. '사람을 믿어야 한다'는 허들이 생기니까요. '두터운 경영진'이 '나쁜 일'을 하지 않고, '믿을 수 있는 재무제표'를 만들어주고, '훌륭한 경제적 해자'를 갖춰 나가고 있다면, 그 사업의 미래는 꽤 낙관해도 될 것입니다. 거꾸로 말해, 이런 경영진을 신뢰할 수 없다면 도대체 주식에 어떻게 투자할 수 있는 걸까요?

주주환원에 대하여

경영진이 주주에게 짊어지는 최종 의무인 주주환원을 이야기하고 이 장을 마치도록 하겠습니다. 기업은 매년 결산을 하고 나서 남은 돈을 어떻게 처분할지 결정해야 합니다. 미래의 성장을 위해서 회사에 남겨두는 몫을 '사내유보'라고 하고, 나머지를 주주에게 돌려주는 과정을 '주주환원'이라고 합니다.

이익을 사내에 남겨두는 건 주주에게 당장 돌려주는 것보다 미래에 더 큰 이익을 줄 수 있을 거라는 믿음이 있어야 정당화됩니다. 필립 피셔는 단지 사업의 불확실성에 대비하기 위해서 불필요한 유동자산을 회사에 쌓아두는 행위를 "마땅히 주주들에게 돌아가야 할 재산을 돌려주지 않고 자신의 안전판으로 사용하는" 행위라고 하였습니다. 또한 "더욱 심각한 경우"로 "이미 투하한 자본에 대해 정상적인 기업 평균치 이하의 수익률밖에 올리지 못하"면서도 "유보한 순이익을 더 나은 곳에 쓰지 못하고 기껏해야 비생산적인 사업 부문을 확장하는 데 사용"하는 상황을 지적했습니다.[191]

한국은 코로나19 사태 이후 개인투자자가 급증하면서 제대로 된 주주환원을 요구하는 목소리도 커져가고 있습니다. 자본시장의 건전화를 위해서 매우 다행스러운 일입니다.

대표적인 주주환원 방법은 배당입니다. 배당에는 이중과세의 문제가 있다는 점은 9장에서 말씀드렸습니다. 또 다른 방법으로 자사주매입소각이 있습니다. 자사주매입소각은 회사가 여유 현금으로 자기 회사 주식을 주주로부터 되사서 없애는 일입니다.

기업의 가치가 1,000억 원이고 주식이 1만 주가 발행되어 있다면 주당 가치는 1,000만 원이겠지요. 여기서 주식 2,000주를 사서 없애버리면 전체 주식은 8,000주가 되고 주당 가치는 1,250만 원이 됩니다. 주주들은 주식을 추가로 매수하지 않고도 각자의 지분율이 20%씩 증가하는 효과를 얻었습니다.

여기에는 함정이 있습니다. 자사주를 사는 자금은 회사가 가진 현금이고, 회사가 가진 현금은 회사의 가치를 형성하는 한 부분입니다. 주당 1,000만 원의 가치를 가지는 주식을 2,000주 사려면 얼마가 필요할까요? 그때그때의 시장가격에 따라 다르겠지요? 만약 가격이 내재가치를 적정하게 반영하여 딱 200억 원을 들였다면, 회사의 가치 1,000억 원 중 현금 200억 원이 사라졌으므로 가치가 800억 원으로 줄어듭니다. 주식수도 8,000주로 감소했으니 주당 가치는 1,000만 원으로, 자사주매입소각 전과 다름이 없습니다.

자사주매입소각은 주주환원을 위한 궁극적인 방법으로 인식되고 있지만, 그건 내재가치보다 싼 가격에 주식을 살 수 있을 때만 성립합니다. 주가가 내재가치보다 비쌀 때 자사주매입소각을 하면 오히려 주주가치가 파괴됩니다. 주당 내재가치가 줄어든다는 뜻입니다.

물론 사업의 내재가치가 얼마인가는 매우 주관적인 판단이고, 경영진이 자사주매입소각을 한다는 건 거꾸로 말해서 주가가 내재가치보다 싸다는 신호를 시장에 던지는 행위이기도 합니다. 그러나 "우리 회사 주식은 비쌉니다"라고 말하는 경영자를 본 적이 있나요? 경영자는 거의 언제나 자기 회사 주식이 저평가되어 있다고 주장합니다. 시도때도 없이 자사주매입을 시도하여 주가 하락을 방어하는 용도로 사용하는 경영자는 주주 중시 성향이 강한 경영자로 불리지만, 어쩌면 개인의 이익(개인이 보유한 주식이든, 스톡옵션이든, 주가에 연동된 성과급이든)을 위해서 회사의 잉여현금을 사용하는 중일지도 모릅니다. "현재 우리 회사 주식은 비싸니까 자사주매입을 하지 않겠습니다"라고 말하는 경영자가 가끔 자사주매입을 한다면 진정성이 있다고 볼 수 있겠지요. 워런 버핏이 실제로 그렇게 합니다.[192]

참고로 자사주매입과 자사주매입소각은 다릅니다. 매입한 자사주는 소각cancel하거나 자사주treasury stock로 보유할 수 있습니다. 미국은 대부분 자사주를 매입하자마자 소각합니다. 반면에 한국은 매입한 자사주를 그냥 보유합니다. 이는 나중에 현금 확보, 임직원 성과보상, 경영권 위협 시 백기사 확보 등을 이유로 다시 시장에 출회됩니다. 매입한 자사주는 소각되어야 주당가치를 올립니다. 소각되지 않은 자사주는 그냥 주식일 뿐입니다. 소각하지 않을 자사주매입은 단기 시세 흐름에만 영향을 미치는 요식행위입니다. 자사주를 쌓아두기만 하면서 주주환원을 한다고 주장하는 회사는 진실되지 못합니다.[193] 저는 시가총액을 계산할 때 반드시 자사주를 포함시킵니다.

배당은 이중과세가 되고 자사주매입은 주가가 쌀 때만 유의미하다면 주주환원은 어떻게 하라는 말인가요? 사실 가장 좋은 방법은 주주가 알아서 양도소득세를 가장 적게 낼 수 있는 형태로 매년 조금씩 주식을 파는 것입니다. 필요한 만큼 주식을 매도하여 생활비로 쓰는 방식을 켄 피셔는 '자가배당homemade dividend 전략'이라고 부릅니다.[194]

상장주식의 가장 큰 장점이 무엇입니까? 원하는 때에 주식을 팔 수 있다는 것 아닙니까. 주식만 하는 사람들은 별로 느끼지 못하지만, 부동산, 채권, 비상장주식, 미술품 등 대체자산을 거래하는 사람들의 기준에서는 언제든 '엑시트'를 할 수 있다는 건 엄청난 장점입니다. 상장회사의 주주는 본인의 상황에 맞게 세금을 고려하여 자기만의 주주환원 비율을 정할 수 있습니다. 기업은 내재가치를 성장시키는 데에만 집중하면 됩니다.

주주환원의 가장 큰 문제는 기업이 복리로 기업가치를 늘려갈 재원을 외부로 유출시킨다는 것입니다. 기업가치를 늘려갈 방법이 없을 때에야 당연히 회사에 잉여자금을 억지로 유보하는 것보다는 주주환원을 하는 게 낫습니다. 그런데 더 이상 자체적으로 가치를 성장시킬 방법이 없는 회사에 굳이 투자할 이유가 있나요? 기업이 창출하는 현금흐름이 너무나 좋은 반면 주가는 싸서, 이중과세를 감안하고도 배당수익률이 상당히 좋다면 그럴 수도 있겠지요(혹은 애플처럼, 기업이 창출하는 현금흐름이 너무나 좋아서 성장에 필요한 비용을 다 쓰고도 현금이 남아돌아서 주주환원을 하는 경우는 논외입니다).

필립 피셔는 《위대한 기업에 투자하라》 7장 '배당금을 둘러싼 소란'에서 이 점을 지적하였습니다. 투자자가 여유 자금으로 투자하는 중이라면 배당금을 받아 봤자 새로이 어딘가에 투자할 텐데, 이 과정에서 배당세와 거래비용을 추가로 물게 됩니다. 이보다는 차라리 회사가 자체적으로 신사업에 투자하여 꾸준히 성장하는 게 낫습니다.

결국 궁극적인 주주환원은 다름아닌 기업가치의 성장입니다. 기업분석, 가치평가, 경영진, 주주환원 등 투자자가 분석해야 할 모든 요인들이 '기업가치의 성장'이라는 하나의 요소로 귀결되었습니다. 이제 필립 피셔를 이야기할 준비가 되었습니다.

필립 피셔는 기업가치의 성장에 오롯이 집중하여 큰 성과를 낸 투자자입니다. 그의 스타일만 익혀도 우리는 평생 투자하는 데 부족함이 없을 것입니다. 이제, 만나러 갑시다.

12 피셔, 한 가지 발차기

> "만 가지 발차기를 한 번씩 연습한 사람은 무섭지 않다.
> 한 가지 발차기를 만 번 연습한 사람이 무섭다."
> _이소룡[195]

필립 피셔는 위대한 투자자입니다. 그레이엄은 《현명한 투자자》를 출간하여 워런 버핏을 비롯한 수많은 투자자에게 영감을 주었습니다. 그러나 그가 책에서 설명한 투자법과 실제로 그가 사용한 기법은 꽤 괴리가 있습니다. 버핏조차도 전문가가 아닌 사람이 그레이엄의 방법을 따라 하는 건 위험하다고 하였습니다. 버핏 또한 그레이엄과 마찬가지로 일반인은 도저히 따라 할 수 없는 형태의 투자로 부를 쌓았습니다. 그 두 사람으로부터 투자로 돈을 벌 수 있는 핵심 사고 체계를 배울 수는 있으나, 우리가 실제 투자에 응용하자면 상당한 훈련이 필요합니다. 그런 면에서 피터 린치는 우리가 따라 할 수 있는 여러 방안을 알기 쉽게 제시하였다는 점에서 친근한 영웅이라고 할 수 있습니다.

필립 피셔는 미래의 성장에 기반한 투자 방법론을 정립했다는 점에서 현세대 많은 투자자의 지적 토대를 쌓았다고 할 수 있습니다. 이러한 '현세대 투자자'에는 워런 버핏도 포함됩니다. 버핏은 비록 피셔보다 그레이엄과 멍거의 영향을 더 많이 받았다고 이야기하지만, 정작 그 찰리 멍거야말로 필립 피셔의 '전도사'로 보일 정도로 피셔의 사고 체계에 푹 빠져 있었습니다.[196] 멍거와의 지적 교류 덕분에 현재의 버핏이 있을 수 있다는 점을 생각하면 버핏에게 피셔가 미친 실제 영향은 알려진 것보다 훨씬 클 것입니다.[197]

무엇보다 필립 피셔는 그의 책《위대한 기업에 투자하라》를 통해 어떻게 투자로 돈을 벌 수 있는가에 대한 깊이 있고 실용적인 접근법을 제시했습니다. 그는 1957년에 펴낸 이 책으로 전국구 스타가 되었습니다. 아들 켄 피셔의 언급에 따르자면 벤저민 그레이엄에 맞먹는 유명세였으며, 특히 서부에서는 투자 업계의 최고인사로 대접받았다고 합니다.[198] 피셔 또한 전문투자자로서 일반투자자보다 정보 접근성이 뛰어나긴 했지만, 일반투자자라도 활용할 수 있는 형태의 투자법을 전달하려고 고심한 흔적이 역력합니다.

모닝스타는 그를 '전 시대에 걸쳐 가장 위대한 투자자 중 한 사람one of the great investors of all time'이라고 평했습니다. 그는 총 네 권의 책을 썼는데, 처음 두 권(《위대한 기업에 투자하라》(1957)[199]와 《최고의 투자》(1960)[200])을 워런 버핏은《현명한 투자자》와 같은 반열에 올릴 정도로 높게 평가했습니다.[201] 물론 다른 두 권의 책(《보수적인 투자자는 마음이 편하다》(1975), 《나의 투자 철학》(1980))도 훌륭합니다.[202]

저는 전 직장 입사 면접 때 이런 질문을 받았었습니다. "본인의 투자 스타일을 벤저민 그레이엄, 워런 버핏, 피터 린치와 비교한다면 누구에 가장 가까운가요?" 이 질문에 저는 "필립 피셔와 가장 가깝습니다"라고 대답했습니다.[203] 다행히도 떨어지지 않았습니다.

필립 피셔는 저에게 가장 강하게 영향을 미친 정신적 스승입니다. 저도 직업 투자자로서 다양한 종류의 투자법을 연구하고 실전에 접목해보았지만, 피셔로부터 배운 방식은 언제든 기댈 수 있는, 모든 스타일 중에서 가장 핵심이 되면서도 가장 좋은 성과를 보여준 방식입니다.

피셔의 투자법은 종종 '성장주 장기투자'로 불립니다. 물론 맞습니다. 그러나 크게 성장한 기업에 장기간 미리부터 투자해놓으면 돈을 벌 수 있다는 건 누가 모를까요. 피셔의 투자법은 단순히 고성장 기업을 오래 붙들고 있으라는 게 아닙니다. 고성장 기업은 늘 시장의 주목을 받고 높은 프리미엄에 거래됩니다. 조금이라도 성장 징후가 꺾이면 주가는 급락합니다. 저도 한때 피셔의 방식을 잘못 이해하여 고생한 경험이 있습니다.

피셔의 투자법은 기업이 장기간 성장할 것으로 현시점에서 믿을 수 있는 근거가 무엇인지, 기업이 장기간 성장을 만들어내는 핵심 동인이 무엇인지, 그리고 그 동인을 유지할 수 있는 근원적인 힘은 무엇인지를 끝까지 파고든 후에야 알 수 있습니다.

예전부터 제가 이해한 이 방법에 대해서 여러 채널에서 설명하고자 시도했지만 대부분 실패했습니다. 피셔의 방식을 이해하려면 기업을 어떻게 분석하는지, 가치란 무엇인지, 경영진은 그 둘 사이에서 어떻게 기여하는지부터 이해해야 합니다. 그래서 앞의 9장, 10장, 11장에 걸친 긴 시간의 빌드업이 필요했습니다.

이제 이야기를 시작해보겠습니다.

"저는 굳이 말하자면 100% 벤 그레이엄, 100% 필립 피셔라고 할 수 있습니다. 벤 그레이엄과 필립 피셔는 모순되지 않습니다. 강조점이 다를 뿐입니다." _워런 버핏[204]

"좋은 주식을 찾기도, 좋은 투자 기회를 찾기도 어렵습니다. 그 희귀한 기회를 발견하여 집중하라는 아이디어는 당연히 좋은 아이디어입니다. 그리고 실제로 좋은 성과를 냈습니다. 하지만 아직까지도 98%의 투자자들은 그렇게 하지 않고 있습니다. 그건 우리에게 좋은 일입니다. 여러분에게도 좋은 일이겠지요." _찰리 멍거[205]

성장주 집중투자

필립 피셔는 1907년 9월 8일에 샌프란시스코에서 태어났습니다.[206] 1928년에 스탠포드 경영대학원을 다니던 중, 은행에서 증권분석가로 커리어를 시작했습니다.[207] 1929년 8월에 쓴 보고서에서 '지난 25년 이래 최악의 약세장이 6개월 이내에 시작될 것'이라고 경고하는 엄청난 통찰력을 보였습니다.[208] 그러나 20대 초반의 그는 아직 미숙했던지, 현금을 보유하거나 공매도를 하는 대신, 시장의 하락에도 버틸 수 있을 것 같은 '안전한' 종목을 매수했고, 폭락을 함께 맞았습니다. 1930년 1월에는 증권분석 부서의 장이 되었다가 증권사로 옮겼습니다. 그러나 그곳도 대공황의 여파를 이기지 못하고 파산했습니다. 1931년에 '피셔 앤 컴퍼니'라는 회사를 세우고 평생 그 회사를 운영했습니다(중간에 전쟁이 나서 군대도 갔다 왔습니다). 사업을 확대하기보다는 철저히 고객을 가려 받았고, 1999년 91세의 나이로 은퇴하기까지 그 고객들에게 어마어마한 부를 쌓아주었습니다. 평생 10여 명의 고객만을 관리했고,[209] 보유 기업도 몇 개로 한정되었습니다.[210]

그 기업들이란 텍사스 인스트루먼트, 듀폰, 다우 케미칼, 모토로라, 레이켐,[211] 암펙스 등 한 시대를 풍미한 성장 기업들입니다. 1940~1950년대 석유화학은 신비로운 마법의 기술로 여겨지면서 지금의 인공지능 정도의 자리에 있었습니다. 1948년 트랜지스터가 발명되면서 그 자리는 전기전자 분야가 이어받았습니다. 필립 피셔는 신기술을 끊임없이 공부하며 새로운 미래를 만들어나가는 회사에 투자하였습니다. 피셔가 투자한 회사들은 혁신적인 기술을 만들어내면서 끝없이 성장하거나, 그러한 혁신적인 기술을 빠르게 채택한 신제품을 내놓으면서 고속 성장을 구가하는 기업들이었습니다. 지금으로 치자면 아마존, 테슬라, 엔비디아, AMD, ARM, 에픽게임즈 같은 회사들이 되겠죠.

이런 점에서 워런 버핏과는 많이 달랐습니다. 버핏은 이해할 수 있는 범위 내의 기업에 투자하기를 좋아했고, 단순한 사업구조, 투자자가 직접 눈으로 제품을 볼 수 있는 소비재 기업에 주로 투자하였습니다. 피셔는 버핏이 선호하는 '판매가격 인상으로 이익을 늘리는 행위'를 그다지 좋게 보지 않았습니다. 그보다는 공정 개선과 혁신적인 신제품으로 이익을 늘려나가는 회사를 선호했습니다.[212] 버핏은 신기술을 싫어했지만,[213] 피셔는 최선을 다해 새로운 기술을 공부하고 미래의 기술이 어떻게 펼쳐질지 예측하고자 했습니다. 일례로 그는 1957년에 진공관 TV가 사라지고 새로운 형태의 TV가 등장할 것으로 예측했습니다.[214] (평판 디스플레이 TV의 시초격인 PDP TV는 1927년에 벨 시스템이 작동 가능성을 증명했고, 1971년에 최초로 생산되었습니다.[215])

필립 피셔는 펀드를 운용한 게 아니라 투자자문을 했기 때문에 전체 수익률 수치는 존재하지 않습니다. 전해지는 몇 가지 사례만 보자면 다음과 같습니다. 1957년 투자한 모토로라는 1996년 2,000배가 되었습니다.[216] 1956년에 반도체 기업 텍사스 인스트루먼트에 투자했고, 30

년간 대략 100배를 벌었습니다.[217] 사업 초창기였던 1932년에는 푸드 머시너리 코러페이션에 투자하여 50배의 차익을 남겼습니다.[218] 이 외에도 다우 케미칼(1947), 레이켐(1970) 등 또한 장기간에 걸쳐 어마어마한 성과를 냈습니다.

성공한 사례만 이야기하는 것 아닌가 하는 비판을 피해갈 수는 없겠습니다. 반론을 제기하자면, 실패한 사례를 감안하고도 피셔는 성공적인 투자자였을 가능성이 큽니다. 피셔는 몇 개 종목에 집중투자하였는데요. 모토로라의 25년간 2,000배 수익률은 연환산 35.5%입니다. 만약 포트폴리오 10개 종목 중 하나로 모토로라를 10% 보유했고, 다른 종목이 모두 망해서 0원이 되었다고 해도 포트폴리오 전체의 수익률은 연환산 23.6%가 됩니다. 앞서 1권 8장 피터 린치에서 10루타의 중요성을 다루면서 언급한 내용과 궤를 같이 합니다. 피셔는 10루타를 넘어서 100루타, 1,000루타를 깔고 가는 사람이었기 때문에, 고심 끝에 고른 한두 종목이 제대로 된 성과를 내기만 하면 다른 모든 종목에서 실패하더라도 훌륭한 성과를 거두는 스타일의 투자를 하였습니다. 그리고 그는 실제로 성공했습니다.

한편 최초 투자 시점을 기준으로 주가 상승률을 수익률로 간주할 경우 수익률을 과대평가하게 된다는 점에는 주의해야 합니다. 피셔는 분할 매수를 강조하기 때문에 처음에 모든 금액을 투자했을 가능성은 작습니다.[219] 그러므로 그를 무작정 찬양하기보다는 논리적 정합성을 따져서 '옳은 이야기'를 나의 사고 체계에 채워 넣는 쪽으로 접근해야 합니다.

투자 스타일이란 1) 어떤 주식을 살 것인가, 2) 어떻게 찾아낼 것인가, 3) 어떻게 사고팔 것인가로 구성된다고 할 수 있겠습니다. 필립 피셔의 《위대한 기업에 투자하라》는 친절하게도 그 순서대로 서술해놓았습니다. 정리해보자면 다음과 같습니다.

• 장기적인 성장 가능성은 무한하다

변화하는 세상에서 세상의 변화를 이끌어내며 돈을 버는 회사는 생각보다 훨씬 더 많은 돈을 벌 수 있다. 특히 기업의 수명은 한정되어 있지 않기 때문에, 뛰어난 기업이라면 그 성장 한계를 함부로 재단할 수 없다. 장기적으로 성장하는 기업에 동행하는 것이 투자자로서 가장 크게 돈을 벌 수 있는 길이다.

• 진정 훌륭한 회사는 훌륭한 경영진과 임직원이 있는 회사다

단기적인 성장 전망보다 중요한 것은 어떤 사람들이 어떤 마음으로 일하고 있는지이다. 회사는 결국 사람이 만들어낸다. 훌륭한 연구개발과 생산, 영업의 결과로 훌륭한 제품이 고객에게 전달된다. 이 활동을 수행하는 훌륭한 직원들이 열심히 일할 수 있는 환경을 조성하는 사람은 경영진이다. 회사와 관련 있는 사람들을 최대한 많이 만나보고, 경쟁사들이 두려워하고 존경하는 회사를 찾아내라. 철저히 분석하여 훌륭한 회사를 발견하면 집중투자하라.

• **최적의 타이밍이 드물게 존재한다**

적절한 타이밍이란 대부분 허상이므로 훌륭한 회사를 발견하는 즉시 사고, 훌륭한 요소가 사라지기 전까지는 웬만하면 팔지 않는 게 좋다. 그렇지만 투자자들이 단기 성과에 매달리고 거시경제 분석에 너무 많은 신경을 쓰기 때문에 간혹 이례적으로 싼 값에 살 수 있는 타이밍이 존재한다.

이 사항들은 아주 훌륭한 조언이지만, 단편적으로 받아들이다 보면 함정에 빠질 수 있습니다. 막연히 성장 성장을 외치다가 무너지는 투자자들이 얼마나 많습니까. "좋은 회사와 좋은 주식은 다르다"는 격언은 늘 명심해야 합니다. 필립 피셔가 이야기하는 '위대한 회사'는 일반적인 좋은 회사와 무엇이 다를까요? 위대한 회사에 투자하는 것이 왜 훌륭한 수익률을 가져다줄까요? 하나씩 살펴봅시다.

레슨 1. 기업의 성장은 무한하다

필립 피셔는《위대한 기업에 투자하라》6장에서 주식에 투자하는 행위를 이렇게 비유했습니다. 대학을 졸업하는 한 친구가 당신에게 이런 제안을 했습니다.

“신입 초봉의 10배를 지금 나에게 주면, 앞으로 내가 평생 벌 돈의 25%를 자네에게 주겠네.”

어떤 기준으로 이 제안에 응할지 말지를 결정할까요?

첫 번째는 이익과 손실의 폭입니다. 1권 8장 ‘레슨 2’에서 이익과 손실의 비대칭성을 말씀드린 바 있습니다. 이 친구가 완전히 실패했을 때 제가 잃는 돈은 처음에 지급한 ‘초봉의 10배’가 다입니다. 이 친구가 사회에서 훌륭하게 성장하여 대기업의 임원이나 성공한 창업가, 혹은 예술가가 되어 막대한 돈을 번다면 초봉의 10배는커녕 100배도 아깝지 않은 금액을 돌려받을 수 있을 것입니다.

두 번째는 성공 확률입니다. 그런데 평생에 걸친 성공 확률이란, 당장 어떤 좋은 자리에 취업해서 초봉이 얼마이고 내년의 인상폭이 얼마일지가 아니겠지요. 그보다는 이 친구가 어떤 남다른 능력을 갖고 있는지, 난관에 부딪혔을 때 어떻게 극복해냈고 무엇을 배웠는지, 친구들과의 약속을 지키는 진실한 사람인지 등을 따질 것입니다.

주식투자도 이와 같습니다. 손실폭은 100%로 제한되어 있고 이익폭은 무한합니다. 기업이 장기간에 걸쳐 벌어들일 이익이 나의 수익을 결정짓는다면, 당장의 매크로 환경이나 전년 대비 성장률보다는 기업의 임직원이 사업을 대하는 태도와 주주를 대하는 태도가 훨씬 중요한 분석 대상입니다.

이 비유에는 어떤 한계가 있을까요? 사람의 수명은 유한합니다. 아무리 높은 소득을 올리더라도 언젠가는 소득이 끝납니다. 그 전에 소득이 피크를 찍고 내려올 가능성도 큽니다. 반면에 기업은 어떤가요? 기업은 살아 움직이는 유기체이며, 기업을 이끄는 사람들이 계속 바뀌어 가면서 영생할 수 있습니다. 다시 말해, 훌륭한 기업의 잠재적인 성장 폭은 거의 무한합니다.

엄밀히 말해 실제로 무한에 가까운 성장을 이뤄내는 기업은 없겠지요. 그러나 훌륭한 경영진이 훌륭한 태도로 사업을 하고 있다면 현재 벌어들이는 매출액이나 이익, 현재 참여하고 있는 산업의 규모와 같은 잣대로 기업이 '평생 벌어들일 돈'에 한계를 씌우는 일은 상당히 위험합니다. 피셔는 "인간의 욕망은 무한하고 시장은 무궁무진한 바로 지금과 같은 시대에 기업의 성장은 인간의 수명과 같은 한계를 갖지 않고 있다"고 했습니다.[220]

장기적으로 크게 성장할 기업을 잘 골라내서 장기간 그 성장을 함께 향유할 수 있다면, 그 투자자가 누릴 수익은 다른 어떤 투자보다 뛰어납니다. 피셔는 소위 말하는 '자산가치 대비 저평가된 주식'에 투자하는 방식을 예로 들면서, "이런 방식이 성공한다 하더라도 수익을 올리기까지는 몇 년가량 상당히 오랜 기간이 걸리고, 그 수익의 폭은 탁월한 성장 기업에 투자해서 얻을 수 있는 수익에 비하면 매우 적다"고 했습니다. "성장주 투자에 실패하여 손실을 입은 경우를 감안하더라도" 말입니다.[221]

소위 '적정가격' 대비 50% 저평가된 기업을 사서 '적정가격'까지 도달하여 모든 잠재 수익을 뽑아낸다 하더라도 수익률은 100%에 불과합니다. 훌륭한 기업은 10배, 100배 이상 성장할 수도 있는 반면, 실패했을 때의 최대 손실은 100%, 즉 1배일 뿐입니다.

그리고 '자산가치 대비 저평가' 주식은 수익률의 캡이 씌워져 있기 때문에 수익 실현에 시간이 오래 걸릴수록 불리한, 시간이 내 편이 아닌 투자법입니다. 반면에 기업의 성장과 함께하는 방법은 주가가 오르지 않은 채 시간이 지나면 잠재 수익의 폭이 계속 더 커지기 때문에 시간이 내 편인 투자법입니다. 그리고 그렇게 잠재 수익의 폭이 계속 커지기 때문에, '언젠가' 가격이 가치를 반영해줄 '가능성'도 전자의 방법보다 높습니다. 이는 1권 6장의 '오해 2. 가격은 가치에 수렴한다'에서 상세히 말씀드렸습니다.

그렇지만 사실 굳이 이렇게 말할 필요가 없을 정도로 사람들은 성장에 열광합니다. 오히려 성장주 투자의 위험성에 대해서 길게 말씀드리는 게 더 유익합니다. 사람들은 '성장주 투자'를 좋아하면서도 왜 필립 피셔와 같은 성과를 내기는 어려운 걸까요? 다시 말해, 필립 피셔의 방법이 아직 작동하는 이유는 무엇일까요?

매크로에 대한 두려움

기업에 대해서 아무리 좋은 전망을 갖고 있다 하더라도 매크로에 대한 두려움 때문에 이른 시기에 주식을 팔아버리는 우를 범할 수 있습니다. 그리고 그런 우를 범하는 사람이 많기 때문에 주가가 '저평가'될 수도 있습니다.

매크로란 여러 의미를 가지는데요. 여기서는 경기 침체와 시장의 전반적인 약세를 모두 포괄하는 의미로 사용하겠습니다.

경기가 침체되면, 혹은 불황이 오면 제아무리 잘난 기업이라 하더라도 어느 정도 타격을 입을 수밖에 없습니다(경기 침체기에 오히려 수혜를 보는 일부 업종이 있긴 합니다만). 투자자들은 이런 시기에는 잠깐 '비를 피해' 있는 게 낫지 않느냐고 생각할 수 있습니다. 충분히 자연스러운 발상이기는 한데, 두 가지 문제가 있습니다. 1) 어디로 도망갈 것인가, 2) 언제 다시 살 것인가입니다.

채권이나 금 등 소위 '안전자산'으로 도망쳐 봤자, 채권이 디폴트날 수도 있고, 금 또한 의외로 경기에 연동되어 가격이 하락할 수 있습니다. 물론 경기 침체기에 금리를 낮추고 유동성을 풀어서 경기를 부양하려 할 수 있고, 그때에는 채권이나 금 가격도 상승할 수 있습니다. 그러나 인플레이션으로 인하여 경기가 침체되는 시기라면 반대로 금리를 인상하고 유동성을 흡수해서 인플레이션을 억제하려고 할 수 있는데, 그 경우에는 채권이나 금이 오히려 타격을 입습니다.

두 번째, '언제 다시 살 것인가'는 더 큰 문제입니다. 정말 훌륭한 기업을 발견했다면 침체를 이겨내고 좋은 실적을 낼 수 있습니다. 침체 시기에 잘 버티든, 침체가 끝났을 때 더 강한 모습으로 돌아오든, 어떻게든 무언가를 해냅니다. 그렇게 실적이 좋아질 때가 오면 주가는 이미 올라있습니다. '나중에 다시 사야지'라는 생각으로 주식을 팔고 나면 더 높은 가격에 다시 살 때의 심리적 저항이 엄청납니다. 결국 수십 배 오르는 주가를 손가락만 빨고 바라보게 됩니다. "내가 저 주식을 얼마에 처음 발견했는지 알아?"와 같은 자기 위안만 남지요.

내가 팔고 난 후 주가가 하락해도 문제는 마찬가지입니다. '거봐, 역시 내가 맞았어'라면서 더 하락할 때를 기다리다가 영영 사지 못합니다. 혹은 정말로 고점에 잘 팔고 나와서 저점에 다시 잘 진입했을 수도 있는데, 그러면 더 큰 문제가 됩니다. 단기 매매에 대한 자신감이 붙어서 더 많이 단기 매매에 몰입하고, 그러다가 결국 큰 손실을 맞이합니다. 실제 손실이든 기회 손실이든 간에요.[222]

시장 전체의 급락에 대한 두려움도 마찬가지입니다. 경기와 시장은 다릅니다. 경기가 나빠도 시장이 좋을 수 있고, 경기가 좋아도 시장이 나쁠 수 있습니다. 시장 전체의 방향을 예측하여 의사결정하는 일은 모든 전략 중 가장 나쁜 전략입니다.[223]

차익 실현 욕구

좋은 기업을 잘 골라서 장기간이든 단기간이든 주가가 상승하고 나면 이익을 실현하고 싶은 욕구가 생깁니다. '목표수익률에 도달하면 욕심부리지 말고 차익을 실현하라'라는 그럴싸한 격언도 있고 말이지요. 애초에 목표수익률이라는 걸 함부로 설정해서도 안 될뿐더러, 목표수익률에 따른 잦은 매매는 필패의 지름길입니다. 거래비용도 크고 심리적으로도 불리합니다.[224]

"저는 주가가 올랐다고 차익 실현 욕구를 느끼지 않는데요?"라고 말하는 사람도 더러 있습니다. 일종의 트로피처럼 수십 수백 퍼센트의 수익률이 난 주식을 계속 보유하는 것에서 즐거움을 느끼는 사람이 있습니다. 좋습니다. 트레이더들 사이에서 널리 통용되는 교훈 중 하나가 '이익은 길게, 손실은 짧게'니까요.

문제는 수익률이라는 숫자를 신경 쓰는 태도 그 자체에 있습니다. 우리는 매수단가 같은 건 잊어버리고 언제나 원점에서 새롭게 고민해야 합니다. 수익률은 장기간에 걸쳐 기하급수로 움직입니다. 100% 수익이 나고 나면, 매일매일의 주가 변동 폭이 나의 누적수익률에는 2배로 반영됩니다. 하루 10% 상승했다면 '수익률'은 100%에서 120%가 되고,

10% 하락했다면 '수익률'은 100%에서 80%로 줄어듭니다. 수십 수백 퍼센트의 수익률에 뿌듯해하는 마음을 가지다 보면 그 놀라운 수익률을 잃지 않기 위해서 단기 급락을 우려하여 주식을 파는 일도 생깁니다.

'복리의 마술'은 기분 좋은 현상이지만, 복리로 누적된 장기 수익률을 보다 보면 오히려 심리에 악영향을 미칩니다. '수익률'이라는 숫자는 아예 안 보는 게 낫습니다.

혼나니까

기관투자자에게는 위와 같은 요소들이 더 큰 압박으로 작용합니다. 기관투자자는 상대적으로든 절대적으로든 늘 꾸준한 수익률을 내야 합니다. 길게 봐서 돈을 벌 수 있다는 확신이 있더라도, 당장 눈앞에 하락 징조가 보인다면 그 징조를 무시하기 어렵습니다. 아무것도 안 하고 주가 하락을 얻어맞는 것보다는 뒤늦게라도 '손절'이나 '비중 축소'하는 모습을 보여줘야 '월급 값은 한다'는 소리를 듣습니다. 주가가 상승할 때에도 일부 차익 실현을 해야 뭔가 '일하는 것 같은' 인상을 줍니다. 주가 상승을 그냥 내버려두고 있다가 주가가 하락하면 비난이 따릅니다.

필립 피셔는 미국 중서부에 있는 한 전자부품 회사를 예로 들었습니다. 이 회사는 노사 관계로 한참 어려움을 겪던 와중에 신제품도 실패하여 이중으로 문제에 봉착해 있었습니다. 주가는 급전직하했지만, 회사는 문제를 하나씩 풀어나가고 있었습니다. 대형 투자신탁 회사에서 근무하는 친구가 피셔에게 회사의 상황이 아주 좋다고 이야기를 해주었지만, 정작 본인의 회사에는 이 주식을 추천하지 않았습니다. "쓸데없는 회사에 시간을 낭비하게 했다고 면박을 당할 게 틀림없다"는 게 그 이유였습니다.[225]

저는 예전에 전자부품이 제대로 만들어졌는지를 진단하는 모 회사에 대량으로 투자한 적이 있습니다. 2010년경이었던 걸로 기억하는데요. 당시 저희 회사에서는 10% 가까이 지분 신고를 한 상태였습니다. 주가가 2배쯤 오르자 사내에서는 저에게 슬슬 매도하는 게 어떠냐고 의견을 물었고, 저는 "너무나 훌륭한 회사라서 단 한 주도 팔 수 없습니다"라고 했습니다. 이후 주가는 5년 동안 10배가 더 올랐습니다.[226] 회사에서 장기적인 믿음을 인정해줄 수 있는 환경이었기 때문에 가능한 이야기였고, 대부분의 회사에서는 그런 환경이 되지 않기 때문에 훌륭한 안목을 가진 펀드매니저들이라고 할지라도 늘 단기 향방에 노심초사하게 됩니다.

너무 많은 걸 알아서

때때로 과도한 지식은 독이 됩니다. 눈에 보이는 게 많으면 약점도 많이 보이게 마련입니다. 주가가 하락한 후, 별 생각이 없었다면 '내가 멍청했다'며 자책하며 끝날 일이지만, 하락의 원인으로 지목된 내용을 미리 파악하고 있었다면 그 스트레스는 훨씬 심합니다.

분석을 열심히 하고 가치평가를 정교하게 하다 보면 그런 함정에 더 쉽게 빠집니다. PER이 높은 주식은 미래의 성장성이 크게 반영되었고, 그런 주식은 조금만 무언가 어긋나도 주가가 급락합니다. 많이 알면 알수록 이런 단기 변동을 피해가기 위해 잦은 매매에 임해서 큰 그림을 놓치곤 합니다.

필립 피셔는 "위대한 기업의 PER은 미래의 순이익을 할인해서 판단할 수 없다! 소위 노련한 투자자라고 자신하는 수많은 사람이 바로 이런 문제의 벽에 가로막혀 있다"면서, 회사가 현재 제품의 성장이 다 끝나더라도 차세대 먹거리가 될 새로운 제품을 전력을 다해 개발하고 있다면 "언뜻 보면 아주 비싸 보이지만 잘 분석해보면 '그야말로 아주 헐값에 거래되고 있다'는 사실을 발견"할 수 있다고 했습니다.[227]

그들의 성장주, 우리의 성장주

이 모든 사례는 진정 훌륭한 기업을 골라낸 이후의 이야기입니다. 장기간 훌륭하게 성장할 기업을 골라내지 않고서는 이런 '실수'를 피하더라도 좋은 성과가 나올 가능성은 낮습니다. 어떤 기업이 투자 대상으로서 진정 훌륭한 성장 기업일까요?

최소한의 영업이익도 없이 미래만을 강조하는 기업은 피셔의 기준에서 투자 대상이 되기 어렵습니다.[228] 단순히 올해 대비 내년에 많은 성장을 전망하는 것으로는 부족합니다. 피셔는 훌륭한 성장주를 발견했다면 함부로 팔지 말 것을 강조하면서도 "순이익의 급증이 예상되지만 그것이 일회성에 그친다든가, 새로운 신제품을 계속 내놓을 회사가 아니라면 문제는 완전히 달라진다"고 했습니다.[229]

시장에는 성장을 좋아하는 사람들이 아주 많습니다. 그들은 이렇게 이야기합니다. "현재 PER이 20배인데 내년에 기업의 이익이 30% 성장하고 나면 PER이 15배로 하락한다. 그러므로 매수!" 뭐 이런 식입니다.[230] 그러면서 분기 이익 전망이나 가입자 수, MAU, 출하량 등의 단기 데이터를 기준으로 샀다 팔았다를 반복합니다. "이번 1분기에 가입자 수 100만 명 증가를 전망하였는데 90만 명으로 예상치를 하회하였으므로 목표주가 하향!" 이런 식이죠.

"아닌데요, 저는 진짜 10년 후, 20년 후의 미래를 보고 투자하는데요?"라고 말할 사람들도 많으실 겁니다. 하지만 10년 후의 미래를 본다는 게 어떤 의미인지 진정으로 이해하는 사람은 많지 않습니다. 수많은 자칭 장기투자자는 미래를 '예측'하고자 합니다. 1년 후, 2년 후, 10년 후 미래의 숫자들을 '예측'하고, 새로운 사실이 등장할 때마다 예측치를 수정하고, 적정가격을 변경하고, 포지션을 바꾸죠.

이론적으로는 맞습니다. 그러나 이런 식의 투자 프로세스는 필연적으로 잦은 매매를 불러옵니다. 장기적인 미래를 전망할수록 '계산된' 가치의 변동폭은 매우 크고 그에 따라 '적정 비중'도 큰 폭으로 바뀌겠지요. '잦은 매매에 따른 높은 거래비용을 감안하고도 초과수익을 줄 수 있는가' 하는 질문을 던져야 합니다. 저는 부정적입니다.

실제로 10년 후에 맞이하게 될 미래를 좌우하는 진짜 중요한 요소는 무엇일까요? 《보수적인 투자자는 마음이 편하다》는 필립 피셔가 1975년에 쓴 책으로, 《위대한 기업에 투자하라》에서 제시한 원칙들을 좀 더 간결하게 압축해서 제시합니다. 《보수적인 투자자는 마음이 편하다》의 1장에서는 생산, 마케팅, 연구개발, 재무관리 등 기업 운영의 기본적인 요소를 다룹니다. 2장에서는 이는 결국 결과론적인 이야기라며, 중요한 것은 "무엇이 이런 결과를 만들어냈으며," "앞으로도 이런 결과를 계속해서 만들어내기 위해서는" 무엇이 필요한가라는 질문을 던지는 게 중요하다고 합니다. 이 질문의 대답은 명확합니다. "이런 결과를 이끌어내는 원동력은 바로 사람"입니다.[231]

우리는 9장에서 사업을 분석하는 기초를 배웠고, 10장에서 그 결과를 어떻게 가치와 결부시킬지, 11장에서 그 가치를 만들어나가는 '사람들'을 어떻게 평가할지 배웠습니다. 사람들을 열정적으로 일하게 만들 수 있는 환경이 잘 조성되어 있고, 경영진이 그 환경을 계속 유지해나가고자 하는 의지가 있다면, 그 회사는 어떤 역경 앞에서도 '뭐라도 해낼' 것이라고 기대할 수 있습니다. 이런 회사에 투자한다면 10년 후에 우리가 실제로 맞이할 결과는 현재의 '예측'과는 상당히 다른 (그러나 더 긍정적인) 모습이겠지요. 이제 성장을 바라보는 '그들'과 '우리'의 관점이 꽤 다르다는 게 느껴지시나요? 힘겨운 3부를 읽어낸 여러분은 어느새 다른 투자자들과 다른 관점으로 기업을 바라볼 수 있게 되었습니다.

하지만 이것만으로는 아직 부족합니다. 남들과 다른 기준으로 장기적으로 성장할 기업을 골라냈다 한들, 어쨌거나 미래를 전망한다는 점에서는 같지 않나요? 단지 기준이 다를 뿐? 좋은 기업과 좋은 주식은 다르다는데, 필립 피셔의 '위대한 기업'은 무엇이 다르길래 '위대한 주식'이 되는 걸까요? 그 마법을 이제 알아봅시다.

"한때의 대중 심리에 좌우되지 않고 펀더멘탈에 근거해 투자를 하며 인내심까지 갖춘다면 높은 수익을 얻을 수 있다. 이를 위해선 만만치 않은 인내심, 그리고 펀더멘탈을 이해하는 능력이 있어야 한다."[232]

레슨 2. 위대한 기업이 위대한 주식이 되는 마법

《위대한 기업에 투자하라》에서는 투자 대상 기업을 찾는 15가지 기준을 제시합니다. 유명한 내용이니 여기에 굳이 언급할 필요가 있을까 싶지만, 혹시나 모르는 독자분들을 위해서 제목만 적어보겠습니다. 원문을 꼭 읽어보시길 추천합니다(가독성을 위해 약간 의역을 했습니다).

1) 최소 몇 년간 매출액을 상당히 늘릴 잠재력을 가진 제품이 있는가?

2) 현재의 매력적인 제품 라인업의 잠재력이 다 소진된 이후에도 추가로 매출액을 끌어올릴 새로운 신제품이나 공정을 개발할 의지가 있는가?

3) 연구개발에 투입한 만큼의 성과를 거두고 있는가?[233]

4) 평균 이상의 영업 역량을 갖추고 있는가?

5) 충분한 이익률을 거두고 있는가?

6) 이익률을 유지하거나 개선하기 위하여 무엇을 하고 있는가?[234]

7) 노사관계가 훌륭한가?

8) 임원 간의 관계는 훌륭한가?

9) 두터운 경영진이 있는가?

10) 원가 분석과 회계 관리 능력은 얼마나 우수한가?

11) 경쟁사 대비 얼마나 훌륭한지를 알려주는, 산업에 특화된 어떤 특징을 갖추고 있는가?[235]

12) 이익을 바라보는 시각이 단기적인가, 장기적인가?

13) 성장을 위해 대량의 증자가 필요하여, 그 성장이 실현되었을 때 현 주주들이 누릴 이익을 상당히 훼손할 가능성이 보이는가?

14) 사업이 잘될 때는 투자자와 적극적으로 소통하다가 나쁜 일이 발생했을 때에는 침묵해버리지 않는가?

15) 경영진의 이해상충에 아무런 의심의 여지가 없는가?

우리는 3부의 긴 내용을 충실히 따라왔으니, 제목만으로도 저자가 무슨 말을 하고 싶은지 대략 감이 잡힐 겁니다. 이 15가지 기준을 처음

접한 투자자들은 해당 항목들을 어떻게 채울지 갑갑할 텐데요, 사실 그건 별로 중요하지 않습니다. 우리가 모든 정보에 접근할 수 있는 것도 아니고, 모든 기준에 다 부합하는 회사를 찾아내기도 어렵습니다. 피셔도 한두 개는 놓쳐도 꽤 괜찮은 성과를 낼 수 있다고 하였습니다.[236] 알 수 없는 내용을 무리해서 알아내려고 노력하기보다는, 언제나 열린 마음으로 안테나를 가동하다가 이 조건에 부합하는 기업을 찾아냈을 때 기회를 놓치지 않겠다는 정도의 태도가 좋다고 생각합니다. 투자를 직업으로 삼고 있는 사람이 아니라면 말이죠.

어찌 보면 피셔의 15가지 포인트는 뻔한 이야기로 들릴 수 있습니다. 현재의 매출액을 일으키는 제품이 있어야 하고 향후의 신제품이 있어야 하고 이익률도 좋아야 하고 연구개발도 열심히, 영업도 열심히, 그걸 열심히 할 사람들의 관계도 좋아야 하고. '뭐 당연한 이야기 아닌가요?'라고 생각하실 수 있겠습니다.

여기서 제가 주목하는 포인트는 조금 다른 지점입니다. 위 목록을 곰곰이 되짚어보면 어떤 생각이 드나요? 무언가 있어야 할 것이 없죠. 셜록 홈즈의 《바스커빌의 개》라는 에피소드를 기억하나요? 때때로 '있는 것'보다는 '있어야 하는데 없는 것'이 더 큰 진실을 알려주기도 합니다.

'있어야 하는' 게 무엇인지부터 잘 생각나지 않는다면, 9장에서 배운 항목들을 한번 떠올려봅시다. 일단, 거시경제 관련 내용들이 모조리 빠져 있습니다. 산업의 사이클이나 경쟁 강도 같은 이야기도 빠져 있습니다. 재무제표의 세부 항목들도 빠져 있죠. 언급하는 건 연구개발비, 이익률 등입니다. 배당 등 주주환원도 그다지 중요하게 다루어지지 않습니다.

피셔 스스로 명시하듯이 이 기준들은 '회사의 정책, 즉 사업을 대하는 태도와 그 정책이 어떻게 효과적으로 수행되고 있느냐'입니다. 정책은 경영진이 정하지요. 15가지 기준 중 7개(2, 8, 9, 12, 13, 14, 15)는 경영진에 대한 이야기입니다. 7개(1, 3, 4, 5, 6, 10, 11)는 직원들이 이루어낸 성과 혹은 이루기 위해 노력하고 있는 일들입니다. 나머지 하나(7)는 바로 그 경영진과 직원들 간의 관계에 대한 이야기고요.

결국 15가지 기준이 하고자 하는 말은, 기업이 내놓은 가시적인 성과로부터 이런 성과를 내놓게 한 원동력이 무엇인지, 그 원동력을 만들어낸 사람들이 앞으로도 그 동력을 유지할 계획이 있는지를 파악해야 한다는 말입니다. 그 두 가지를 파악하고 나면 거시경제 변수나 세세한 재무제표 항목들, 주주환원 정책조차도 덜 중요해진다는 말이지요.

여기서 우리는 두 가지 질문을 던질 수 있습니다. 첫 번째는 '없는 것'이 정말 없어도 되는가? 일반적으로 이야기하는 좋은 주식을 고르는 기준 중에서 여기에 없는 항목들은 다 무시해도 되는가? 입니다. 두 번째는 '있는 것'만으로 충분한가? 입니다. 분명 피셔는 '좋은 주식'을 고르는 기준을 제시한다고 했는데, 여기 나온 내용은 '좋은 기업'을 고르는 내용에 가까워 보입니다.

첫 번째 질문을 생각해봅시다. 피셔가 15가지 기준에서 뺐다고 해서 그 내용들, 재무제표를 몰라도 되고 매크로도 전혀 몰라도 된다고 이야기하는 건 아닙니다. 재무제표를 보고 매크로를 읽는 건 기본 소양입니다. 지적하려는 바는 그 요소들만 가지고 투자 의사결정을 하지 않는다는 점입니다. '보지 않는다'가 아니라 '보긴 보되 주안점이 다르다'라는 거죠.

기업의 재무제표로부터 우리가 읽어내야 하는 건 경영진이 진실한 태도로 사업을 진행하고 있는지, 의심스러운 사안이 없는지, 있다면 그 의문을 해소하기 위해서 얼마나 고생해야 할지 등입니다. 매크로나 산업의 경쟁 구도로부터 우리가 판단해야 할 것은 주식에 투자를 할 것이냐 말 것이냐가 아니라 우리가 분석하려는 이 기업이 혹독한 외부 환경에 잘 대응하는 훌륭한 기업인가 아닌가 하는 것입니다.[237]

이러한 질문들에 '그렇다'라는 대답을 할 수 있게 된다면 투자는 매우 단순해집니다. 외부 환경은 회사가 알아서 이겨냅니다. 원자재 가격이 상승하면 알아서 원가절감을 하겠지요. 경쟁이 치열해지면 원가우위나 혁신적인 신제품을 통해 한판 승부를 벌이거나 도망가거나 하겠지요. 돈이 남아돌면 배당이나 자사주매입소각을 하겠지요. 돈을 돌려주지 않는다면 그만큼 괜찮은 투자안이 있다는 뜻이겠지요. 경영진이 훌륭한 능력을 가지고 있고 나를 위해서 일하고 있다는 믿음만 가질 수 있으면 됩니다. 나머지는 회사가 알아서 뭐라도 하겠죠.

두 번째 질문, '이것만으로 충분한가'에 대해서 이야기해봅시다. 상당히 중요한 이야기입니다. 일반적으로 이야기하는 '좋은 기업'은 무엇일까요? 재무구조가 튼튼한 기업일 수도 있고, 사내 복지가 잘되어 있거나 권위적이지 않거나 등 각자가 '좋은 회사'라는 말을 들었을 때 떠올리는 이미지는 모두 다를 것입니다. 투자자의 관점으로 한정해서 본다면 튼튼한 재무구조, 높은 영업이익률, 높은 ROE, 매출액과 영업이익의 성장성, 원가우위 등 좋은 회사를 지칭하는 몇 가지 공통된 지표를 발견할 수 있습니다. 초심자들은 이런 기준으로 기업을 골라서 주식을 샀다가, 저조한 수익률을 내고는 '좋은 기업이 좋은 주식은 아니구나'라고 깨닫습니다. 그런데 피셔는 마치 '좋은 기업'을 골라내는 것만으로 충분하다고 주장하는 것 같습니다. 피셔의 '좋은 기업'과 다른 사람의 '좋은 기업'은 무슨 차이가 있을까요? 다시 말해, 피셔의 성장주와 일반적으로 이야기하는 성장주는 무엇이 다를까요?

• 성장주 투자의 함정

피셔의 성장주와 일반적으로 이야기하는 성장주는 다릅니다. 혁신적인 제품을 가지고 고성장을 구가한다 해서 그것만으로 피셔의 기준을 통과할 수는 없습니다. 그런 주식은 매혹적이지만, 투자자에게 늘

수익을 안겨주지는 않습니다.

성장주가 유행할 때 나름 건전한 투자법이라며 'GARP'라는 개념이 흥합니다. 'Growth At Reasonable Price'의 약자인데요. 성장주를 합리적인 가격에 매수하여 성장이 지속되는 동안 꾸준히 함께 가는 겁니다. 1권 8장 피터 린치의 '기법'들에서 잠깐 말씀드렸습니다.

'GARP'에 따른 투자는 이를테면 이런 식입니다. 현재 순이익이 100억 원이고 PER이 20배입니다. 시가총액은 2,000억 원이겠죠. 일반적으로 싸다고 하기는 어려운 가격입니다. 그러나 내년 순이익 전망이 120억 원으로 올해 대비 20% 성장할 전망입니다. 이 성장 전망이 맞아떨어지면 어떻게 될까요? 순이익 120억 원에 PER 20배를 곱하면 시가총액은 2,400억 원이 됩니다. 와아! 투자자는 20% 수익이 났습니다. 그다음 해는 또 어떻게 될까요? 120억에서 또 20% 성장해서 144억 원이 되고 PER 20배를 곱하면 시가총액은 2,880억 원이 됩니다. 수익률은 누적 44%네요. 20%를 두 번 했더니 40%가 아닌 44%가 되었습니다. 이게 바로 복리의 마술, 와아아아!

틀렸습니다. 안 됩니다. 이러면 안 돼요. 큰일납니다. GARP는 피터 린치가 제안한 방법이라고 알려져 있는데 피터 린치의 주장은 '성장주가 좋긴 하지만 너무 비싼 가격에 사면 안 된다' 정도로 이해하는 게 옳습니다. 오해를 사지 않기 위해 이 스토리를 '어설픈 GARP 논리'라고

표 12-1

현재가치 계산 예시(T0 시점) (단위: 억 원)

	현재(T0)	1년 후(T1)	2년 후(T2)	3년 후(T3)	CV(T3)	합계
E	100	120	144	173	2,543	
PV	100	109	119	130	1,910	2,368

부르겠습니다.[238]

뭐가 문제일까요? 가치는 회사가 평생 벌 돈을 현재가로 할인한 값입니다. 얼마만큼의 성장을 예상하든, 그 성장이 맞아떨어지면 그 가치는 할인율만큼 증가합니다. 성장률만큼이 아니라요. 10장에서 충분히 이야기했다고 생각하지만 너무 중요한 이야기니까 한 번 더 말씀드리겠습니다.[239]

공식을 또 들고 오면 어질어질할 테니 이번에는 예시로 이야기해보겠습니다. 〈표 12-1〉을 봅시다.

현재(최근 1년) 순이익 100억 원, 향후 3년간 20% 성장, 영구성장률 3%, 할인율 10%를 가정하였습니다(순이익은 현금흐름과 동일하다고 가정). 현재가치는 2,368억 원입니다. 현재 순이익으로 나누면 적정 PER은 23.7배네요.

표 12-2

현재가치 계산 예시(T1 시점) (단위: 억 원)

	잉여(T0)	현재(T1)	1년 후(T2)	2년 후(T3)	CV(T3)	합계
E	110	120	144	173	2,543	
PV	110	120	131	143	2,101	2,605

1년이 지났습니다. 모든 예상이 들어맞았다고 합시다. 가치는 어떻게 변했을까요? 〈표 12-2〉를 봅시다.

첫 연도에 벌었던 100억 원은 잉여현금이 되어서 할인율(10%)만큼 증가했습니다.[240] 그리고 1년 후 시점은 '현재'가 되었고, '2년 후', '3년 후' 시점은 각각 '1년 후', '2년 후'가 되었습니다. 이에 따라 할인율이 감소하고, PV가 10%씩 증가하였습니다. 합계는 2,605억 원이네요. 정확히 10% 성장했습니다. 그럼 적정 PER은 얼마일까요? 현재(T1) 순이익인 120억 원으로 나누면 21.7배가 됩니다. 감소했습니다. 8.33%만큼요.[241]

아, 새해가 되었으니까 여기서 다시 3년 후, 즉 T4가 등장하지 않겠냐고요? 훌륭한 지적입니다. 잘 따라오고 계시군요. T0 시점에서 3년을 전망할 수 있었으니 T1 시점에서도 3년을 전망할 수 있겠죠. 그런데 그 값이 얼마죠? 사실 우리는 T4를 이미 전망했습니다. CV(**Continuing Value**, 영구가치)는 무슨 뜻인가요? 예측가능 시점 이후 모든 기간의 현금

표 12-3

수정 현재가치 계산(4년 예측, T0 시점) (단위: 억 원)

	현재(T0)	1년 후 (T1)	2년 후 (T2)	3년 후 (T3)	4년 후 (T4)	CV(T4)	합계
E	100	120	144	173	207	3,051	
PV	100	109	119	130	142	2,084	2,684

흐름을 더한 값입니다. T4부터 T무제한까지의 기간이 다 더해져 있다는 뜻이죠. 즉 T4의 순이익 E4는 E3에서 영구성장률(3%)만큼 성장한 금액입니다. 달라지는 건 없습니다.

에이, 그래도 성장주인데 E4가 영구성장률보다는 높게 성장하지 않겠냐고요? 좋습니다. 지금 한 발언은 'E4>E3×1.03', 즉 E4가 E3에 영구성장률을 곱한 값보다 높을 거라는 '예측'입니다. '지금'은 언제죠? 오늘이죠. 바로 지금 이 순간이요. T0란 말입니다. 그렇다면 T0 시점에서 T4 시점의 값을 '예측'한 것이기 때문에, 〈표 12-1〉의 가정, 향후 3년 치를 전망한다는 가정에 모순됩니다. 〈표 12-1〉은 〈표 12-3〉처럼 바뀌어야 합니다.

〈표 12-3〉에서 4년 후를 현재의 고속 성장률(20%)만큼 성장한다고 예측해보았습니다. 현재가치는 2,684억 원, 적정 PER은 26.8배가 되었습니다. 기존보다 13% 가치가 늘어났네요. 좋습니다. 이제 1년 후로

표 12-4

수정 현재가치 계산(4년 예측, T1 시점) (단위: 억 원)

	잉여(T0)	현재(T1)	1년 후 (T2)	2년 후 (T3)	3년 후 (T4)	CV(T4)	합계
E	110	120	144	173	207	3,051	
PV	110	120	131	143	156	2,292	2,952

가볼까요?(표 12-4)

T1 시점의 현재가치는 2,952억 원이 되었습니다. T0 시점 대비 정확히 10% 늘어났습니다. 적정 PER은요? 24.6배가 되었습니다. 줄어들었죠. 얼마나요? 8.33%만큼요. 동일합니다. 달라진 게 없어요.

얼마의 기간 동안 얼마의 성장을 가정하든, 시간이 지나고 예측이 정확히 맞아떨어지고 나면 프리미엄은 감소합니다. 3년간 연평균 20%를 가정하든, 20년간 100배 성장을 가정하든 마찬가지입니다.

좀 더 쉽게 이야기해볼까요? 5년 치 미래를 전망했잖아요? 1년이 지났습니다. 그럼 남은 전망치는 몇 년 치인가요? 4년 치죠. 고속 성장 기간이 줄어들었으니 프리미엄도 줄어들었습니다. 1년 차의 성장은 이미 분모가 커진 걸로 반영됐잖아요.

저는 투자 전문가라는 사람들 중에서 이 점을 지적하는 사람을 단 한 명도 보지 못했습니다. 물론 훌륭한 투자자라면 직감적으로 알고 있으리라고 생각합니다. 예상만큼의 성장이 실현되어도 주가가 그만큼 상승하지 않는 모습을 숙련된 투자자라면 다들 경험한 적이 있습니다.

이건 사실 엄청난 문제입니다. 괴델의 '불완전성 정리'를 아시나요? "우리가 사용하고 있는 수학 체계가 잘못되지 않았다면, 우리는 반드시 증명할 수 없는 명제를 가지게 된다"는 내용입니다. 이 정리가 수학계에 미친 파장은 어마어마했습니다. 쉽게 이해하고 싶다면《로지코믹스》라는 책을 읽어보시기 바랍니다. 수학이라는 학문의 근본적인 토대를 찾고자 하는 대학자 버트란드 러셀의 노력과 좌절에 관한 이야기입니다. 괴델의 증명으로 인하여, 수학자들은 논리적으로 완전해야 할 수학 체계가, 체계 내적 논리로는 체계의 완전성과 무모순성을 증명할 수 없다는 점을 깨닫게 됩니다.[242]

뭐, 제가 괴델 같은 어마어마한 발견을 했다고 허풍을 떨려는 건 절대 아닙니다. 무엇보다 저는 수학에 약합니다. 이건 아주 단순한 산수일 뿐입니다. 그러나 아주 중요합니다. 그리고 아무도 지적하지 않고 있다는 점에서 더욱더 중요합니다.

일반적으로 이야기하는 성장주 투자 논리가 '틀렸다'라면, 성장주 투자를 통해 돈을 번 건 그저 모두 운일 뿐이라는 이야기가 됩니다. 투자 이론은 검증하기도 어렵지만 반증하기도 어렵습니다. 통계 분석을 통해 실제 수익률을 측정해볼 수는 있지만, 통계적 검증은 연역 추론보다 신뢰성이 떨어집니다.[243] 여기서 제가 던진 이야기는 논리적인 반증입니다. 따라서 '어설픈 GARP 논리'하에서 진행하는 모든 투자 이론과 투자 성과는 무력화됩니다. 거칠게 일반화하자면 '성장주 투자는 성립하지 않는다'라는 겁니다. 그리고 실제로 '성장주'로 분류한 주식들의 통계적 성과는 좋지 않습니다.[244]

이론과 실제의 관계는 꽤 미묘합니다. 실제로 작동하는데 왜 작동하는지 알 수 없는 현상을 '모르겠다'고 하면 그건 과학입니다. 가설 검증을 통해 앞으로 계속 알아나가면 됩니다. 왜 작동하는지 모르겠지만 일단 작동은 잘되는 현상을 가지고 무언가 만들어보자고 하면 그건 공학입니다. 좋습니다. 세상은 그런 사람들이 바꾸어왔습니다. 가끔씩 작동하기도 하고 안 하기도 하는 현상에 대해서, 얼핏 이 현상을 설명하는 듯한 '썰'을 발견했다고 해서 검증 절차 없이 '그래 이게 옳아'라고 하면 유사과학입니다. 그 논리가 이론적으로 틀렸다고 증명되었는데도 폐기하지 않으면 뭐라고 불러야 할까요. 고집?

'어설픈 GARP 논리'는 사실 위의 논증보다 쉬운 방법으로 반박 가능합니다. 회사가 한두 해 성장하는 만큼 그 가치가 상승하고 PER이 유지된다고 한다면, 현재의 어떤 가격이라도 정당화됩니다. 올해 30% 성장을 전망하고 PER이 20배라면, 내년에 가치는 30% 성장합니다. PER

이 30배여도 내년에 가치는 30% 성장합니다. PER이 100배여도 내년에 가치는 30% 성장합니다. 딱 봐도 말이 안 되지 않나요? 이게 피터 린치가 이야기한 투자 방식과 일치하나요?

이런 허황된 논리에 경도된 사람들이 무작정 성장주를 사대면서 '성장에 한계란 없다', '기업의 성장에 동행하라' 등을 외치는 일은 꽤 자주 볼 수 있습니다. 돈을 벌면서도 왜 벌고 있는지에 대해서 그릇된 가설을 믿고 있다가 삐끗하는 순간 나락으로 떨어집니다. 그게 1970년대에 미국의 투자자들이 겪은 일이고, 2015년에 제가 겪은 일이고, 2022년에 수많은 성장주 투자자가 겪은 일입니다.

그럼 도대체 뭔가요? 지금까지 길게 이야기한 건 도대체 뭐란 말입니까? 기업분석을 하고 경제적 해자니, 경영진이니 뭐니 했던 건 다 무의미합니까? 피셔도 틀렸고, 버핏도 틀렸고, 린치도 틀렸습니까? 열심히 재무제표를 파면서 '히든 에셋'을 찾아다녀야 합니까?

에이, 그런 얘기를 하려고 여기까지 온 건 아니죠. 자 이제, 훌륭한 기업이 훌륭한 주식이 되는 마법을 즐겨봅시다.

• N+1항의 마법

거창하게 말했지만 대답은 아주 간단합니다. 사실 우리는 이미 그 답을 알고 있습니다. E4가 'E3×(1+할인율)'보다 커지면 되는 것 아닙니까.

E3 대비 E4의 성장률이 할인율보다 높다라… 뭔가 떠오르지 않나요?

네, 경제적 해자의 정의입니다. 자본비용 이상의 초과수익을 장기간 유지할 수 있는 힘, 그게 경제적 해자이지요. '자본비용=할인율=요구수익률'입니다.[245] 1권의 7장에서 이야기했었지요?

그런데 10장에서 우리는 경제적 해자를 초과수익의 폭과 지속가능기간으로 쪼개서 가치평가에 반영하는 방법을 익혔습니다. 결국 이것도 '예측'이잖아요? '지속가능기간=N'을 3년으로 하건 5년으로 하건 10년으로 하건, N+1번째 항에 대한 예측이 아니라는 점에서 앞서의 문제는 여전히 발생합니다.

좋습니다. 경제적 해자를 만들고 유지하는 건 누구죠? 사람입니다. 사람은 쉽게 변하나요? 사람이 만들어가는 조직은요? 현재 훌륭한 경제적 해자를 만들어놓은 사람들이 누구인지, 단 한 명의 기여가 아니라 임직원이 합심하여 훌륭한 조직과 해자를 만들어놓았고 이를 유지해나가기 위한 동인이 크다고 확인할 수 있다면, 'N+1'번째 항의 값, 즉 E4가 E3×(1+영구성장률)보다 큰 값으로 존재할 **확률이 높습니다.**

그림으로 그려볼까요? 일반적인 고성장 기업의 모델링은 〈그림 12-1〉과 같습니다. 예측 가능한 T3까지는 고성장할 것으로 예측하고, 그 이후는 영구성장을 가정합니다. 그 미래는 확률적으로 분포하겠지요.[246]

그림 12-1

고성장 기업의 미래 이익 분포

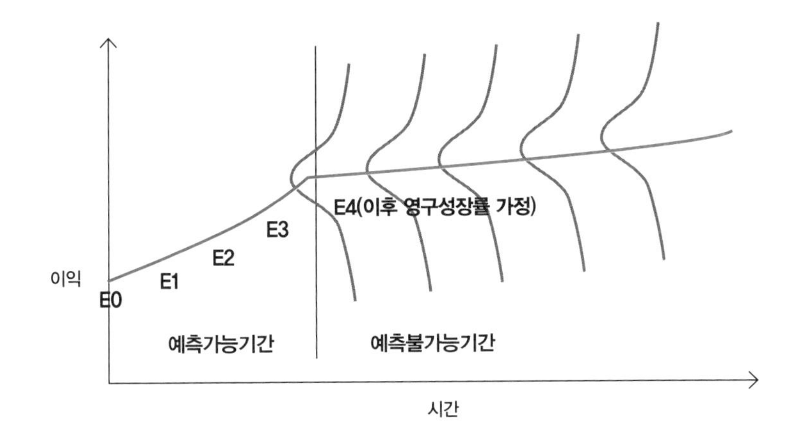

그림 12-2

'훌륭한 기업'의 미래 이익 분포

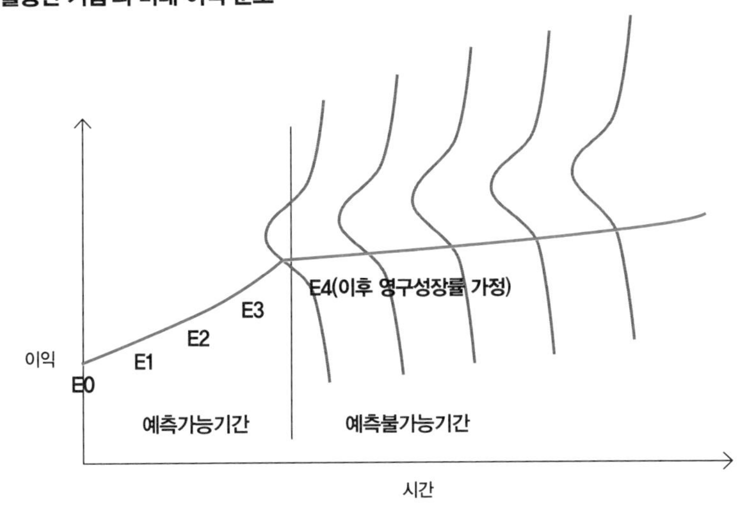

훌륭한 임직원이 일하는, 훌륭한 조직문화를 갖춘 기업, 즉 필립 피셔의 조건을 통과한 '훌륭한 기업'의 미래 이익의 확률 분포는 〈그림 12-2〉와 같습니다.

E4가 실제로는 E3×(1+영구성장률)이 아니라, E3×(1+고속 성장률)에 가까울 '확률'이 높아집니다. 미래에는 예상치 못했던 난관과 예상치 못했던 새로운 기회가 다 발생할 것입니다. 훌륭한 회사라면 난관에 잘 대처하고 기회를 잘 활용하겠지요. 훌륭하지 못한 회사는 위기에 대응하지 못하고 무너지거나 단기간의 성공으로 인하여 자만에 빠져서 결국 몰락할 테고요.

그럼 〈그림 12-2〉는 E4 이후의 영구성장률 이상의 성장을 가정한 거 아니냐고 반론할 수 있습니다. 그렇지 않습니다. 이것이 이론과 실제 사이의 미묘한 간극인데요. 마음속으로는 그렇게 될 거라고 기대합니다. 그러나 그걸 모델링에 반영하지는 않습니다. 모델링에 반영할 거면 애초에 예측가능기간이 T3까지가 아니라 더 길어져야겠지요. T3까지만 예측하겠다고 했기 때문에 T4 이후의 이익에 대해서는 모델링상으로 아무런 변화를 주지 않아야 합니다. 영구성장률을 건드리려는 시도는 곧 '거품'을 의미합니다.[247]

이건 '미래 예측'이 아니라 '현재 관측'의 문제입니다. 인간은 어설픈 능력으로 여러 가지 자료를 취합하고 미래를 예측하려 하지만, 사실상

세세한 미래 예측은 2년, 3년도 어렵습니다. 미래를 만들어가는 건 사람입니다. 이들이 어떤 사람인지는 과거에 걸어온 길, 현재 무엇을 하고 있는지를 보고 대략 추론이 가능합니다. 그리고 사람은 웬만하면 바뀌지 않지요. 사람들이 만들어놓은 조직은 더욱 그러합니다.

그렇다면 더 나은 미래를 그려갈 확률이 높은 사람들이 만들어나가는 조직, 허황된 미래만을 이야기하는 게 아니라 실제로 성과를 내고 난관을 헤쳐 나가는 모습으로 검증된 사람들의 조직과 함께한다면, 우리는 불확실한 미래를 굳이 예측할 필요가 없습니다. 예상치 못한 일이 닥치면 회사가 알아서 뭐라도 할 테니까요. 예상치 못한 좋은 일이든 나쁜 일이든 말입니다.

앞의 그림에 가치 개념을 포함시키면 〈그림 12-3〉과 같습니다.

아래 곡선이 미래의 이익이고, 조금씩 우상향하는 직선이 시간이 지남에 따른 가치 변화입니다.[248] 아무리 먼 미래를 정교하게 예측하고 그대로 맞혔다 하더라도 시간이 지남에 따른 가치 상승은 더딥니다. 할인율만큼 증가할 뿐입니다.

피셔 스타일의 성장주는 〈그림 12-4〉와 같습니다. 현시점에서 투자자는 미래에 무언가 좋은 일이 있을 거라고 예상하지요. 여기까지는 〈그림 12-3〉과 같습니다. 그러나 그 좋은 일 이면에 회사와 조직에 관

그림 12-3

일반적인 성장주의 가치 변화

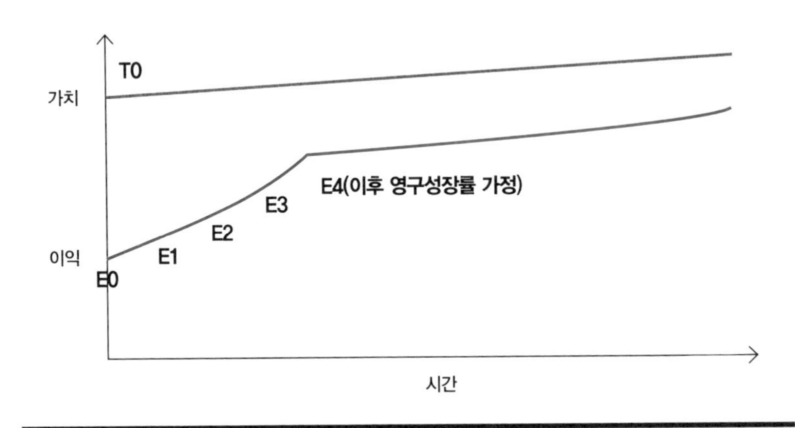

그림 12-4

피셔의 성장주의 가치 변화

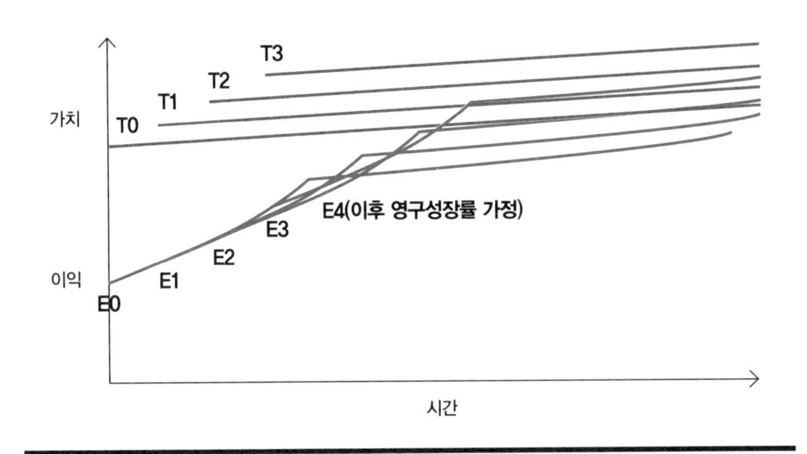

한 믿음이 들어가 있다면, 실제 벌어질 미래, 즉 시간이 지나고 새로 전망치를 갱신한 미래는 과거의 전망치보다 좀 더 좋아질 가능성이 높습니다(그림을 잘 보면, T1, T2, T3 시점의 실제 이익은 과거에 예상한 이익보다 오히려 적습니다. 그럼에도 불구하고 가치는 더욱 성장했습니다[249]). 이게 진정한 '가치의 성장'입니다.

그럼 이 또한 다른 투자자보다 먼 미래를 예측하고 베팅하는 일 아니냐고요? 아닙니다. 현시점의 예측의 한계를 명확하게 인정하는 겁니다. 남들이 다 하는 대로 미래를 전망하되, 거기에 과도한 신뢰를 쏟지 않습니다. 언제나 일이 잘못될 가능성을 고려합니다. T0 시점에서 T3 이후 시점의 전망까지 모두 당겨와서 높은 프리미엄을 정당화하려는 움직임이 보인다면 그때는 비중을 줄일 때입니다. 사람들이 다같이 그렇게 먼 미래를 낙관하는 일은 정상이 아닙니다.

사람에 대한 믿음이 옳았음은 시간이 지나야만 드러납니다. T0 시점에서 E4의 높은 값을 예상하는 게 아니라, T1 시점이 되어서 E4를 가시적으로 예상할 수 있게 되고, 그 값이 E3×(1+영구성장률)보다 높다고 더 명확한 근거를 가지고 예상할 수 있게 되어서 PV(1)이 PV(0)×(1+할인율)보다 상승했을 때 투자자의 믿음이 옳았다고 드러납니다. **그래서 피셔 스타일의 투자는 필연적으로 장기투자가 되어야 합니다.** 거꾸로 말해서, 아무 기업에나 장기투자한다고 돈을 벌 수 있는 게 아니라, 피셔의 조건에 부합하는 기업이어야 장기투자를 했을 때 돈을 벌 수 있는 것입니다.

통계적으로도 두 방식의 차이는 명확하게 드러납니다.

맥킨지에서 발간한 《기업가치평가》라는 책에는 좋은 자료가 풍부하게 갖춰져 있습니다. 〈그림 12-5〉는 기업들을 성장률에 따라 그룹으로 묶은 다음, 시간이 지나면서 그 추세가 어떻게 변하는지를 살펴본 자료

그림 12-5

매출액 성장률의 평균회귀

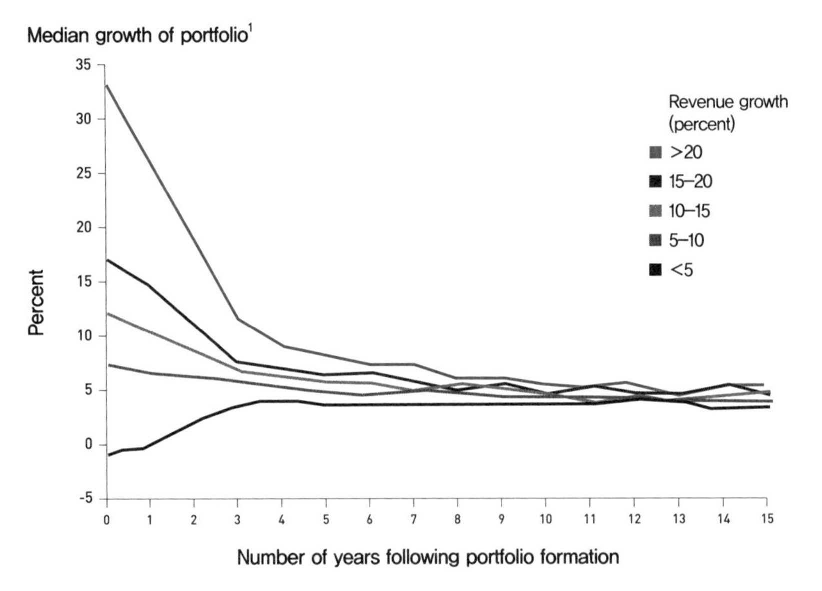

[1] At year 0, companies are grouped into one of five portfolios, based on revenue growth.
Source: Compustat, McKinsey & Company's corporate performance database.

출처: Tim Koller 외, Business Valuation, 4th Edition, 그림 6.18

입니다. 기업의 성장률은 시장이 지나면서 강력한 평균회귀를 보입니다. 당장의 성장 전망치에 베팅하는 투자자들은 결국 평균적인, 혹은 그 이하의 성과를 얻게 됩니다.

〈그림 12-6〉은 성장률이 아닌 ROIC의 평균회귀를 보여줍니다. ROIC는 평균회귀가 상당히 늦게 일어나며, 평균회귀가 발생하기는 하지만 상위 그룹이 여전히 상위 그룹으로 유지되는 모습을 보여줍니다.

그림 12-6

ROIC의 평균회귀

Median ROIC of portfolio[1]

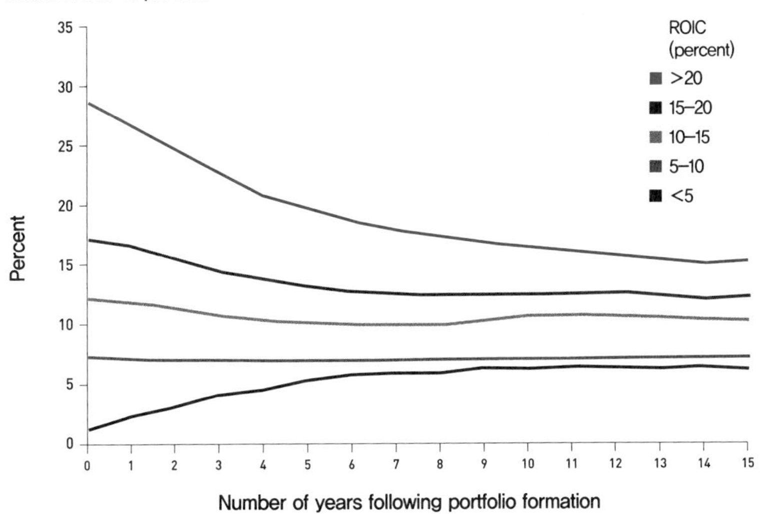

[1] At year 0, companies are grouped into one of five portfolios, based on ROIC.
Source: Compustat, McKinsey & Company's corporate performance database.

출처: Tim Koller 외, Business Valuation, 4th Edition, 그림 6.12

ROIC가 기업의 총체적인 사업 역량을 나타내는 지표라는 건 9장에서 잘 배웠었죠? 사업을 효율적으로 운영하고 새로운 먹거리를 찾아내기 위해 일상적으로 노력하는 조직문화와 분위기는 시간이 지나도 크게 달라지지 않습니다. 우리는 당장의 성장 예측치가 아닌, 기업이 장기간에 걸쳐 보여준 꾸준함에 기대야 합니다. 이러한 투자자는 월등한 성과를 낼 수 있습니다.

이런 방식으로 투자할 때와 일반적인 성장주 투자법을 따를 때와의 실제 차이를 열거해보자면 다음과 같습니다.

• 기대수익률을 계산할 수 있다

일반적인 성장주 투자자들은 기대수익률을 계산하는 경우가 드뭅니다. 이들에게 기대수익률이란 그저 마음속의, 말 그대로 내가 만족할 수 있는 기대치, 흥분이나 열광의 수준을 이야기할 뿐입니다. 기업이 2배씩 성장하고 있으면 투자자의 기대수익률도 그저 2배, 10배로 불어날 뿐이지요.

피셔의 방식에 따르자면 어떤 시점에서도 기대수익률을 계산해낼 수 있습니다. 10장에서 '장기 기대수익률'을 계산했던 것 기억하시나요? 기업의 미래를 추측했다면 어떤 가격에서든 '10년간 연 19%', '20년간 연 25%' 등으로 장기 기대수익률을 표현할 수 있습니다.

• **비싼 가격을 설정할 수 있다**

기대수익률을 계산할 수 있으니 '너무 비싼 가격'의 수준을 설정할 수 있습니다. 현재 기대할 수 있는 아무리 낙관적인 가정, 고성장과 장기 미래 전망을 다 예상치에 반영하고 기대수익률을 계산해봅니다. 그 기대수익률이 3~4% 수준으로 형편없이 낮다면, 혹은 아예 마이너스 기대수익률을 가정해야만 주가가 정당화된다면 비싼 가격입니다.

피셔는 "현재의 모든 상황을 종합해도 도저히 정당화할 수 없을 정도로 증권가에서 과도하게 평가하고 있거나 낙관적인 이미지를 갖고 있는 기업의 주식"을 가장 리스크가 큰 주식이라고 하였습니다. 이런 주식은 "순식간에 매물이 쏟아질 수 있고, 주식시장 전체에도 악영향을 미칠 수" 있습니다.[250]

벤저민 그레이엄의 투자와 투기 구분을 기억하시나요? "투자는 철저한 분석을 통해서 원금의 안전과 충분한 수익을 약속받는 행위이다. 이 요건을 충족하지 못하면 투기이다." 여기서 원금의 안전과 충분한 수익이란, 단순히 방어적으로만 투자하라는 뜻이 아니라 확률분포를 계산하고 적절한 분산으로 합리적인 기대수익률을 추론하는 행위라고 1권 6장에서 말씀드린 바 있습니다.

'어설픈 GARP 논리'에 따른 성장주 투자는 기대수익률을 계산할 수 없고 어떤 주가든 정당화해버리는 논리적 오류가 존재합니다. 피셔 식의 성장주 투자는 기대수익률을 계산할 수 있고, 따라서 '비싼 가격'이라는 범위가 존재합니다. 그레이엄과 피셔는 본질적으로 모순되지 않는다는 버핏의 발언, 이제 이해가 되실까요.

• 일시적인 위기를 기회로 활용할 수 있다

예상이익 수치와 주가가 함께 꺾였다면 우리는 어떻게 판단해야 할까요? 일반적인 성장주 투자자들, '예측' 싸움을 하는 투자자들은 곤혹스러울 것입니다. 예측치가 꺾였으니 적정가격도 낮추어야 하고, '기대수익률'도 낮아져야 합니다. 주가는 하락했지만 '저평가'가 아닌 상태인 거죠. 성장 기대치가 가격에 높게 반영되어 있을수록 이렇게 맞이하는 손실은 뼈아픕니다. 이런 함정에 빠지지 않기 위해서는 '기민하게' 남보다 좀 더 빠르게 빠져나와야 할 테고, 그러려면 더 빠르게 정보를 취득해야 합니다. 힘든 싸움입니다.

저는 그다지 기민하지도 않고 똑똑하지도 않습니다. 업계의 훌륭한 다른 투자자들과 예측 싸움에서 이길 자신이 없습니다. 만약 제가 투자한 회사가 힘든 상황을 이겨내고 더 강해진 모습을 여러 번 보여줬다면, 그리고 그 경영진이 여전히 잘 유지되고 있다면 어떨까요? 당장 올해 내년의 이익추정치는 낮아졌지만 저에게 그건 별 상관이 없습니다. 그 이익추정치가 전체 가치에서 차지하는 양은 미미하니까요. 오히려 탄탄해진 임직원들 덕에 먼 미래가 더 좋은 쪽으로 그려질 확률은 좀 더 높아졌겠죠. 기민하지 못한 저는 미리 탈출은 못했더라도, 이번 주가 하락을 기회 삼아 더 사는 용기는 낼 수 있을 것입니다.

찰리 멍거의 다음 멘트는 피셔의 투자법을 상당히 잘 묘사한다고 생각합니다. "장기적으로 봤을 때 주식투자를 통해 그것을 발행하는 기업보다 훨씬 더 나은 수익을 기대하기는 어렵습니다. 투하자본이익률 ROIC이 40년 동안 6%인 기업의 주식을 사서 40년 동안 유지한다면 처음에 주식을 대폭 할인된 가격에 매입했더라도 투자 수익은 6%에서 크게 벗어나지 않을 것입니다. 반대로 ROIC가 20년이나 30년 동안 18%인 기업의 주식을 사서 20년이나 30년 동안 유지한다면 처음에 주식을 비싸게 산 것 같더라도 결과적으로 좋은 성과를 낼 수 있습니다."[251]

이 말이 단순히 ROIC가 높게 나온 기업을 사서 가만히 있으라는 말이 아니라는 건 이제 다들 잘 아시겠지요. 기업이 어느 정도로 효율적으로 자본을 운용하여 주주들에게 돌려주느냐가 결국 장기간 주주들이 가져갈 이익을 결정합니다. 높은 자본 효율성을 추구하는 문화는 기업에 내재되어 있고, 그 문화를 파악하여 그것이 유지되는 동안 장기간 보유한 주주는 장기간에 걸쳐 높은 수익을 거둡니다.

레슨 3. 사야 할 때, 팔지 말아야 할 때

필립 피셔의 책을 읽어보면 의외로 매매 시점에 대해 상당히 많은 분량을 할애합니다. 마켓 타이밍이 불가능하다는 다른 대가들의 발언과 사뭇 대조됩니다. 버핏은 아예 대놓고 '그의 매도 원칙에 동의하지 않는다'고 하기도 했습니다.[252] 피셔가 대가들 중에서도 유독 타이밍에 신경을 쓴 것이 버핏의 눈에도 띄었나 봅니다.

그러나 버핏의 발언들을 잘 살펴보면 피셔와 그다지 큰 차이를 발견하기 어렵습니다. 버핏은 완전 지배하는 자회사들에 대해서 '아무리 높은 가격을 지불한다 하더라도 팔 생각이 없다'고 했습니다. 1권 7장에서 말씀드렸듯 버크셔는 피지배 회사들의 현금을 비과세로 가져와서 투자 재원으로 활용할 수 있거든요. 그리고 그런 버핏조차 "거품이 발생해 주가가 쌍코피 터질 정도로 지나치게 올랐을 때도 내가 수수방관한 행태는 비난받아 마땅"하다고 반성했습니다.[253] 꼭 타이밍은 아니라 하더라도, 팔아야 할 기준점이 버핏에게도 명백히 존재한다는 뜻입니다.

필립 피셔의 타이밍 발언도 잘 읽어보면 '사야 할 때', '팔아야 할 때'보다는 '그냥 지금 사고', '웬만하면 팔지 말아라'에 가깝습니다. 필립 피셔의 매매 타이밍을 정리하며 피셔의 가르침을 마무리하도록 하겠습니다.

그냥 지금 사라

피셔는 1929년을 예시로 들며 "주요 경제 지표들이 일제히 경고음을 내고 있을 때가 아니면 즉시 사야 한다"고 했습니다.[254] 피셔 스타일의 훌륭한 회사를 발견하는 일은 일생에 몇 번 없습니다. 운도 따라야 하고 상당한 노력이 필요합니다. 그런 기업을 기껏 발견해놓고 다른 이유로 매수를 주저하는 일은 기회 손실이 엄청납니다.

'다른 이유'라고 해봤자 고작 경기 침체에 대한 불안감, 유동성 축소, 혹은 단 몇 푼이라도 좀 더 싸게 사고 싶은 마음 정도이지 않겠습니까. 피셔의 기준을 통과한 기업은 온갖 외부 악재를 이겨내고 결국 투자자에게 큰 성과를 돌려줄 것입니다. 그 수익에 비하면 타이밍을 잘못 맞혔을 때의 손실은 미미합니다.

한편 일단 지금 매수한 이후에는 추가 매수 타이밍을 (몇 달에서 몇 년 정도로) 느긋하게 가져가야 합니다.[255] 그 이유는 단기적인 주가 하락이 두렵다기보다는 1) 주가가 크게 하락했을 때 매수를 한다면 기대수익률을 훨씬 높일 수 있으니 그 기회를 놓치지 말자는 것이고, 2) 기업에 투자한 다음에 새로이 알게 되는 사실로 인하여 기존의 판단이 바뀔 수 있고, 3) 아직 숙련되지 않은 투자자라면 상대적인 비교에 능하지 않기 때문에 투자 이후에 또 새로운 주식에 관심이 쏠릴 수 있기 때문입니다.

언제나 여유 있는 태도를 가져야 거래를 유리하게 이끌 수 있습니다. 사람은 수중에 현금이 있어야 마음도 여유롭습니다.

기대감이 무너졌을 때

그렇게 기다리고 있던 현금을 소진해야 할 때는 바로 '기대감이 무너졌을 때'입니다. 피셔의 기준을 통과한 기업은 '나만이 알고 있는 소외주'라고 보기는 어렵습니다. 성장주는 대체로 시장의 상당한 관심을 이미 받고 있게 마련입니다. 온갖 사람들이 와글거릴 때보다는 이런 사람들이 공포에 질려서 도망가기에 바쁠 때 투자하면 기대수익률이 훨씬 높겠지요.

성장 기대감이 많이 반영된 회사의 주가는 언제든 어떤 이유로든 급락할 수 있습니다. 최고의 능력을 갖춘 경영진이 하는 일들도 자주 실패합니다.[256] 회사가 야심 차게 준비한 신제품이더라도 초기에 오류가 있을 수 있고, 생산이 안정화되는 데 시간이 걸릴 수 있습니다. 마음 급한 사람들이 이런 소소한 이슈에 과잉 반응할 때 우리는 이를 좋은 기회로 활용할 수 있습니다. '레슨 2'에서 언급한 것처럼 피셔의 기준에 부합하는 기업은 실패에서 오히려 빛이 납니다.

저는 감가상각비가 줄어드는 회사에서 가끔 좋은 기회를 발견합니다. 회사가 초기에 투자할 때에는 기대감이 반영되어 주가가 올라가지만, 대량의 신규 투자에 따른 감가상각비 증가로 이익률이 예상보다 못 나오는 경우가 허다합니다. 반대로 감가상각비가 줄어드는 구간에서 이로 인한 이익 증가를 기대하는 경우는 많지 않습니다. 감가상각비는 보통 모델링에 세세하게 반영되지 않습니다. 그리고 기업은 대체로 투자를 좋아하기 때문에 웬만큼 좋은 기회가 있으면 투자를 늘리게 마련입니다. 신사업이 진행되고 매출액이 실제로 늘어나고 있는데도 감가상각비가 감소하고 있다는 건 아주 좋은 기회일 수 있습니다. 설비투자 없이 구형 장비만 가지고도 최신 제품을 만들어낼 수 있다는 뜻입니다. 감가상각이 끝난 자산에서 나오는 이익률은 일반적인 수준을 아득히 뛰어넘습니다.

외부 변수로 인한 두려움

매크로에 대한 두려움도 훌륭한 기업을 사기에 좋은 기회입니다. 피셔는 경기 사이클은 전체 시장을 움직이는 5가지 강력한 힘 중 하나에 불과하다고 하였습니다. 나머지 4가지는 금리, 정부 정책, 인플레이션의 장기 추세, 발명과 기술입니다.[257] 이 요소들은 서로에게 영향을 미칩니다. 경기가 침체되면 금리와 정부 정책에 영향을 미치고, 이는 인플레이션에 영향을 미칩니다. 기술 발달로 생산성이 높아지면 경제는 장기간 낮은 인플레이션을 유지할 수 있습니다. 신기술에 집중하는 업체는 자금 지원이 필요한데, 저금리 구간에서는 돈을 쉽게 당겨올 수 있습니다. 이렇게 여러 매크로 요소들은 서로 유기적으로 엮여 있기 때문에, 안 좋을 듯하면서도 주가는 올라가고, 좋을 듯하면서도 주가는 하락할 수 있습니다.

필립 피셔는 1948년에 전쟁에 대한 공포로 인하여 다우케미칼의 엄청난 성장을 눈앞에서 뻔히 보면서도 엉뚱한 결론을 내린 투자자의 사례를 들었습니다.[258] 지식과 경험이 많은 사람일수록 오히려 명백한 사실을 왜곡해서 받아들이는 일이 왕왕 있게 마련입니다. 다음 문장을 꼭 기억하시기 바랍니다.

"시장 전체에 대한 두려움은 매우 값비싼 대가를 치른다."[259]

팔지 말아야 할 때

우리는 '팔아야 할 때'보다 '팔지 말아야 할 때'에 대해서 훨씬 더 많이 생각해야 합니다. 대부분의 투자자가 생각하는 '팔아야 할 때'는 '팔지 말아야 할 때'입니다. 매도 타이밍이라고 이야기하는 여러 상황에 매도를 해봤자 초과수익을 내는 데는 그다지 도움이 안 됩니다.

차익 실현에 대한 욕구, 매크로에 대한 두려움, 특정한 차트 모양, 어닝 쇼크, 이익 모멘텀 소진, 꽤 비싼 프리미엄 등 손가락을 근질거리게 해서 결국 매도 버튼을 누르게 만드는 사유는 아주 다양합니다. 그러나 보통은 상승 잠재력이 하락 잠재력보다 큽니다. 특히나 피셔의 기준을 통과한 회사라면요. 어설픈 매매로 주식을 팔아버리고 나면, 이후에 주가가 오르든 떨어지든 다시는 그 가격에 주식을 살 수 없는 일이 허다합니다. 아닐 것 같나요? 실제로 해보십시오(한두 번은 성공할 수 있습니다).

피셔는 이렇게 말했습니다. "일시적으로 고평가된 기업의 주가가 혹시 급락하더라도 이를 감수할 수 있어야 한다." "이런 주식을 팔고 주가가 떨어지면 적당한 시점에 재매수하겠다는 생각을 갖고 있는 투자자들은 내가 지금까지 관찰한 바로는 절대 이런 주식을 다시 사지 못한다."[260]

진정 팔아야 할 때는 다음 3가지뿐입니다.

팔아야 할 때

피셔는 팔아야 할 때를 3가지로 제시합니다. 1) 내가 잘못 판단한 것으로 확인되었을 때, 2) 회사가 더 이상 훌륭하지 않아졌을 때, 3) 더 좋은 기회를 발견하였을 때.

첫 번째, 명확합니다. 잘못 생각했으면 미련 없이 떠나야 하지요. 그러나 우리 마음에는 경로 의존성이라는 게 있어서, 잘못을 인정했더라도 포지션을 정리하기는 쉽지 않습니다. 애초에 자신의 잘못을 인정하기도 쉽지 않고 말입니다.

두 번째, 명확합니다. 회사에 투자한 이후에도 새로운 사실은 계속 등장하고, 기존에 알던 사실도 새롭게 해석되는 경우가 많습니다. 사람 마음이란 참 묘합니다. 1)과 마찬가지로, 우리는 언제나 원점에서 다시 사고하는 연습을 해야 합니다.

이 두 가지를 합쳐서 저는 '아이디어가 소진되었을 때'라고 표현합니다. 원점에서, 즉 내가 이 주식들의 포지션이 없다고 가정하고, 현재의 모든 지식과 경험은 그대로 가지고 있는 채로 이 주식을 보았을 때, '사고 싶은 마음이 드는가, 든다면 얼마나 사고 싶은가'라는 질문을 합니다. 여기서 딱히 그럴듯한 대답이 나오지 않으면 뭔가 잘못된 것입니다. 이 질문은 보유 기간 내내 꾸준히 던질 필요가 있습니다.

세 번째인 '교체매매'는 상당히 주의해야 합니다. 더 매력적인 기업을 발견했다고 말할 수 있으려면 주식의 상승 잠재력과 하락 잠재력을 계산해낼 수 있어야 합니다. 그런데 피셔의 기준을 통과한 훌륭한 기업이 어떤 성과를 내는지를 직접 체험하려면 장기간 보유해봐야만 합니다. 아직 이런 방식에 익숙하지 않은 투자자가 상대비교를 하는 일은 상당히 위험합니다.

상대비교는 투자 의사결정에서 아주 중요한 위치를 차지하고 있습니다. 가치를 산정할 때에도, 할인율을 정할 때에도 모두 상대적인 비교가 필요합니다.

"의사결정을 함에 있어서 세 가지가 중요한데, 하나는 선택이요, 둘째도 선택이요, 셋째도 선택이다."[261]

타이밍의 재구성

타이밍이란 어쩌면 선택의 문제이자 투자비율의 문제일 수 있습니다. 1권 8장에서 언급한 것처럼, 모델 포트폴리오에서 제시하는 비율과 실제 포트폴리오의 비율을 비교하여 리밸런싱을 하는 과정이 결국 매수/매도 타이밍과 동일한 이야기가 될 수 있습니다.

미래 시나리오의 확률분포에 따른 베팅 값을 구하는 '켈리 기준'이라는 공식이 있습니다. 공식은 다음과 같습니다.

$$\text{베팅 비율}=p/a-q/b$$

여기서 p는 승리 확률, q는 패배 확률, a는 패배 시 손실액, b는 승리 시 이익금입니다. 켈리 공식의 몇 가지 변형 버전이 존재하는데요. 이 공식은 미래 시나리오가 두 가지만 존재한다는 '이항 분포binomial distribution'에서의 공식입니다. q=1-p가 될 테고요. a와 b는 원금 대비 비율입니다. 패배 시 100% 손실이면 a=1, 50%를 잃으면 b=0.5로 씁니다. 승리 시 이익금도 마찬가지입니다.

켈리 기준은 동일한 게임이 계속 반복된다고 했을 때, 주어진 확률분포에서 얼마를 베팅해야 재산을 장기적으로 가장 크게 불려 나갈 수 있을지를 이야기해주는 공식입니다.[262] 너무 공격적이면 게임에서 졌을 때 타격이 클 테고, 너무 보수적이면 게임에서 이겨도 버는 돈이 별로 없겠지요. 그 중간 어디쯤엔가 있을 최적 지점을 켈리 공식이 찾아줍니다.

물론 주식시장에서는 확률분포를 정확하게 계산해낼 수 없으므로 켈리 기준에서 이야기하는 베팅 비율을 그대로 포트폴리오의 편입비에 적용할 수는 없습니다. 그러나 수많은 훌륭한 투자자들[263]이 켈리 기준을 직간접적으로 쓰는 것으로 알려져 있습니다. 이 바닥에 쓸 만한 이론은 몇 가지 안 됩니다. 훌륭한 분들이 많이 쓰고 있다면 뭐라도 공부해봐야지요.

우리는 2부와 3부에서 '가치는 미래 현금흐름의 현재가 할인이다'라는 한 문장에서 그 안에 숨어 있는 다양한 의미를 추론해냈습니다. 가치를 공식에 따라 정교하게 계산할 필요는 없지만, 각 변수가 가치에 어떻게 영향을 미치는지부터 우리가 던져야 할 적절한 질문과 행동 양식을 찾아낼 수 있었습니다.

켈리 기준도 그와 마찬가지로 공식으로부터 다양한 함의를 뽑아낼 수 있습니다. 필립 피셔가 이야기한 '매매 시점'을 켈리 기준의 관점에서 재구성해보는 건 꽤 의미 있는 일이 될 것이라고 생각합니다.

어떤 주식의 현재 가격이 1만 원이고, 좋은 시나리오에서 잠재적으로 2만 원까지 상승할 수 있고 나쁜 시나리오에서 잠재적으로 3,000원까지 하락할 수 있다고 판단했다고 해봅시다. 승리와 패배의 확률은 간단하게 50:50이라고 하겠습니다. 켈리 기준에 따른 베팅 비율은 0.5/0.7-0.5/1=21%입니다.

표 12-5

가격 하락 시 베팅 비율의 변화

현재가격	10,000	9,000	8,000	7,000	6,000
승리	20,000	20,000	20,000	20,000	20,000
패배	3,000	3,000	3,000	3,000	3,000
b	100%	122%	150%	186%	233%
a	70%	67%	63%	57%	50%
베팅 비율	21%	34%	47%	61%	79%

필립 피셔의 매매 타이밍에서 먼저 언급했던 건 일단 매력적인 기업을 발견했으면 당장 사되, 주가 하락 때 더 사기 위해서 현금을 여유롭게 남겨두라는 것이었습니다. 주가가 하락하면 베팅 비율에 어떤 변화가 생기는지 살펴봅시다(표 12-5).

업사이드/다운사이드 포텐셜이 그대로이고 주가가 하락하면 a가 감소하고 b가 증가하면서 베팅 비율이 급격히 증가합니다. a는 50%로 떨어지고 b는 233%로 늘어났네요. 얼핏 b의 증가폭이 더 많은 영향을 미친 것 같습니다만, 그렇지 않습니다.

공식에 따르면 b가 아무리 커져도 베팅 비율이 그에 비례해서 늘어나지 않습니다. 승리 시 이익금 b가 늘어날수록 베팅 비율은 q/b만큼, 즉 b에 반비례해서 늘어납니다. 반면에 패배 시 손실액 a가 줄어들수록 베팅 비율은 그에 반비례해서 p/a만큼 늘어납니다. 손실액이 0에 가

표 12-6

가격 하락 시 베팅 비율의 변화(b 고정)

현재가격	10,000	9,000	8,000	7,000	6,000
승리	20,000	18,000	16,000	14,000	12,000
패배	3,000	3,000	3,000	3,000	3,000
b	100%	100%	100%	100%	100%
a	70%	67%	63%	57%	50%
베팅 비율	21%	25%	30%	38%	50%

까워지면 베팅 비율은 1에 가까워집니다.[264]

만약 펀더멘탈이 일부 훼손되어서 업사이드 포텐셜도 함께 줄어들었다고 해봅시다. 업사이드 포텐셜을 현재 가격의 2배, 즉 b=1로 고정시켰을 때의 베팅 비율은 〈표 12-6〉과 같습니다.

가격이 6,000원일 때의 베팅 비율이 앞서 79%에서 50%로 줄었습니다. 그러나 가격 1만 원일 때의 21%보다는 여전히 현저하게 높은 비율입니다. 기업의 펀더멘탈이 일부 훼손되었다 하더라도 주가가 하락해서 a 값이 줄어들었기 때문에 베팅 비율은 더 커질 수 있습니다.

성장주는 대체로 b와 a가 둘 다 클 텐데, b가 감소해서(주가 상승 혹은 펀더멘탈 훼손) 줄어드는 베팅 비율보다 a가 감소해서(주가 하락 혹은 펀더멘탈 강화) 늘어나는 베팅 비율의 폭이 훨씬 큽니다. 필립 피셔의 매수

표 12-7

가격 상승 시 베팅 비율의 변화

현재가격	10,000	11,000	12,000	13,000	14,000	15,000
승리	20,000	20,000	20,000	20,000	20,000	20,000
패배	3,000	3,000	3,000	3,000	3,000	3,000
b	100%	82%	67%	54%	43%	33%
a	70%	73%	75%	77%	79%	80%
베팅 비율	21%	8%	-8%	-28%	-53%	-88%

원칙은 '일단 지금 사되, 추가 매수는 한참 후에 하라'는 거였죠. 피셔 스타일의 주식은 기다리다 보면 베팅 비율이 훌쩍 커지는 시기가 옵니다. 그때 기회를 잡기 위해서 추가 매수를 늦추고 현금을 유지할 필요가 있습니다.

필립 피셔는 그다음으로, '장기간 엄청난 수익을 줄 것으로 기대하는 기업을 발견했다면 단기간 주가가 급등했거나 일시적으로 고평가되어 보인다는 이유로 함부로 팔아서는 안 된다'고 했었지요.

아마도 일반적인 성장주에서 주가가 상승할 때 일어나는 베팅 비율 변화는 〈표 12-7〉과 같을 것입니다.

가격이 오를수록 a가 증가하고 b가 감소해서 베팅 비율이 확 줄어듭니다. 가격 1만 2,000원에서는 베팅 비율이 마이너스네요. 사면 안 됩니다. 다 팔아야지요. 1만 5,000원이 되는 지점에서 베팅 비율은 0이 되고, 여기서는 다 팔아야 합니다.

직관적으로 와닿지 않는 분들이 많을 거라 생각합니다. '목표주가'는 2만 원인데 1만 1,500원에서 전량 매도를 해야 하다니요. 가격이 상승할수록 잠재 손실 폭 a가 커지고, a가 1에 가까워질수록 최적 투자비율은 급격히 줄어듭니다. 목표주가가 높아도 거기까지 다 먹으려고 버티면 안 되는 이유가 바로 여기에 있습니다.[265]

피셔 스타일의 성장주는 뭐가 다른가요? 피셔 스타일의 성장주는 장기간 보유하여 복리 효과를 누리는 데 초점이 맞춰져 있습니다. 2배 정도의 업사이드를 기대하고 주식을 사지는 않습니다. 엄청나게 장기간 보유해서 몇 배, 몇십 배씩 버는 걸 기대하죠. 업사이드 포텐셜을 위 예시보다 3배 늘려보겠습니다(물론 그 정도로 좋은 기회를 발견하기 어렵다는 건 누차 말씀드렸습니다).

초기 베팅 비율이 61%였고, 가격이 50% 상승한 1만 5,000원이 되어도 베팅 비율은 46%로 감소할 뿐입니다. 가격이 2배인 2만 원이 되어도 베팅 비율은 34%로 감소합니다. 초기보다 비중을 줄여야 하긴 하지만, 전량 매도와는 거리가 멉니다. 〈표 12-8〉을 봅시다.

피셔에게 지나치게 우호적인 계산법이라는 생각이 들 수 있으니, 형

표 12-8

가격 상승 시 베팅 비율의 변화(승리 시 이익 3배로 상향)

현재가격	10,000	11,000	12,000	13,000	14,000	15,000	20,000
승리	60,000	60,000	60,000	60,000	60,000	60,000	60,000
패배	3,000	3,000	3,000	3,000	3,000	3,000	3,000
b	500%	445%	400%	362%	329%	300%	200%
a	70%	73%	75%	77%	79%	80%	85%
베팅 비율	61%	58%	54%	51%	48%	46%	34%

평성에 맞게 패배 시 도달하는 가격도 3분의 1로 더 낮춰보겠습니다.

패배 시 손실폭을 더 늘렸는데도 최적 베팅 비율은 0%보다 훨씬 큽니다. 현재 가격 1만 원에서 70% 손실이든, 90% 손실이든 크게 손해보는 건 매한가지라 베팅 비율에 큰 차이를 주지 않습니다. 반면에 업 사이드가 엄청나게 크다면 주가가 일견 많이 오른 것처럼 보여도 여전히 최적 베팅 비율이 0% 이상입니다. 주식의 비대칭적인 손익비(수익의 최대치는 무한대, 손실의 최대치는 100%)가 가지는 장점은 이런 식으로 장기간 보유해서 기업가치의 성장과 함께할 때 극명하게 누릴 수 있습니다.

그런데 실제로 베팅을 할 때 그렇게 장기간의 미래에 대한 가치 성장 폭을 미리 '예측'하고 베팅할 수는 없습니다. 그건 남보다 내가 뛰어난 통찰력을 가지고 있다는 가정이고, 그 가정은 위험합니다. 앞서 '레슨 2'에서도 예측가능기간 이상의 기간을 예측하는 건 가정에 모순이

표 12-9

가격 상승 시 베팅 비율의 변화(승리 시 이익 3배 상향, 패배 시 손실 3분의 1 하향)

현재가격	10,000	11,000	12,000	13,000	14,000	15,000	20,000
승리	60,000	60,000	60,000	60,000	60,000	60,000	60,000
패배	1,000	1,000	1,000	1,000	1,000	1,000	1,000
b	500%	445%	400%	362%	329%	300%	200%
a	90%	91%	92%	92%	93%	93%	95%
베팅 비율	46%	44%	42%	40%	39%	37%	28%

라고 말씀드렸습니다.

결국 실제로 베팅을 할 때에는 〈표 12-9〉보다는 〈표 12-7〉에 가까운 형태가 될 것입니다. 그러나 우리의 기준에는 '경영진에 대한 신뢰'가 포함되어 있기 때문에, 이 기준을 통과한 회사들은 시간이 지났을 때 새로이 가시권에 들어온 구간('레슨 2'에서 T(4)라고 이야기한)의 전망치가 평균보다는 높을 것입니다. 시간이 지나고 기업의 가치도 성장하여, 가격 상승에도 불구하고 손익비가 여전히 매력적이라면 베팅 비율도 비슷하게 유지가 되겠지요.[266]

우리가 할 일은 남다른 통찰력을 부리면서 남들과 예측 싸움을 하는 게 아닙니다. 그저 새로운 정보가 드러날 때마다 손익비를 다시 계산해 주면서 판단을 재검토하기만 하면 됩니다. 그렇게 다시 검토한 결과 손익비가 영 매력적이지 않다, 따라서 최적 베팅 비율이 유의미하게 줄어들었거나 0 이하로 하락했다면 주식을 매도합니다. 그게 바로 피셔의 '팔아야 할 때' 첫 번째와 두 번째 기준입니다.

'팔아야 할 때'의 세 번째 기준은 뭐였나요? 다른 투자 대상과의 상대 비교죠. 이것도 간단합니다. 손익비를 구했다면 베팅 비율이 나오죠. 이 베팅 비율대로 배분 비율을 조정하면 됩니다. 어떤 주식은 베팅 비율이 50%이고 어떤 주식은 베팅 비율이 30%라면, 두 주식을 5:3 비율로 베팅하면 됩니다.[267] 1권 8장의 '레슨 3. 분산투자'에서 이미 언급한 내용입니다.

피터 린치와 필립 피셔의 차이라면, 피터 린치라면 베팅 비율이 0%보다 유의미하게 큰 주식은 웬만하면 다 담았겠지만, 필립 피셔는 아주 매력적인 베팅 비율이 나오는 소수의 기업만 한정적으로 포트폴리오에 편입했을 거라는 점입니다. 투자 대상 간의 상대적인 차이가 피터 린치에게는 '비중 조절'이 되고 필립 피셔에게는 '종목 편·출입'이 되는 거죠. 근본적인 차이는 없습니다.

사실 수집에 대하여

필립 피셔의 책을 처음 읽은 분들은 '사실 수집scuttlebutt[268]'을 어떻게 할 수 있는지를 자주 묻습니다. 필립 피셔는 투자할 기업을 고르는 데 필요한 정보를 수집하는 기법으로 '사실 수집'이라는 방법을 제시하였고, 이를 통해 기업이 15가지 기준에 부합하는지 파악한다고 하였습니다.

사실 수집이란 기업과 관계된 모든 사람으로부터 의견을 수집하는 행위를 뜻합니다. 기업이 만드는 제품의 소비자, 기업에 무언가를 공급하는 회사와 경쟁사의 임직원 등 '회사 내부 사람은 아니지만 현재 그 회사와 거래 중이거나 과거에 거래했던 이들로부터 해당 회사에 대한 정보를 알아내는 행위'라고 하였습니다.[269]

이 사실 수집을 투자자로서 내가 어떻게 수행할 것인지는 그다지 신경을 쓸 필요가 없습니다. 사실 우리 모두는 이미 사실 수집을 하고 있거든요. 기업을 분석하기 위해서 어떤 경로로 정보를 수집했는지 다시 생각해봅시다. 제품을 실제로 써보고, 제품을 써본 사람들의 의견을 직접 물어보거나, 인터넷에서 후기를 검색하거나 했지요. 다른 제품들과 비교도 해봤을 테고요. 간혹 업계에서 일하는 사람이 쓴 블로그나 유튜브 영상 등에서 좋은 정보와 의견을 구할 수 있습니다.

이런 모든 행위가 사실 수집에 해당합니다. 필립 피셔가 이야기한 대로 회사와 관련된 사람을 직접 만나서 의견을 구한다? 물론 그렇게 할 수 있으면 좋지만, 없는 인맥을 억지로 만들어낼 필요까지는 없습니다. 억지로 사람을 만나봤자 허심탄회하게 좋은 이야기를 해줄 가능성은 상당히 낮습니다.

필립 피셔의 시대에는 인터넷이 없었습니다. 필립 피셔가 방점을 둔 건 회사와 관련이 있는 사람들의 의견이었지, 인맥을 쌓는 그 자체가 아니었습니다. 피셔의 시대에는 의견을 구하려면 당연히 사람을 만나야 했겠지요. 지금은 사람을 만나지 않고서도 아주 많은 양의 정보를 득할 수 있습니다. 물론 그 정보의 신뢰도에 대해서는 각자가 판단해야 하겠지만, 사람을 직접 만나서 이야기를 듣는다 해도 신뢰도를 판단해야 하기는 매한가지입니다.

버핏은 사실 수집을 '채널 체크channel check'라고 불렀습니다.[270] 버핏은 아메리칸 익스프레스가 위기에 처했을 때 아멕스 고객과 가맹점이 아멕스 카드와 여행자수표를 여전히 사용하는지를 확인하면서 '사실 수집'을 처음 활용했다고 했습니다. 시즈 캔디가 고객 마음속에 어떤 이미지로 자리하는지를 확인하는 것도 사실 수집 행위였습니다. 코스트코에서 고객들이 어떤 효용을 느끼는지 확인하는 것도 사실 수집입니다.

필립 피셔 책의 전체 맥락을 살펴보면 사실 수집을 강조하는 건 특정한 형태의 정보 수집 행위를 강조하기보다는 기업의 질적인 요소가 중요하다고 이야기하는 것 같기도 합니다. 재무제표나 보고서 등에서 나오는 숫자보다 현장에서 느껴지는 냄새가 더 중요하다는 거죠. 다시 말해, 사실 수집은 특정 행위가 아니라 투자 기준을 지칭한다고 볼 수도 있습니다. 이런 관점에서 본다면 '사실 수집'과 '15가지 기준'은 동전의 양면 같은 관계입니다.

'내가 사실 수집을 잘할 수 있느냐'라는 질문도 그다지 큰 의미가 없습니다. 사실 수집은 우리가 이미 하고 있는 행위이고, 내가 어떤 사람 혹은 채널로부터 양질의 정보를 득할 수 있으며 어떤 정보를 잘 해석할 능력이 있느냐가 각자 다를 뿐입니다. 이에 따라 능력 범위가 달라지고요. 그러므로 '내가 사실 수집을 잘할 수 있을까?'라는 질문보다는 '내가 어떤 영역에서 더 나은 사실 수집을 할 수 있을까?'라는 질문이 적절합니다.

그리고 사실 수집을 통해 15가지 기준에 대해서 모두 대답할 필요는 없습니다. 필립 피셔도 모든 질문에 대답할 필요는 없다고 했습니다. 사실 수집이 궁극적인 성공 투자 기법이 아닐 수 있다고 피셔 스스로도 언급한 바 있습니다. 사실 수집의 약점은 시간이 너무 오래 걸린다는 점이며, 세상이 변하는 속도보다 내가 정보를 취득하는 속도가 더 늦을 수 있다고 지적하였습니다.[271] 현재 한국에서는 'HS CODE[272]'를 조회하여 기업의 수출 품목을 월 단위로 추적할 수도 있습니다. 이런 일이 과연 지속적으로 초과수익을 줄 수 있을까요?

사실 수집을 통해 우리가 할 일은 첫 번째, '현장 지식field knowledge'을 확보하는 일입니다. 업계의 준전문가 수준으로 지식을 확보하여 새로이 나오는 뉴스에 대해서 더 깊이 있게 해석할 수 있다면 투자자의 능력 범위가 그만큼 넓어집니다. 단순 정보 수집, 더 빠른 정보 수집이 목적이 아니라, 정보를 소화하는 능력을 키우는 게 우리의 목적입니다.

주식투자는 단순히 정보를 빠르게 확보하는 게임이 아닙니다. 단순한 하나의 정보에 따라 주가가 단편적으로 움직이지도 않으며, 정보우위는 경쟁이 치열해지면 빠르게 희석되는 종류의 우위입니다. 정보우위 경쟁에서 이기고자 한다면 어느새 합법과 불법의 경계에 서있는 자신을 발견하게 될지도 모릅니다.[273] 더 빠르게 정보를 입수하는 것보다 확인된 정보를 해석하는 능력이 훨씬 중요합니다. 정보는 시간이 지나면 희소가치가 급격히 떨어지지만, 현장 지식을 통한 통찰력은 시간이 지날수록 점점 경쟁력이 커집니다.[274]

두 번째는 기업의 신뢰성을 검증하는 일입니다. 아이를 키우는 사람들 사이에서 통용되는 금언이 있습니다. 아이를 야단칠 때 사람이 아니라 행동에 대해서 하라는 것입니다. 아이가 잘못된 행동을 했을 때 "너는 나쁜 아이구나"가 아니라 "너는 나쁜 행동을 했어"라고 이야기해야 합니다. '나쁜 아이'라 함은 그 아이의 전반적인 행동 경향, 인격에 대한 판단으로 바뀌기 어렵습니다. '나쁜 행동'이라는 표현을 하면 잘못의 범위를 그 행동 하나로 국한시키고, 아이가 변화할 수 있음을 전제하고, 아이가 행동을 바꾼다면 칭찬을 받는 시나리오도 존재합니다.

어떤 대상을 형용사(나쁜 아이)로 묘사하는 건 좀 더 본질적이고 예측

가능한 행동 패턴이 있음을 가정합니다. 대상을 동사(나쁜 행동을 했다)로 묘사하는 건 그 행동은 지속가능성이 낮은 개별 행동일 뿐임을 전제합니다. 그런데 이 둘은 사실 동전의 양면 같은 관계입니다.[275] 나쁜 행동을 많이 할수록 '나쁜 아이'라는 평가를 들을 가능성이 높아지고, '나쁜 아이'라는 평가를 듣는 아이는 앞으로도 나쁜 행동을 할 가능성이 높아집니다.

우리가 기업에 대한 정보를 모으는 일은 기업을 묘사할 수 있는 '형용사'를 더 많이 찾아내는 과정이라고 할 수 있습니다. '창의적인 제품을 내놓는', '원가절감을 잘하는', '위기 대응 능력이 강한', '잘못을 솔직하게 인정하는' 등의 묘사를 할 수 있게 된다면 투자자는 기업을 '믿을 수 있는' 단계에 온 것입니다. 다시 말해, 예측 가능성이 높아졌습니다. 기업을 이렇게 판단하기 위해서는 과거에 기업이 했던, 그리고 현재 하고 있는 수많은 일을 수집해야 합니다. 그게 바로 사실 수집입니다. 사실 수집의 궁극적인 목적은 '기업을 믿을 수 있는가'에 대한 대답을 내리기 위함이라고 볼 수 있습니다.

다시, 여기서 그만두셔도 됩니다

1권 1부를 마무리하면서 이렇게 말씀드렸었죠. 시장 전체를 추종하는 인덱스 펀드를 사고, 자본주의가 건강하게 유지되는지만 체크하면 된다고요. 그것만으로도 다른 웬만한 투자자를 이길 수 있습니다. 이 '상대적인 승리'가 누적되면, 상위 1%는 아니더라도 상위 10%로 생을 마감할 수 있습니다.

그럼에도 불구하고 그 이상을 원하는 사람들과 함께 여기까지 2부와 3부의 긴 여정을 거쳐왔습니다. 누구로부터 배울 수 있는지를 차근차근 검증하고, 그들의 사고 체계를 습득했습니다. 그 귀결로 이제 아주 강력한 무기를 하나 얻었습니다.

제 펀드의 운용보고서에서 가장 빈번하게 등장하는 문구가 있습니다. "결국 우리는 이길 것입니다." 결국 우리가 시장보다 좋은 성과를 낼 것으로 전망하는 이유는 저희의 '훌륭한 통찰력' 따위가 아니라, 우리와 함께 하는 '훌륭한 기업들' 덕분입니다.

훌륭한 경영진을 발견하여, 너무 비싼 값이 아닌 선에서, 그냥 계속 가지고 갑니다. 경영진이 여전히 훌륭한지만 평가하면 됩니다. 장기적으로 어마어마한 성과를 거둘 수 있습니다.

이 결론이 1부의 결론과 대칭을 이룬다는 것을 눈치채셨나요? '시장 전체로서의 주식'이 다른 '자산군'보다 좋은 성과를 내기 위해서는 기업 활동에 참여하는 사람들의 창의성과 정직함을 장려하는 사회 환경이 조성되어야 합니다. '특정 주식'이 '다른 주식'보다 초과수익을 내기 위해서는 해당 기업에 근무하는 사람들의 창의성과 정직함을 장려하는 기업 환경이 조성되어야 합니다. 이 방법이 더 이상 작동하지 않을 때는 언제일까요? 기업이 더 이상 초과수익을 추구하지 않을 때, 기업에서 성과를 낸 사람이 보상을 받아가지 못할 때, 조직의 성과가 주식이 아닌 다른 자산에 귀속될 때 등이겠지요.

우리는 미래를 예측할 필요가 없습니다. 미래는 사람이 만들어갑니다. 기업은 유기체이고, 기업의 초과수익이 귀속되는 자산인 주식도 결국 유기체입니다. 유기체는 스스로 판단하고 스스로 외부 환경에 대응하여 스스로를 성장시킬 수 있습니다. 유기체의 장기적인 '미래'는 '현재' 유기체가 얼마나 건강한지, 실수로부터 배우려는 의지가 있는지, 솔직한지 등으로부터 판단할 수 있습니다.

이것만으로도 아주 훌륭한 성과를 낼 수 있습니다. 중요한 건 그 이상을 '하지 않는' 일입니다. 무언가를 '하는' 것보다 '하지 않는' 것이 훨씬 더 중요한 분야가 바로 투자입니다.

하지만 여기에 만족하지 않는 분들이 아주 많겠지요. 매일 주가가 왔다 갔다 하는데, 여기에도 무슨 법칙이 있지 않을까, 시장을 면밀히 판단하고 기민하게 움직이면 돈을 벌 수 있지 않을까 고민이 되겠지요. 무엇보다, 아무리 훌륭한 기업을 잘 골랐더라도 매크로가 무너지면서 시장 전체가 빠질 때, 길게 보면 회복될 것이라는 믿음이 있다 하더라도 당장 눈앞에 반토막난 계좌를 보고 있으면 참담한 기분이 들 수 있습니다.

시장 전체의 전반적인 흐름에 대해서는 '알 수 없다'라는 대답이 가장 좋은 대답입니다. 알고자 시도하는 것이 아무것도 시도하지 아니함만 못할 수 있습니다. 여기에 대해서 이야기하자면 우리는 새로운 거인들과 마주해야 합니다. '님아, 그 강을 건너지 마오'라고 아무리 말씀드려도 호기심에 어쩔 수 없이 발을 들이게 되겠지요. 새로운 먼 여정이 될 것입니다. 다시 한번 말씀드립니다. 여기서 그만두셔도 됩니다.

"성공한 사람과 진정 성공한 사람과의 차이는, 진정 성공한 사람은 거의 모든 선택지에 '아니오'라고 대답한다는 것이다."

| 워런 버핏[276] |

투자자의 서재

필립 피셔

필립 피셔는 네 권의 책을 썼습니다. 1957년에 쓴 《위대한 기업에 투자하라Common Stocks and Uncommon Profits》는 훌륭한 기업의 성장에 함께하는 투자법을 소개한 책으로서, 이 책으로 피셔는 전국구 스타가 되었습니다. 1960년에 쓴 《최고의 투자Paths to Wealth through Common Stocks》는 첫 번째 책을 보완하면서 당시의 인플레이션에 대한 피셔의 견해를 잘 드러내는 좋은 책입니다. 매크로 환경에 맞서서 투자자가 어떤 식으로 고민해야 하는지 잘 배울 수 있습니다. 버핏은 이 두 권을 《현명한 투자자》에 버금갈 정도로 훌륭한 책이라고 추천했습니다.

나머지 두 권 《보수적인 투자자는 마음이 편하다Conservative Investors Sleep Well》와 《나의 투자 철학Developing an Investment Philosophy》은 한국에서 《보수적인 투자자는 마음이 편하다》라는 한 권의 책으로 합쳐서 출간되었습니다. 《보수적인 투자자는 마음이 편하다》은 1975년에 쓴 책으로 《위대한 기업에 투자하라》를 요약 정리하는 동시에 그동안의 실제 사례에 어떻게 적용되는지를 알 수 있습니다. 《나의 투자 철학》은 회고록 성격으로, 필립 피셔의 일대기를 알 수 있습니다. 피셔는 인터뷰도 거의 하지 않았는데요. 현재 찾을 수 있는 자료로는 1987년 포브스의 두 차례 인터뷰, 1996년 한 차례 인터뷰가 있습니다. 그리고 사망하기 4년 전인 2000년 5월의 스탠포드 대학 강연이 있습니다.

기업 분석

기업을 분석하고 평가하는 전반적인 과정에 대한 책은 의외로 찾기 쉽지 않습니다. 제가 예전에 공저로 쓴 《서울대투자연구회의 성공투자노트》가 꽤 괜찮은 책인데, 절판입니다. 송선재 애널리스트의 《스스로 좋은 투자에 이르는 주식 공부》가 주식을 바라보는 기본적인 관점부터 분석과 평가 방법까지 정갈하게 잘 소개해놓았습니다. 이 분야 교과서로는 마이클 포터의 논문을 모은 책들이 있습니다. 《경쟁론》, 《경쟁우위》, 《경쟁전략》 등이 있는데요. 체계적으로 공부해보고 싶은 분에게는 도움이 될 겁니다. 두께의 압박이 심하지만 생각보다 술술 읽힙니다.

브루스 그린왈드는 버핏도 추천한 저자인데요. 《경쟁 우위 전략》은 포터의 연구에 대한 재해석이라고 볼 수 있습니다. 진입장벽이 곧 경쟁우위라고 하는데요. 규모의 경제의 역설이라든가, 기존 관념을 뒤엎는 신선한 관점들이 많아서 재밌게 읽을 수 있습니다.
좀 더 대중서 느낌으로 정리해놓은 책은 팻 도시의 《모닝스타 성공투자 5원칙》이 있습니다. 펀드평가사 모닝스타의 주식분석 부서를 이끌던 저자가 쓴 책이어서 기업 분석의 교과서로 삼아도 무방합니다.[277] 같은 저자가 쓴 《경제적 해자》도 상당히 좋습니다. 버핏이 강조하는 경제적 해자의 원천, 유형, 그릇된 해자, 해자의 몰락 등 다양한 화두를 다룹니다. 쉽게 읽을 수 있습니다.
전반적인 기업 경영에 관해서는 짐 콜린스의 《좋은 기업에서 위대한 기업으로》, 톰 피터스의 《초우량 기업의 조건》, 리드 헤이스팅스의 《규칙 없음》 등이 괜찮을 텐데요. 여기에 등장하는 실제 기업들이 이후에 어떤 길을 걷고 있는지를 살펴보면 흥미로운 여러 상상을 할 수 있습니다. 경영은 참 쉽지 않네요.

이런 여러 책에서는 각자 강조하는 포인트들이 다릅니다. 그 차이에 대해서는 크게 신경 쓰지 않아도 됩니다. 그저 '이런 기준으로 기업을 평가할 수 있구나', '이런 걸 중요하게 생각하는 관점도 있구나' 정도로 받아들이면 됩니다. 중요한 건 자기만의 기준입니다.

산업 분석

산업의 전반적인 사이클을 다룬 책으로는 군터 뒤크의 《호황 VS 불황》이나 하워드 막스의 《투자와 마켓 사이클의 법칙》이 있습니다. 개별 산업을 공부하려면 애널리스트의 '인 뎁스' 리포트가 좋습니다. 산업은 계속 변화하고, 애널리스트는 변화하는 산업에 대해서 누구보다 깊게 이해해서 투자자에게 전달하고자 하는 사람들이니까요. 인 뎁스 리포트는 몇 달씩 '각 잡고' 쓰는 보고서이기 때문에 내용이 유익합니다.

인 뎁스 리포트를 읽기가 부담스럽거나, 이보다 더 기초적인 지식 체계를 쌓고 싶다면 책으로 공부하는 것도 괜찮습니다. 코로나19 사태 이후 주식투자자가 늘어난 영향인지, 세부 산업을 깊이 다루는 책들이 많이 출간되었습니다.

반도체: 김영우의 《반도체 투자 전쟁》, 우황제의 《현명한 반도체 투자》, 정인성의 《반도체 제국의 미래》, 김경민의 《반도체 애널리스트의 리서치 습관》 등이 반도체 산업의 기본기와 변화 양상을 이해하기에 좋습니다. 삼성전자와 SK하이닉스는 홈페이지에 있는 '반도체 이야기'와 '뉴스룸'에는 최근 소식과 다양한 자료들이 있습니다.

소비재: 세부 섹터별로 책이 다양하게 나왔는데요. 박종대의 《로켓 배송은 어디서 날아왔을까》는 유통업에 대해서, 《K-뷰티, 어디서 왔고 어디로 가고 있는가?》는 화장품 산업에 대해서 잘 설명합니다. 소비자 트렌드를 파악하기 위해서 김난도의 《트렌드 코리아》 시리즈를 매년 사보는 분들도 있습니다.

에너지: 이쪽 교과서로는 대니얼 예긴의 《황금의 샘》을 최고로 칩니다. 이후에 나온 책들도 좋은데, 다들 분량 압박이 상당합니다. 레오나르도 마우게리의 《당신이 몰랐으면 하는 석유의 진실》도 재미있게 읽었습니다. 친환경 쪽으로는 《진격의 재생에너지》도 좋다고 합니다. 그리고 전기차 기술과 밸류 체인에 관해서는 톰 덴튼의 《전기차 첨단기술 교과서》를 추천받았습니다.

바이오: 바이오는 정말 '공부한다'는 마음으로 접근해야 합니다. 김시언의 《바이오의약품 시대가 온다》가 그나마 투자자의 관점에서 써준 입문서 정도가 될 테고요. 제가 읽은 책으로는 남궁석의 《암 정복 연대기》, 김성민의 《어떻게 뇌를 고칠 것인가》와 《진단이라는 신약》, 캐서린 카버의 《오늘도 우리 몸은 싸우고 있다》, 마사하루 타케무라의 《만화로 쉽게 배우는 분자생물학》, 제니퍼 다우드나의 《크리스퍼가 온다》, 싯다르타 무케르지의 《암, 만병의 황제의 역사》, 랜디 엡스타인의 《크레이지 호르몬》, 앨러나 콜렌의 《10퍼센트 인간》, 데이비드 싱클레어의 《노화의 종말》, 토마스 슐츠의 《의학의 미래》, 박한선·구형찬의 《감

염병 인류》, 도준상의 《면역항암제를 이해하려면 알아야 할 최소한의 것들》 등이 있습니다. 그래도 여전히 어렵네요. 의료장비 쪽으로는 최윤섭의 《디지털 헬스케어》와 《의료 인공지능》, 김충현의 《의료기기 산업의 미래에 투자하라》와 《글로벌 의료기기와 디지털 헬스 투자 전략》이 있습니다.

개별 기업: 실제 기업의 창업자나 경영자가 쓴 책도 있습니다. 해당 회사와 산업에 대한 인사이트뿐 아니라 경영과 삶 전반에 대한 여러 메시지를 던져주는 책들입니다. 역시 경영은 쉽지 않은가 봅니다. 필 나이트의 《슈독》, 밥 아이거의 《디즈니만이 하는 것》, 레이 크록의 《사업을 한다는 것》 등은 엄청난 책입니다. 인터뷰 기반이긴 한데 이기문의 《크래프톤 웨이》도 아주 재미있습니다. 눈물납니다.

가치평가

가치평가는 교과서로 공부하는 게 정석이긴 합니다. 저는 맥킨지에서 나온 《기업가치평가》로 공부했습니다. 최근에 《기업가치란 무엇인가》라는 책이 나오기도 했네요. 어스워스 다모다란의 《기업가치평가》가 손꼽히는 교과서인데, 번역서가 나온 지 너무 오래 되어서 구하기가 어렵습니다. 조만간 새 번역이 나올 것으로 기대합니다.

가벼운 버전인 《주식 가치평가를 위한 작은 책》도 괜찮고, 《내러티브 앤 넘버스》도 좋습니다. 《내러티브 앤 넘버스》는 정성적인 스토리를 숫자로 어떻게 녹여내는지 잘 설명한 책입니다. 제 책에서 분량 관계상 할 수 없었던 이야기들을 많이 담고 있으니 적절한 보완이 될 듯합니다.

브루스 그린왈드의 《가치투자》도 이쪽 분야의 고전이라고 할 수 있습니다. 가치평가를 투자에 어떻게 접목할지 고민하는 사람에게 도움이 될 것입니다. 이중욱 회계사가 쓴 《가치투자를 위한 나의 첫 주식가치평가》'도 기본적으로 공부해야 할 항목들을 잘 다루고 있습니다.

남은 이야기

> "우리의 믿음 중 어느 것도 진실이 아니다.
> 모든 것에 모호함과 오류의 그림자가 최소한 희미하게라도 드리워져 있다."
> **_버트란드 러셀**

우리는 미래를 알 수 없습니다. 그러나 '알 수 없다' 해서 '아무것도 할 수 없다'는 뜻은 아닙니다. 우리가 하는 모든 행동에는 모호함과 불확실성, 오류의 가능성이 드리워져 있지만, 그럼에도 불구하고 인류는 많은 업적을 이루어냈습니다.

투자자들의 행동은 일견 예측 불가능한 것 같지만, 가끔 집단적으로 거의 동일한 움직임을 보일 때가 있습니다. 귀스타프 르 봉은 이를 '군중crowd'이라고 불렀습니다. 군중심리학, 즉 군중의 심리에 관한 학문은 100년 가까운 역사를 지니고 있습니다. 또한 '행동경제학'이라는 학문에서는 인간의 편향된 의사결정에 대해서 흥미로운 사실들을 알려주고 있습니다.

시장의 전반적인 분위기, 각각의 주식들 모두 투자자의 심리에 영향을 받습니다. 또한 기업에서 실제 생산 활동에 참여하는 사람들, 이들에게 사업자금을 대출해주는 과정, 실물 소비자들의 구매 의사결정 모두 심리의 영향을 받습니다. 훌륭한 투자자들 중에는 기업의 펀더멘탈뿐만 아니라, 이러한 다수 시장 참여자들의 '심리'를 이용하여 훌륭한 성과를 거둔 사람들이 있습니다. 우리는 또 다른 일군의 전설적인 투자자들로부터, 사람들의 마음을 어떻게 읽고 투자에 어떻게 적용하는지 배워볼 수 있을 것입니다.

3부, 그리고 이후의 모든 내용을 종합해보면, 이 모든 의사결정 과정은 결국 '배분 비율'의 문제입니다. 헝가리의 전설적인 투자자 앙드레 코스톨라니는 투자와 투기를 나누는 기준은 '베팅 비율의 차이'라고 했습니다. 아무리 많은 정보를 득하고 유리한 게임에 나섰더라도 과도한 금액을 베팅하면 파산에 이릅니다. 그렇다고 아무것도 하지 않으면 결국 지는 게임이 됩니다. 자본시장에서 대부분의 의사결정은 '할 것이냐, 말 것이냐'가 아니라 '얼마나 할 것이냐'의 문제로 귀결됩니다.

돈 얘기는 윤택한 삶을 사는 데 있어서 사실 그렇게 중요하지 않습니다. 하기 싫지만 해야 하는 여러 일이 그러하듯, 어느 정도 궤도에 오르고 나면 '더 나은 성과를 내는' 것보다는 '투입하는 에너지를 줄이는' 게 훨씬 더 우리 삶을 윤택하게 만듭니다. 이 거대한 '확률 게임'에서 우리는 어떻게 하면 '예측하지 않아도 되는 삶'을 살 수 있을까요? 3권에서 다시 뵙겠습니다.

주석

03. 발차기 만 번

9. 기초 체력 테스트

1 필립 피셔, 《위대한 기업에 투자하라》, p.248, 굿모닝북스, 2005. 원문은 "Similarly, they cannot be made in the stock market unless you or your investment advisor utilize the same traits that will bring large rewards in any other field of activity."

2 문서의 목차는 가끔 바뀔 때가 있다. 2022년 4월 현재 2번이 사업의 내용, 3번이 재무제표다.

3 엄밀하게는 '제품 및 서비스'라고 해야 하나, 말이 길어지니 이후에는 '제품'이라고만 하겠다.

4 3부 마지막 '투자자의 서재'에서 소개하겠다.

5 네이버 주식, 플래닛, 버틀러, 빅파이낸스, 인베스팅닷컴, 시킹알파 등. 필자는 에프엔가이드의 컴퍼니 가이드(http://comp.fnguide.com)가 가장 익숙하다. 별다른 UI가 없어서 속도도 빠르고 꼭 필요한 양질의 정보를 잘 간추려서 제공한다.

6 자사주매입소각은 11장에서 자세히 다룬다.

7 엄밀히 말하면 '이익준비금'도 빠진다.

8 워런 버핏의 영웅 중 하나인 필립 캐럿도 그의 저서에서 적절한 투자처를 판단할 때 던져야 할 6가지 핵심 질문의 하나로 자금 조달 방식(차입, 증자, 재투자)을 꼽았다. 스콧 채프먼, 《더 레슨》, p.279, 길벗, 2022

9 2021년 9월 결산 기준 보통주지분 631억 달러 중 이익잉여금 56억 달러

10 총부채/총자산을 쓰기도 한다.

11 현재의 3번이 아니라 11번 '재무제표 등'을 보아야 한다.

12 이익률이 30%에서 29%로 줄어들면 이익금은 3.3% 감소한다. 이익률이 5%에서 4%로 줄어들면 이익금은 20% 감소한다.

13 부동산임대와 부동산투자가 본업이 아닌 경우

14 버핏클럽 2022년 9월 9일자 기고문에 ROE의 중요성에 대해 압축적으로 다루었다. https://cafe.naver.com/buffettclub/656

15 순이익에서 금융손익의 영향을 제거한 값. 가끔 그냥 순이익을 쓰는 경우도 있는데, 재무구조의 영향을 배제하는 것이 ROA의 취지이기 때문에 순이익은 적절하지 못하다.

16 워런 버핏은 ROIC를 중시한다. 그는 기업을 지배해서 비효율적인 자산을 제거할 수 있으니 ROIC가 유용하다. 행동주의 투자자들도 비효율성을 개선해서 가치를 높이는 것을 목표로 하기 때문에 ROA/ROIC/ROE를 구분하는 것이 유용하다. 그러나 다른 대부분의 투자자에게는 ROIC란 일종의 '그림의 떡'이다. 그런데 워런 버핏은 기업을 지배할 수 있는 경우든 기업을 지배하지 못하고 일부만 보유하는 경우든 가치를 평가하는 기준은 동일하다고 했다. 그러므로 버핏처럼 기업을 지배할 수 없다 하더라도 우리는 ROIC에 신경을 써야 한다는 결론이 나온다. 고민해볼 일이다.

17 분모에 매출액이나 총매입액을 쓰기도 한다.

18 좀 더 정교하게는 계절조정이라는 기법이 있는데, 이건 통계학자의 영역이니 여기까지는 가지 않도록 하겠다.

19 피터 린치, 《월가의 영웅》(개정 3판), 18장 가장 어리석고 위험한 열두 가지 생각, '사지 않아서 엄청 손해 봤네', 국일경제연구소, 2021

20 마이클 포터, 《경쟁론》, p.375, 21세기북스, 2011

21 필립 피셔, 《최고의 투자》, p.333, 이든하우스, 2021

22 마이클 포터, 《경쟁우위》, p.356, 비즈니스랩, 2021

23 마이클 포터, 《경쟁우위》, p.28. 포터의 어떤 책을 읽어보아도 '5 Forces' 모델은 핵심 요소로 등장한다.

24 LCD 초창기에 PDP라는 기술이 잠시 등장했다가 사라졌다. 그리고 엄밀히 LED 는 LCD에서 BLU를 CCFL에서 LED로 대체한 것이라, 완전히 다른 제품이라고 보기 애매한 면이 있다. 더 세부적으로는 QD LED TV라는 것도 있는데 이것도 적용 수준에 따라 3가지로 분류할 수 있다.

25 니켈 계열과 리튬 계열은 넓게 보면 이차전지라는 같은 산업군에 속하는 경쟁 관계이나, 좁게 보면 다른 계열의 배터리로서 쓰임새가 조금 다르다. 앞서 언급했다시피 산업의 경계선은 이런 식으로 흐릿하다. 동종 산업이냐 아니냐에 집착하는 건 현학적인 논쟁이다.

26 2013년에 3위 사업자인 마이크론과 4위 사업자인 엘피다가 합병했다. 4위 난야는 2.7%였다. SK하이닉스는 2012년까지는 하락 사이클에서 분기 적자를 냈고, 2016년 하락 사

이클부터 흑자를 유지했다. 2018 년 1분기 디램 시장점유율은 삼성전자가 45.6%, SK하이닉스가 27.2%, 마이크론이 23.0%로 3사 합산 95.8%를 기록하였는데, 2019년 하락 사이클에서도 각 사는 무난한 흑자를 달성했다.

27 휴대전화를 전자제품이라고 본다면 노트북, 태블릿 등이 대체재가 될 테고, 소비재라고 본다면 의식주나 자동차와도 대체 관계가 된다.

28 아연을 제련할 때 부산물로 은이 나온다. 고려아연은 부산물 판매 수익이 워낙 커서, 회사 이름을 고려은으로 바꿔야 한다는 농담을 하기도 했다.

29 폴리실리콘이나 과산화수소 등은 반도체 등 정밀공정에 쓰일 때에는 순도가 매우 중요해서, 범용 제품보다 비싼 값을 받을 수 있다.

30 고만고만하게 불편하던 UI를 혁신한 카카오뱅크와 토스뱅크는 예외다.

31 실제 쓰이는 용어는 아니다. 사회학에서 쓰이는 용어를 가져왔다.

32 이런 식의 단가 인하 압력은 비상장회사가 상장을 하고 나서 영업이익률이 떨어지는 원인이 되기도 한다. 회사가 여러 사업부서를 가지고 있거나 여러 고객에게 다양한 제품을 납품하고 있다면 각각의 협상 테이블에서 '이 제품은 마진 없이 파는 겁니다'라고 주장할 수 있다.

33 이익률이 높아서 고객사가 단가 인하를 하려고 해도, 이미 경쟁사와 비슷한 가격을 제시해놓은 상태라면 추가로 인하할 명분이 약하다.

34 가격 인상이라는 말이 부도덕하게 느껴진다면 '가격 인하 압박에 저항할 수 있는 힘'이라고 생각해보자.

35 브루스 그린왈드, 《경쟁 우위 전략》(개정), 2장 경쟁우위 I: 공급과 수요, 처음북스, 2022

36 마이클 포터, 《경쟁론》, p.36

37 필립 피셔, 《최고의 투자》, p.298

38 하지만 신규 설비 투자가 꺼려지기는 기존 8인치 사업자 입장에서도 마찬가지여서, 고객과 주주의 요청에도 불구하고 증설을 계속 미루어 원성을 샀다. 어떤 주주는 "DB하이텍이 증설하는 꿈을 꾸었습니다. 그 꿈은 이루어질 수 없는 꿈이기 때문에 눈물이 납니다"라며 농담을 던지기도 했다.

39 직원이 더 많은 지식을 얻음에 따라 단위당 인건비가 감소하는 현상은 학습곡선이라고 부른다.

40 세라믹 안테나 회사와 미팅하면서 수율의 비결이 무엇이냐고 물었더니 '작업자의 손기

술'이라는 답변을 들었다.

41 인수 또한 정부의 허가를 받아야 하기도 한다.

42 팻 도시, 《경제적 해자》, p.163, 북스토리, 2021

43 그러나 금리가 올라가면서 사람들은 "언제 이익을 낼 건데?"라는 질문을 진지하게 하기 시작했다.

44 자라는 평균 2주일에 한 번씩 매장 물건의 70%를 교체한다.

45 필립 피셔, 《위대한 기업에 투자하라》, p.67

46 채찍 효과와 인플레이션에 대해서 버핏 클럽 칼럼(https://cafe.naver.com/buffettclub/417)에서 다룬 바 있다.

47 그러므로 통념과 달리 기준금리 인상이 반드시 이익 증가로 이어지지는 않는다. 이는 보험업도 마찬가지다. 보험업도 대표적인 금리 인상 수혜주로 인식되지만, 채권가치 하락으로 인한 자산 축소가 금리 인상의 긍정적 효과를 상쇄하며, 듀레이션이 긴 생명보험이 손해보험보다 더 크게 영향을 받는다. 그렇다고 금리 인하의 수혜를 받는 것도 아니다. 보험업의 성과는 오히려 언더라이팅(underwriting)의 정밀함, 효율적인 영업비용 관리, 규제 완화 사이클에 맞춘 적극적인 신상품 출시 등 개별 기업의 역량에 크게 좌우된다.

48 장기 공급계약, 원재료 투입 시차, 원료 가격 연동 등으로 원재료 가격 상승의 영향을 덜 받았다. 중국의 락 다운으로 인한 물류 차질과 완성차 업체의 가동률 부진 등의 영향을 더 많이 받았다.

49 수출 기업은 환헤지가 언제나 고민인데, 그냥 열어두는 회사가 투자자 입장에서는 오히려 마음이 편하다. 환헤지는 비용도 많이 들고, 원하는 목적을 달성하기도 어렵다. 어차피 길게 보면 돌아오는 게 환율인데, 그걸 관리하려고 노력한다는 건 경영진이 단기 이익 안정성에 집착하여 회사의 자원을 낭비하고 있다는 뜻일 수 있다. 2008년 키코(KIKO) 사태는 금융에 무지한 실무진, 단기 이익 안정을 추구하는 조직문화, 어떻게든 상품을 팔아대려는 금융 회사가 합작으로 만든 참사다. 키코는 2007년 원화 강세에 대한 '저비용 환헤지 상품'이라는 명목으로 상당히 많이 팔렸다. 원래 키코는 풋매수-콜매도 구조로서 환율 상승(원화 약세) 시 하방(손실)이 열려버리는 상품이지만, 달러 매출액의 외환평가차익이 상쇄해준다. 그러나 당시의 키코는 풋매수 비용을 낮추기 위해서 콜매도를 2배로 하는 바람에, 원화 약세 시 헤지 포지션의 2배로 손실이 났다.

50 티켓 가격에는 유류할증료라는 것도 반영되어 유가 상승분을 어느 정도 상쇄해준다. 중요한 건 수요자의 주머니가 얼마나 여유가 있느냐이다.

51 수입차는 딜러사들이 표준화된 옵션으로 주문을 하는데, 빠른 출고를 위해서 어라운드 뷰나 전동 선블라인드 등의 전장 옵션을 빼고 들여오기도 했다.

52 피터 린치의 '곡괭이와 삽' 기법은 이와 유사하지만, 반대로 성장 산업의 보완재에 투자하는 방법이다.

53 1999년 7월 선 밸리 연설

54 마이클 포터, 《경쟁우위》, p.433

55 마이클 포터, 《경쟁론》, p.260. "클러스터 내에서의 요소 조달은 수직적 통합보다도 더 효율적이다."

56 성장 산업에서 승자 기업을 골라내기 어려울 때 산업 전체의 ETF를 사면 되지 않을까 하는 생각을 자연스럽게 떠올릴 수 있다. 그러나 경쟁이 치열하여 개별 기업이 초과수익을 내지 못한다면, 그러한 기업들을 모아놓은 ETF 역시 장기적으로 좋은 성과를 기대하기 어렵다. 유튜브 '여의도다락방' 2022년 10월 31일 방영분에서 성장 산업의 ETF에 투자하는 방안에 대해서 다루었다. https://youtu.be/j5x34zAqPec

57 앨리스 슈뢰더, 《스노볼 1》, p.565, 알에이치코리아, 2021. 휴지 개수를 세어본 결과 원래 들어 있어야 할 500장보다 적은 매수가 들어 있었다.

58 넷플릭스의 조직문화를 설명한 슬라이드. 실리콘 밸리에서 가장 많이 조회된 슬라이드로 알려졌다. https://www.slideshare.net/reed2001/culture-1798664 62번 슬라이드 'Rule Creep' 참고

59 피터 린치, 《이기는 투자》(개정판), 흐름출판, 2021

60 컴플라이언스상 실제 기업의 이름을 언급하며 경쟁우위를 논하기 어려운 점을 양해해 주기 바란다.

61 마이클 포터, 《경쟁우위》, p.190

62 쿠팡의 로켓배송이 대표적인 사례

63 한국의 팹리스 회사는 대부분 고객사의 커스터마이징 요청에 빠르게 대응해주는 것을 강점으로 내세운다. 이차전지 소재 회사들도 커스터마이징 강점을 주장한다.

64 매장 수가 급속히 늘어나면서 더욱 다양한 지역의 세부적인 수요를 커버해야 하는 부담이 늘어났고, 현지의 수요를 더욱 잘 맞춘 로컬 패스트 패션 브랜드도 생겨났고, 환경을

해친다는 비판에도 직면했다.

65 마이클 포터, 《경쟁우위》, p.364. 해당 챕터인 7장 '산업 세분화와 경쟁우위'에서는 산업을 잘게 쪼개서 구분하는 방법에 대해서 상세히 설명한다.

66 '서울대투자연구회의 성공투자노트'에 수록했었다.

67 물론 코로나19의 영향이 컸기 때문에, 향후의 추이는 지켜볼 일이다.

68 엑시노스는 LSI(비메모리반도체) 사업부의 매출액인데, 이 또한 휴대전화 사업부(IM 사업부였다가 가전과 합쳐져서 DX 사업부가 됨) 자체 소비 물량과 외부 판매 물량이 있다.

69 마이클 포터, 《경쟁우위》, p.307

70 마이클 포터, 《경쟁우위》, p.325

71 상장 후 1년여가 지난 2022년 10월 카카오뱅크의 주가는 상장일 종가 대비 4분의 1 수준으로 하락하여, 우리금융지주, 기업은행과 유사한 8조 원 정도의 시가총액이 되었다. 상장 당시 BNK투자증권의 김인 애널리스트는 '카카오뱅크는 은행이다!!!'라는 제목의 매도 의견 보고서를 내서 주목받았고, 시간이 지나 그 의견이 맞았음을 입증했다. 한편, 그 보고서조차 당시의 목표주가는 2만 4,000원(시총 11조 4,000억 원)으로 지나치게 공격적이었다는 슬픈 농담이 퍼지기도 했다.

72 틱-톡 전략이라든가, 외부 파운드리를 활용하지 않고 자체 팹을 보유하는 전략 등

73 마이클 포터, 《경쟁우위》, p.254

74 어스워스 다모다란, 《투자 전략 바이블》, 그림 10.5, 에프엔미디어, 2021

75 그렇다고 잠재적인 인수 대상이 될 기업을 미리 골라서 포트폴리오를 구성하는 것도 그다지 좋은 전략이 아니다. 상장기업 중에서 피인수 대상이 되는 기업은 대부분 기업 내용이 부실하다. 언제 인수될지 모르는 회사에 장기간 투자하다 보면 장기간 저조한 수익률을 얻는다. 어스워스 다모다란, 《투자 전략 바이블》, 10장 참고

76 포터는 '썩은 사과의 문제'라고 불렀다. 마이클 포터, 《경쟁전략》 p.506 참고, 프로제, 2018

77 블로그 happist.com. 링크가 길어서 요약 링크로 대체했다. https://tinyurl.com/4k8asnfm

78 애견인들을 화나게 할 작명이다.

79 2017 년부터 K 시리즈와 X 시리즈가 통합&이관되었다. 2019 년 X6가 마지막 X 라인업이었는데, 처음 공개 시에는 Q60이었다. Q 시리즈는 2020 년 Q92를 마지막으로 단종되었다.

80 마이클 포터, 《경쟁우위》, p. 13

81 마이클 포터, 《경쟁우위》, 14장 '방어 전략' 참고. 방어 전략과 공격 전략은 결국 동일한 이야기다.

82 넥슨, 엔씨, 넷마블 3사를 통칭하여 '3N'이라고 불렀다.

83 같은 미션을 계속 수행하면서 아이템을 획득해야 하는, 소위 '노가다'라고 불리는 행위의 반복 및 과금 정책

84 2021년 9월 30일 쇼케이스에서는 신작을 소개하면서 아인하사드 과금 모델을 비롯하여 어떤 시스템이 '없는지'에 대한 이야기가 상당 비중을 차지했다. 확률형 아이템 논란은 워낙 심각하여, 확률을 공시해야 한다는 법안도 수년째 발의되고 있다.

85 스콧 채프먼, 《더 레슨》, p. 138

86 2020년 11월 11일 공식 보도자료 참고. "Apple에서 처음으로 오직 Mac을 위해 설계한 칩이다." https://www.apple.com/kr/newsroom/2020/11/apple-unleashes-m1/

87 IT 업계 사상 최대 규모다. 이전까지는 델이 670억 달러에 데이터 스토리지 업체 EMC를 인수한 기록이 최고였다.

88 쓸데없이 첨언하자면, 직선 자를 대고 그으면 동일 비율 성장 그래프를 그릴 수 없다. 어떤 값이 동일 비율로 커지려면 익스포넨셜 그래프가 되어야 한다. 물론 Y축이 로그라면 직선 자로도 동일 비율 성장 그래프를 그릴 수 있지만….

89 필립 피셔, 《위대한 기업에 투자하라》, p. 83

90 필립 피셔, 《위대한 기업에 투자하라》, p. 108

10. 가치평가라는 환상

91 벤저민 그레이엄, 데이비드 도드, 《증권분석》, p549

92 필립 피셔, 《최고의 투자》, p. 130

93 조던 엘렌버그, 《틀리지 않는 법》, 7장 '죽은 물고기는 독심술을 하지 못한다', 열린책들, 2016

94 필립 피셔, 《최고의 투자》, p. 130

95 자세한 논의는 《버핏클럽 vol. 4》에 기고하였다.

96 조던 엘렌버그, 《틀리지 않는 법》, 6장 볼티모어 주식 중개인과 바이블 코드

97 스콧 채프먼, 《더 레슨》, p. 72

98 엄밀하게 이야기하자면 할인율 개념이 반영되어야 한다.

99 말 그대로 '대충' '비슷한'이다. 앞서 언급한 회계 기법의 한계가 없이 자산가액이 대체원가를 정확히 반영한다는 가정에서 성립할 수 있다.

100 여러 기업분석 보고서에서는 '1년 포워드 PBR'이라는 흥미로운 값을 쓰는 경우가 많은데, 필자는 별로 선호하지 않는다. 9장에서 설명했다시피 포워드 값은 '유량'을 나타낼 때의 한계를 보완하기 위해서 사용하는데, '저량'에서 굳이 1년 포워드를 쓸 필요가 없다. 기업이 흑자이기만 한다면 미래의 포워드 PBR은 트레일링 PBR보다 줄어들 테니, 좀 더 싼 것처럼 보이게 하는 효과는 있다. 주의해야 한다.

101 그 역이 반드시 성립하지는 않는다. 배당을 지급하지 않는다고 주주 중시 성향이 없는 증거라고 할 수는 없다. 가장 흔한 예로 버크셔 해서웨이는 웬만해서는 배당을 지급하지 않는다. 배당을 주는 것보다 버크셔가 돈을 계속 굴리는 게 장기적으로 더 크게 가치가 증대할 거라는 이유 때문이다. 투자 대상이 없을 때는 버크셔 자사주를 매입함으로써 주주가치를 높인다. 당장 현금이 필요한 주주는 주식을 일부 매도함으로써 현금을 마련할 수 있다.

102 필립 피셔도 성장 여력이 풍부한 회사는 배당보다 재투자를 하는 게 모두에게 이익이라고 강조했다. 그러나 이는 배당을 '더 늘릴지'를 고민할 때의 이야기이지, 배당을 전혀 지급하지 않는 게 낫다는 뜻이 아니라고 첨언하였다. 배당을 전혀 지급하지 않는 회사에 투자하려면 그에 마땅한 확실한 이유가 있어야 한다. 필립 피셔, 《위대한 기업에 투자하라》, 7장 '배당금을 둘러싼 소란' 참고

103 배당주에 대한 자세한 논의는 켄 피셔의 《주식시장의 17가지 미신》, 8장 '고배당주로 확실한 소득을?'(페이지2, 2021), 어스워스 다모다란의 《투자 전략 바이블》, 2장 '고배당주는 가격이 상승하는 채권?'을 참고하기 바란다.

104 리처드 코너스, 《워런 버핏 바이블》, 5장 회계, 평가, '도둑놈들의 용어' [Q2017-57], 에프엔미디어, 2017

105 일시적으로 위기에 처했을 때 버틸 수 있는 여력을 체크하는 지표로 EBITDA를 쓰기도 한다. 이 경우에는 그냥 재무상태표의 현금 수준을 체크하면 된다. 캐시 버닝을 체크한다면서 이자비용을 환입한 EBITDA를 쓰는 건 이치에 맞지 않다. 그리고 현금이 소진되기 한참 전부터 기업은 대출이든 채권이든 신종 자본증권이든 살아남기 위해서 무슨 짓이든 한다. 그게 어려우면 진작에 유증했을 것이고.

106 EV/EBITDA의 가장 큰 매력은 발음이다. 따라해보자. "이-븨-이비따아." 농담이다. 논외로, 성장 기업의 평가에 흔히 쓰이는 PSR(시가총액/매출액)도 일관성을 어긴 지표다. 일관성을 지키려면 시가총액/매출액이 아니라 EV/매출액을 써야 한다.

107 1권 6장 '오해 2. 가격은 가치에 수렴한다' 참고

108 단서가 많이 달려 있다는 점에 주의하기 바란다. 우선 '명백한' 비영업용 자산이어야 한다. 9장에서 설명한 것처럼, 해당 자산이 영업용인지 비영업용인지 외부인이 구분하기는 어렵다. 그리고 명백한 비영업용 자산이라 하더라도 경영진이 그 비영업용 자산을 방치해두고 있다는 건 이미 주주가치 훼손이다. 영업에 필요하지 않은 자산을 도대체 왜 그냥 가지고 있는 건가. 따라서 비영업용 자산을 가치에 더해주는 건 가시적인 매각 계획이 나왔을 때에만 가능하다. 그런데 보통은 회사가 힘들어 죽겠어서 빚 갚을 돈도 없을 때 비영업용 자산을 매각한다. 이미 회사의 영업가치가 훼손되어 있고 생존을 위해서 비영업용 자산을 매각하는 상황에서 자산매각대금을 가치에 더해주는 건 별 의미가 없다.

109 https://www.berkshirehathaway.com/letters/2008ltr.pdf 버크셔 해서웨이 주주서한 2008, p5. "Price is what you pay; value is what you get."

110 교과서적인 가격결정 이론에서는 1) 원가+마진, 2) 상대가격 비교 3) 부가가치 계산이라고 3가지를 제시하는데, 3가지 모두 따져보면 순환참조다. 이는 이론이라기보다는 실무 절차에 가깝다.

111 혹자는 이 대목에서 "DCF를 중시하시는군요"라고 이야기하는데, DCF라는 '기법'을 '중요시'하는 것과는 많이 다른 이야기다. 용어가 동일해서 혼선을 야기할 수 있는데, '기법'으로써의 DCF는 분자에 NOPAT이 들어가고 분모에 WACC가 들어가는 등등의 특정 계산법을 의미한다. 본문에서 이야기하는 현금흐름할인은 말 그대로 '주주가 돌려받을 수 있는 현금흐름'을 적정하게 '할인'한 값이 '가치'라는 의미이다. 그리고 이 논리가 다른 모든 가치평가법에 우선한다는 주장이다. 이 주장에 기반한 여러 실무적인 평가법 중 하나로 DCF가 있는데, DCF는 사실 실무적으로는 아주 써먹기 곤란한 방법이다. 1권 7장 마무리 파트에 언급하였다.

112 리처드 코너스, 이건 역, 《워런 버핏 바이블》, 1장 주식투자, '뉴턴의 제4 운동 법칙' [2005]

113 슬리피지는 거래비용의 큰 부분이긴 하지만 시스템 외부로 빠져나가는 비용은 아니다.

114 '기업이 번 돈'이 줄어들 수도 있고, 번 돈에 대해 주주가 차지하는 '지분율'이 줄어들 수도 있다. 경영진의 나쁜 행태에 대해서는 11장에서 자세히 다룬다.

115 정말 재무제표 분석 능력이 뛰어나서 분식회계를 발견해내거나 단기간(한두 분기 혹은 1년 정도) 미래의 이익 방향성을 예측해내는 경우가 있기는 하다. 이 경우에는 손실을 회피하거나 이익을 낼 수 있다. 이는 각자의 고유한 능력 범위에 해당하는 일이니 알아서 잘할 것이라 믿는다.

116 투자와 투기의 구분은 상당히 주관적이고 모호하다. 일상 용어에서 이 용어들은 엄밀한 정의에 따라 사용되기보다는 어떤 행위를 비난하거나 포장하고 싶은 의도를 담아 사용되는 경우가 많다. '폰지 구조' 자체가 사기는 아니다. '폰지 구조'를 '폰지 구조'가 아닌 것처럼 위장하는 게 사기이며, 이를 '폰지 사기'라고 부른다.

117 '폰지 구조'가 아닌 구조는 다른 투자자의 존재가 없이도 구매자가 효용을 누릴 수 있는 거래 구조다. 본문에서 가치에 대해 설명하면서 투자자 간의 거래 관계를 배제시킨 점에 주목하기 바란다. 다른 투자자의 참여 없이 '한 명의 투자자'가 증권 발행자와의 거래를 통해 누릴 수 있는 효용이 존재해야 가치가 있다고 볼 수 있다.

118 1권 2장 참고

119 1권 8장 레슨 2 참고

120 리처드 코너스, 이건 역, 《워런 버핏 바이블》, 1장 주식투자, '뉴턴의 제4 운동 법칙' [2005]

121 엄밀히 말하면 어느 시점에 얼마만큼의 현금을 주주환원에 쓰고, 영업용 투하자본 이외의 잉여현금을 얼마나 회사에 유보할 것인가, 자기자본과 타인자본의 비율은 어떻게 할 것인가 등 영업 외적인 요소에 대한 가정도 추가되어야 한다.

122 경우에 따라 주식의 위험을 '체계적 위험'과 '비체계적 위험'으로 나누어서, '체계적 위험'은 R_m으로 쓰고, 비체계적 위험은 별도로 더하기도 한다. 뒤의 논의를 보면 알겠지만, 하등 쓸모없는 내용이다.

123 분산의 스퀘어 루트 값

124 1%+1.5×(7%-1%)=10%

125 사실 이 명제가 틀린 건 아니다. 지적인 능력을 아무리 활용해도 초과수익을 내기 어려운 건 엄연한 사실이다. 그 어려운 걸 어떻게 할 수 있는지를 이야기하기 위해서 이런 책을 쓰는 중이지 않나.

126 매일 꾸준히 조금씩 상승해서 장기간 초과수익이 났다면 베타가 1 미만일 수도 있겠지만 보통은 베타가 크다.

127 물론 분모가 음수가 될 수 있는 지표들이 많이 사용되고는 있다. 당장 PER만 해도 분모가 음수가 될 수 있다. 그러나 이런 지표들은 보통 그 한계를 함께 설명하고, 제한적인 상황에서만 적용할 수 있는 특수 이론임을 암시한다. CAPM은 가치평가의 일반 이론인 척하는 게 큰 문제다.

128 CAPM에 기반한 포트폴리오 이론을 정립한 해리 마코비츠도 본인의 자산 관리에 그 이론을 사용하지 않는다. 모건 하우절, 《돈의 심리학》, 11장 참고, 인플루엔셜, 2021

129 스콧 채프먼, 《더 레슨》, 4장 존 템플턴의 레슨

130 1권 7장 '젖소를 키웁시다' 참고

131 스콧 채프먼, 《더 레슨》, p.467

132 대니얼 피컷, 이건 역, 《워런 버핏 라이브》, 2003 Q9

133 제임스 오언 웨더롤, 《돈의 물리학》, 1장 퀀트의 씨앗

134 대니얼 피컷, 이건 역, 《워런 버핏 라이브》, 2003 Q7

135 대니얼 피컷, 이건 역, 《워런 버핏 라이브》, 2002 Q3

136 6년 차 시점에서 바라본 7년 차 이후의 영구가치=C7/(r-g)인데, g=0이므로 150/0.1=1,500

137 6년 차 시점에서의 영구가치이므로 6년 차 시점의 할인과 동일.
$(1+r)^6=(1.1)^6=1.77$

138 장부가액이 매각대금을 그대로 반영한다고 가정

139 할인율이 GDP 성장률이 아닌 한은 기업의 영구성장률은 반드시 할인율 이하가 되어야 한다.

140 투자자가 기업을 너무너무 사랑한다면 초과수익의 지속가능기간을 50년, 100년이라고 해도 된다. 영원히 지속된다고 가정하지만 않으면 이론적으로 문제는 없다. 물론 그런 전망이 과도한 낙관이었다고 밝혀졌을 때의 아픔은 투자자가 스스로 감내해야 한다.

141 공식 유도는 2016.04.18 DB 금융투자(당시 동부증권) 강현기 보고서를 참고하기 바란다.

142 얼마나 장기간인지는 지나봐야 안다. 엄밀한 해석은 초과수익이 지속되는 동안 '갭 수익률'만큼의 주가 갭이 메꿔지고 이후에도 회사가 할인율만큼의 성장을 지속했을 때 전체 누적수익률을 연율화한 수익률이 '장기 기대수익률'이다. 이 장기간은 초과수익이 지

속되는 기간보다 더 길어져도 상관없다. 그러나 할인율은 보통 GDP 성장률보다 높기 때문에, GDP 성장률 이상의 ROE 가 무한히 지속된다는 가정은 성립할 수 없다. 이 PBR 공식은 할인율을 초과하는 성장률을 달성할 수 없게 되었을 때 기업을 청산한다는 가정을 담고 있고, 그 청산 시점까지가 이 공식에서 이야기하는 '장기간'이다. 혹은 기업 내부에 잉여현금을 유보시키지 않는다면 이 '장기간'은 훨씬 길어질 수 있다. 성장의 한계에 도달한 이후 높은 ROIC를 유지하면서 잉여현금은 회사 외부로 보낸다면, GDP 성장률 이상의 ROE가 무한정 지속된다는 가정이 성립할 수 있다. 버크셔 해서웨이의 'Sainted Seven'이 그런 존재다. 여기서 문제는 투자자가 환원받은 현금으로 할인율만큼의 수익률을 다른 투자안에서 만들어낼 수 있느냐다. 80년 동안 그렇게 하면 버핏이 된다.

143 필립 피셔, 《최고의 투자》, p.129

144 필립 피셔, 《위대한 기업에 투자하라》, p.157

145 $(1.2/1.1)^{10}$

146 $1.2/(2^{(1/10)})-1$

147 $1.2/(3^{(1/10)})-1$

148 2.39/2.00-1=19.5%, 2.39/3.00-1=-20.3%

149 정확히 표현하자면, 주식투자를 통한 장기 기대수익률(이 경우 10%) 대비 더 못한 수익률을 얻게 될 것이며, 그 손해의 폭을 현재가로 환산했을 때 -20%라는 뜻이다.

150 스콧 채프먼, 《더 레슨》, 18장 투자에 대한 영향과 관점

151 참고로 이 수익률은 상대비교를 위한 개념적인 수치일 뿐이다. 기업이 할인율 이상의 ROE를 낼 수 없을 때에는 여유 현금을 전액 배당한다, 배당세가 0%다, 투자자는 배당받은 금액을 재투자하여 할인율만큼의 수익을 낼 수 있다 등 이상적인 가정이 들어가 있다. 실제로 한 기업에 장기간 투자하면 ROE가 하락하고, 기업이 배당을 하지 않은 채 현금으로 허튼 짓을 하거나, 투자자가 배당받은 금액으로 할인율만큼의 수익을 못 올리는 등의 일이 발생한다.

152 좀 더 전문적인 논의는 SK증권 이효석 애널리스트가 2020년 7월 20일에 발간한 '보이지 않는 세상에서 투자하는 법(2)'를 참고하기 바란다. Equity Duration을 소개한 훌륭한 보고서다.

153 https://buffett.cnbc.com/video/2022/05/02/morning-session---2022-meeting.html 버크셔 해서웨이 주주총회 2022, 오후 세션 챕터 17. We had no idea when we bought anything — well, we always hoped it would go down for a while so we could buy more, and we hoped even after we were done buying and ran out of money that if it was cheap the company would keep buying, in effect, taking our interest up.

154 필립 피셔, 《위대한 기업에 투자하라》, p.151

155 정확하진 않습니다. 하지만 빨랐죠.

156 넷플릭스가 다양한 콘텐츠를 편의성 높은 형태로 제공하면서 콘텐츠 불법복제를 몰아냈으나, OTT 업체들의 경쟁이 심해지면서 불법복제 콘텐츠가 다시 은근슬쩍 인기를 얻고 있다는 풍문이 있다. OTT 는 Over The Top의 약자인데, 이렇게 여러 OTT 업체가 콘텐츠를 파편화해서 갈라 먹고 있는 시장이라면 OTT라는 용어부터 무색해진다.

157 버크셔 해서웨이는 2022년 1분기에 610억 달러를 거래했는데, 이 매매 집행은 단 한 명이 담당했다.

158 엄밀히 따지자면 설비투자와 인력채용을 많이 해서 고객에게 더 많은 서비스를 제공할수록 주머니를 더 열겠지만, 그보다는 입지, 규제, 경기의 영향을 더 크게 받는다.

159 테슬라를 예로 들자면, '전기차 침투율 포화(70%?) 시기(2040년?) ⇨ 전체 전기차 판매량 ⇨ 테슬라의 시장점유율 ⇨ 평균판매단가 ⇨ 이익률' 순으로 답변을 하다 보면 먼 미래의 순이익이 나온다. 여기에 자동차 회사 평균 PER(6배?)을 곱하면 미래의 적정 시가총액이 나온다. 이 값을 현재로 환산하면 현재의 적정 시가총액이 나온다. 여기에 미래에도 테슬라가 전기차 사업만 하고 있을 것인가, 자동차 사업이 지금처럼 단순한 제조업일 것인가 등의 질문을 추가하여 이익과 멀티플을 다르게 평가할 수 있다. 중요한 건 가정이 맞는지, 틀린지보다는 숫자로 표현 가능한 가정을 통해 적정 시가총액을 검증해 가는 과정 그 자체이다. 아크인베스트의 분석에 따르면 2026년 1,700만 대 판매를 전망했다. 2022년 5월 22일 현재 시가총액은 6,878억 달러(주당 663.90달러)이다. 판매량 가정을 그대로 가져온다 치고, 평균판매단가 40,000달러, 순이익률 15%, PER 6배를 적용하면 대충 6,120억 달러 시가총액이 된다. 2022년 1분기 기준 인도량 31만 대, 평균판매단가 5만 4,000달러, 영업이익률 19.2%, 순이익률 13.5%다. 테슬라는 자동차 판매 외에도 태양광, 충전 등 부대사업을 하고 있고 자율주행 등 부가기능에 대해 구독모델도 도입했다. 현재 연간 전 세계 자동차 판매량은 약 8,000만 대 수준이고, 2021년 전기차 판매량은 670만 대였다. 하나금융투자 2022년 5월 25일 포럼 자료에 따르면 2026년 전기차 판매량 전망치는 약 2,509만 대다. 아크의 테슬라 판매량 전망이 얼마나 현실적인지

는 알아서 판단하자.

160 마이클 포터, 《경쟁 우위》, p.678

161 프리미엄이라는 용어의 정의 자체가 장부가에 무언가를 얹어주는 요소이므로 동어반복일 수도 있다.

11. 생선 가게 고양이

162 필립 피셔, 《최고의 투자》, p.250. If he doesn't have this view - the investor's confidence in the overall excellence of his company's management - perhaps he should ask himself why he is holding the shares at all.

163 필립 피셔, 《보수적인 투자자는 마음이 편하다》, p.116, 굿모닝북스, 2005

164 필립 피셔, 《최고의 투자》, p.176

165 포인트 2, 8, 9, 12, 13, 14, 15. 총 15가지 항목 중 7개가 경영진에 관한 내용이다.

166 필립 피셔, 《최고의 투자》, p.163

167 필립 피셔, 《최고의 투자》, p.36

168 스콧 채프먼, 《더 레슨》, 4장 템플턴의 투자 종목 선택 방법

169 《위대한 기업에 투자하라》의 15가지 조건 중 15번 항목을 보면, 정확히 이런 행태가 묘사되고 있다.

170 회사가 자사주를 보유한 채로 인적분할을 하면 분할된 두 회사가 모두 양사의 주식을 보유한다. A가 A, B로 분할할 경우 A는 B주식을 새로 가지고, B는 A, B주식을 가지게 된다. 문제는 A가 소유한 A주식은 의결권이 없는데, A가 소유한 B주식과 B가 소유한 A주식은 의결권이 부활하는 것. 분할 전 대주주가 A주식을 30% 보유하고, 자사주 10%가 있었다면, 분할 후 대주주는 A 30%, B 30%를 보유하는데, A ⇨ B가 10% 존재하기 때문에 대주주 소유의 B주식을 A에 현물출자하면 대주주의 A 지분율은 올라가고 A ⇨ B 분할 전 대주주 ⇨ A 지분율보다 더욱 높아진다. 가치를 어떻게 평가하느냐에 따라 다르겠지만 예를 들어 대주주 ⇨ A 40%, A ⇨ B 40%가 가능. 좀 더 악독하게는 B를 현물출자하기 전에 B의 실적을 왕창 부풀리고 A의 실적을 망가뜨릴 수도 있다. 문제는 또 다른 옵션이 있다는 건데, B의 실적을 망가뜨리고 A가 B주식을 공개매수할 수도 있다. 이 외에도 다양한 선택지가 있다. 대주주가 어떤 형태를 선택하느냐에 따라서 두 회사 실적의 향방이 극단적으로 갈라진다는 게 말이 되는 일인가. 이를 자세히 다룬

문서는 많다. 필자의 아웃스탠딩 2020년 10월 6일자 기고문을 참고해도 좋다. https://outstanding.kr/lgchem20201006

171 한국 웹사이트에서 액티브엑스가 지독하게 오래 버틴 이유는 의사결정권자들이 본인의 손으로 그 사이트에 접속해서 직접 뭔가를 할 일이 없었기 때문이라고 생각한다.

172 이안 로버트슨의 《승자의 뇌》(알에이치코리아, 2013)에서 권력과 뇌 구조의 변화를 상세히 다룬다.

173 양영순, 덴마, a catnap 112화

174 GAAP 기준, 자회사 IFRS에서는 지분통합법(pooling method)으로 평가해서 영업권이 발생하지 않는다.

175 '히든 에셋'이라는 멋들어진 용어로 불렀다. 무언가를 숨겨놨다는 건 그 자체로 수상한 일 아닌가. 숨겨진 보석을 발견하는 건 신나는 일이지만, 그 보석을 감춰둔 당사자에게 내 돈을 맡길 이유가 있는가?

176 2022년 현재 소득 2억 원 이하 10%, 2억~200억 원 이하 20%, 200억 원 초과~3,000억 원 이하 22%, 3,000억 원 초과 25%가 적용되고 있다.

177 이연법인세자산/이연법인세부채로 쌓아뒀다가, 유보가 끝나는 시점에 상계처리한다.

178 전환사채는 주가가 특정 수준 이하로 하락하면 전환가액을 재산정하는 '리픽싱' 조항이 들어가 있는 경우가 많다. 주가가 하락할수록 전환되는 주식이 많아지므로 주주가치가 더 많이 희석된다.

179 캐럴 루미스, 《포춘으로 읽는 워런 버핏의 투자 철학》, p.135, 비즈니스맵, 2022

180 로버트 해그스트롬, 《워런 버핏의 완벽투자기법》, 3장 기업 인수_12가지 불변의 요소들, '재무 요소', 세종서적, 2020

181 은행, 증권, 보험 등은 원래 부채비율이 높고 ROA가 낮다.

182 마리아 코니코바, 《블러프》, 12장 '가장 먼저 알아야 할 건 나 자신', 한국경제신문사, 2021

183 https://www.berkshirehathaway.com/letters/2010ltr.pdf 버크셔 해서웨이 주주서한 2010. "You shape your houses and then they shape you." 처칠의 실제 발언은 We shape our buildings, and afterwards our buildings shape us." (1943년 10월 28일 연설)

184 Does the company have depth to its management?

185 민주적이고 평등한 의사결정 체계와 혼동하는 경우가 있는데, 그것과는 다르다. 모두가 같은 권한을 가지거나 투표로 의사결정하는 체제와는 관련이 없다. Role &

Responsibility가 광범위하게 분포되고, 각자의 권한과 책임이 일치하는 체제를 말한다.

186 https://buffett.cnbc.com/video/2013/05/04/afternoon-session---2013-berkshirehathaway-annual-meeting.html 버크셔 해서웨이 주주총회 2013, 오후 세션 챕터 3

187 https://buffett.cnbc.com/video/2016/04/30/afternoon-session---2016-berkshire-hathaway-annual-meeting.html 버크셔 해서웨이 주주총회 2016, 오후 세션 챕터 23

188 https://buffett.cnbc.com/video/2017/05/06/afternoon-session---2017-berkshirehathaway-annual-meeting.html 버크셔 해서웨이 주주총회 2017, 오후 세션 챕터 12

189 https://www.berkshirehathaway.com/letters/2007ltr.pdf 버크셔 해서웨이 주주서한 2007

190 팻 도시, 《경제적 해자》, 10장 '슈퍼스타 CEO의 환상'

191 필립 피셔, 《위대한 기업에 투자하라》, p.161

192 버핏은 가끔씩 "버크셔 주식은 고평가되어 있다"라고 언급한다. 버크셔 해서웨이는 2011년 9월에 처음으로 자사주 매입을 결정했다. 2022년에는 1분기 동안 약 415억 달러를 순매수해서 화제가 되었다. 전체 매수 518억 달러 중 31~32억 달러는 자사주매입에 사용되었는데, "우리는 버크셔의 가치를 높여줄 수 있는 행동 이외의 어떠한 움직임도 취하지 않습니다. 자사주가 가장 매력적인 상태일 때에만 매수합니다"라고 하였다. https://buffett.cnbc.com/video/2022/05/02/morning-session---2022-meeting.html 챕터 7. "we never do anything that we don't think adds to the value of Berkshire Hathaway, though. So we only repurchase the shares when that is the most attractive thing."

193 물론 자사주는 배당을 수령하지 않으므로 DPS(주당배당금)을 올려주는 효과는 있다. 배당을 한다면 말이다.

194 켄 피셔, 《주식시장의 17가지 미신》, 8장 참고

12. 피셔, 한 가지 발차기

195 I fear not the man who has practiced 10,000 kicks once, but I fear the man who had practiced one kick 10,000 times.

196 https://buffett.cnbc.com/video/2004/05/01/afternoon-session---2004-berkshirehathaway-annual-meeting.html 버크셔 해서웨이 주주총회 2004년, 오후 세션 챕터 19. 찰리 멍거는 피셔의 교리를 설파하는 전도사 같았다고 하였다. "I met Charlie in 1959, and Charlie was sort of preaching the Fisher doctrine, also, to me. Little different form, but his ideas paralleled those of Phil. So I was sort of getting it from both sides."

197 https://finance.yahoo.com/news/warren-buffett-phil-fisher-shaped-175647251.html 피셔가 버핏에게 미친 영향에 관한 글. https://25iq.com/2015/11/07/ama-on-charliemunger-what-did-charlie-munger-learn-from-phil-fisher/ 멍거와 버핏이 피셔에 대해 언급한 내용을 모아놓은 페이지

198 《위대한 기업에 투자하라》, 2003년도 개정판 서문, 번역서에서는 p.260

199 *Common Stocks and Uncommon Profits*, 한국에서는 2005년에 번역되었다. 원서 제목이 예술적이다.

200 *Paths to Wealth through Common Stocks*, 한국에는 2022년에야 번역되었다.

201 https://buffett.cnbc.com/video/1996/05/06/afternoon-session---1996-berkshirehathaway-annual-meeting.html 버크셔 해서웨이 주주총회 1996, 오후 세션 챕터 29. 책을 추천해달라는 요청에 투자 책으로는 필립 피셔의 첫 두 권과 《현명한 투자자》의 8장과 20장을 읽어볼 것을 권했다.

202 각각 원제는 *Conservative Investors Sleep Well, Developing an Investment Philosophy* 한국에는 2005 년에 《보수적인 투자자는 마음이 편하다》라는 제목으로 합본으로 번역 출간되었다.

203 실제로는 피터 린치와 필립 피셔의 중간쯤인 것 같다.

204 '그레이엄 85%, 피셔는 15%'라는 질문에 대한 답변. https://buffett.cnbc.com/video/1995/05/01/afternoon-session---1995-berkshirehathaway-annual-meeting.html 버크셔 해서웨이 주주총회 1995, 오후 세션 챕터 9, "I think I'd rather think of myself as being a sort of a hundred percent Ben Graham and a hundred percent Phil Fisher in the points where they don't — and they really don't —contradict each other. It's just that they had a vastly different emphasis."

205 https://buffett.cnbc.com/video/2004/05/01/afternoon-session---2004-

berkshirehathaway-annual-meeting.html 버크셔 해서웨이 주주총회 2004, 오후 세션 챕터 19, 'Remembering Phil Fisher'. "The basic idea of that it was hard to find good stocks, and it was hard to find good investments, and that you wanted to be in good investments. And therefore, you just find a few of them that you knew a lot about, and concentrate on those, it seemed to me such an obviously good idea. And indeed, it's proved to be an obviously good idea. Yet, 98 percent of the investing world doesn't follow it. That's been good for us. It's been good for you."

206 필자와 생일이 이틀 차이난다. ^^

207 은행에서 투자론을 전공한 졸업생을 추천해달라고 했는데, 추천할 졸업생이 없었다. 피셔는 학교 측에 재학생인 자신을 보내달라고 설득했다. 필립 피셔, 《보수적인 투자자는 마음이 편하다》, p.98

208 필립 피셔, 《보수적인 투자자는 마음이 편하다》, p.102

209 고객의 수를 15명 미만으로 하고, 광고를 하지 않을 경우 SEC에 등록하지 않고도 투자 수익의 1%를 자문수수료로 받을 수 있었다. 필립 피셔, 《위대한 기업에 투자하라》, p.261 참고

210 켄 피셔에 따르면 초창기에는 30개 정도였지만 서서히 줄어들어서 1990년대에는 6개의 종목만 보유하였다. 필립 피셔, 《위대한 기업에 투자하라》, p.267

211 1999년 Tyco에 인수되었다. 1980년대에 미국에서 가장 빨리 성장하는 회사 중 하나였다. 포춘 500 순위에서 1980년 547위, 1994년 293위까지 상승하였다.

212 필립 피셔, 《위대한 기업에 투자하라》, p.85

213 절친인 빌 게이츠조차 컴퓨터를 사용하게 하는 데 실패했다. 2022년 현재도 이메일을 제대로 다룰 줄 모른다.

214 필립 피셔, 《위대한 기업에 투자하라》, p.64

215 양산은 1992년 후지쯔가 최초

216 https://novelinvestor.com/phil-fisher-the-art-of-holding-on, 원 출처는 포브스 1996년 인터뷰

217 다분히 추측에 의존할 수밖에 없다. 《위대한 기업에 투자하라》 p.214에서 매수 시점은 1956년 여름, 매수 단가는 14달러로 나온다. 1987년 포브스 인터뷰에 따르면, 매수 이후 주식 분할로 인해 주식 수는 15배로 불었다. 피셔는 35달러에 일부를 매도했고, 이후

주가는 250달러까지 올라갔다가 50달러 중반까지 하락했다. 인터뷰 시점에는 전량 매도한 것으로 보인다. 평균매도단가를 35달러에 절반, 150달러(250과 50의 평균)에 절반 팔아서 92.5달러, 매도 시기는 보수적으로 1987년이라고 가정하면 31년간 99배, 연환산 수익률 16%가 나온다. 포브스 인터뷰 링크: https://www.waardebeleggen.com/what-we-can-learn-from-philip-fisher/. 1980년에 출간된 《나의 투자 철학》(한국에서는 《보수적인 투자자는 마음이 편하다》의 2부)에서는 최초 매수 시점이 1955년으로 나온다.

218 1930년대 후반에 매도한 것으로 보인다.

219 TI(텍사스 인스트루먼트)의 경우 1955년 말에 최초 투자를 시작하고, 1956년에 대량의 블록딜 매수가 있었던 것으로 보인다.

220 필립 피셔, 《위대한 기업에 투자하라》, p.158

221 필립 피셔, 《위대한 기업에 투자하라》, p.107

222 이런 심리에 관해서는 《주식하는 마음》 1부에서 상세히 설명하였다.

223 1권 8장 '레슨 1. 바텀업'에서도 언급하였다. 어스워스 다모다란의 《투자 전략 바이블》 14장 참고

224 1권 8장 '레슨 2. 10루타'에서 논의하였다.

225 필립 피셔, 《위대한 기업에 투자하라》, p.139

226 한국에서 필립 피셔 스타일로 투자할 수 있는 몇 안 되는 회사였다. 이 사례 하나로 입사 면접 때 했던 치기어린 주장에 대해서 조금은 체면치레를 했다.

227 필립 피셔, 《위대한 기업에 투자하라》, pp.185~186

228 필립 피셔, 《위대한 기업에 투자하라》, p.174

229 필립 피셔, 《위대한 기업에 투자하라》, p.186

230 이 주장이 이론적으로 틀렸다는 점은 10장에서 잠깐 지적했다. 다음 '레슨 2'에서 자세히 다룬다. 매우 중요한 이야기다.

231 필립 피셔, 《보수적인 투자자는 마음이 편하다》, p.24

232 필립 피셔, 《최고의 투자》, p.131

233 원문은 "How effective are the company's research and development efforts in relation to its size?"다. 번역서에는 "기업의 연구개발 노력은 회사 규모를 감안할 때 얼마나 생산적인가?"로 되어 있다. 'in relation to its size'를 어떻게 번역하느냐의 문제인데, 번역서의 뉘앙스는 회사의 규모에 따라 투입해야 할 연구개발 수준이 다르니 규모에 비해 과

다/과소 지출을 하고 있지 않느냐는 뜻으로 해석할 여지가 있다. 본문의 내용을 보면 투입된 연구개발 비용이 그만큼의 성과를 내고 있는지, 개발비를 과다 투입하고도 좋은 성과를 못 낸다면 어떤 사유인지 등을 이야기하고 있다. 그러므로 연구개발 노력이 투입한 만큼의 성과를 거두고 있는지로 번역하는 게 옳다고 생각한다.

234 원문은 "What is the company doing to maintain or improve profit margin?"이다. 번역서에는 "영업이익률 개선을 위해 무엇을 하고 있는가?"로 되어 있다. 원문은 'maintain or improve'이므로 높은 이익률을 유지하는 데에도 노력이 필요함을 전제하고 있다.

235 원문은 "Are there other aspects of the business, somewhat peculiar to the industry involved, which will give the investor important clues as to how outstanding the company may be in relation to its competition?"이다. 번역서에는 "해당 업종에서 아주 특별한 의미를 지니는 별도의 사업 부문을 갖고 있으며, 이는 경쟁업체에 비해 얼마나 뛰어난 기업인가를 알려주는 단서를 제공하는가?"로 되어 있다. 원문의 'aspects of the business'를 '사업 부문'으로 번역했는데, 본문 내용을 보면 조직도상의 어떤 사업 부문이 아니라 부동산 관리 기술, 외부 자금 운용 기술, 보험료 관리 기술, 특허권 등 다른 업종에서는 중요하지 않지만 해당 업종에서는 중요한, 회사의 뛰어난 역량을 입증해줄 수 있는 어떤 특징적인 양상을 의미한다.

236 A company could well be an investment bonanza if it failed fully to qualify on a very few of them. I do not think it could come up to my definition of a worthwhile investment if it failed to qualify on many. 한두 가지가 부족해서 15개 기준 전체를 충족하지 못한다면 그래도 황금알을 낳는 거위가 될 가능성이 있다. 그러나 여러 가지가 모자란다면 내가 투자할 만한 대상이라고 말할 수 없다.

237 피셔의 저작을 보면 매크로에 대한 다양한 언급이 나온다. 특히, 《최고의 투자》 1장은 인플레이션에 대한 내용으로 상당한 분량을 할애한다.

238 'GARP'는 랄프 웬저가 만든 용어다. 당연하겠지만, 랄프 웬저 또한 "기업이 성장한다면 아무 가격에나 사도 된다" 따위의 주장을 하지 않았다. 랄프 웬저도 피터 린치와 마찬가지로, 성장주에 '지나치게 비싼 가격을 지불하지 않기 위한 기준'으로서 'GARP'를 제시했다. 본문의 어설픈 논리대로면 기업이 성장하기만 하면 어떤 주가도 정당화된다. 당연히 틀린 논리다.

239 10장 '기대수익률은 이차원 값이다' 참고

240 잉여현금은 투자자의 기회비용인 할인율만큼 기업 내부에서 증가하거나, 배당으로 (세금 없이) 환원된 후 투자자가 할인율만큼 수익을 거두었으리라는 이상적인 가정이 포함되어 있다.

241 1-(1+할인율)/(1+1차 연도 성장률)=1-(1.1/1.2)=8.33%다. 쉽게 말하자면 PER에서 분모는 할인율만큼 증가, 분자는 1차 연도 성장률만큼 증가했는데 1차 연도 성장률이 할인율보다 크기 때문에 감소했다.

242 괴델에 정통한 모 교수님의 조언을 추가한다. "괴델은 (정수론을 포함한 포괄적) 공리계의 무모순성을 전제로, 공리계의 완전성과 무모순성을 내적 논리로 입증할 수 없음을 증명하였다(여기서 완전성은 '참인 명제를 모두 증명할 수 있음'을, 무모순성은 '어떤 명제도 참이면서 거짓일 수는 없음'을 뜻한다). 하지만 그건 수학을 기계적으로 형식화할 수 없다는 뜻이지, 수학적 구조의 취약함, 즉 체계가 불완전할 수밖에 없다거나 모순이 생길 수밖에 없다는 뜻은 아니다. 오히려 체계 내적 논리의 한계를 체계 내적 논리로 말했다는 점에서 놀라운 성취이며, 수학이 형식 이상임을 보여준 사례라 할 수 있다."

243 물론 회의론으로 가자면 연역 추론이라는 게 과연 가능한 일인가 하는 근본적인 의문에 봉착하기는 한다. 칼 포퍼의 《삶은 문제해결의 연속이다》, 장하석의 《과학, 철학을 만나다》, 리처드 파인만의 《과학이란 무엇인가》 등에서 쉽게 설명해놓았다.

244 어스워스 다모다란, 《투자 전략 바이블》, 7장 참고

245 엄밀히 말하면 자기자본비용=자기자본의 할인율=주식투자자의 요구수익률이다.

246 물론 T1~T3도 미래니까 확률적으로 분포하는 건 마찬가지다. 다만 차이는 인간의 인지능력으로 어떻게든 정교하게 예측해보고자 시도하는 게 이 3년이고, 3년 사이에 어떤 일이 일어날 수 있는지는 다수의 시나리오, 즉 모델 1(좋은 시나리오), 모델 2(중간 시나리오), 모델 3(나쁜 시나리오) 하는 식으로 좀 더 섬세하게 작성하기 때문에 개별 모델에서 E1~E3에 확률을 고려할 필요는 없다. 모델링 후 개별 모델의 발생 확률을 고려한다. 10장. 할인율 참고

247 그리고 이런 식으로 예측가능기간을 늘린 모델링으로 사용해봤자, 본문에서 지적한 T1 시점에서 적정 PER이 감소하는 문제(할인율만큼만 가치가 늘어나는 문제)는 여전하다.

248 실제로 가치 곡선은 Y축에서 훨씬 더 위쪽으로 가야 한다(아래 이익 곡선의 모든 값의 현재가 합산이 가치이므로). 가독성을 위해 아래로 내렸다.

249 의도하고 이렇게 그린 건 아니고, 그리다 보니 이렇게 되었다. T1, T2, T3 시점의 실제

이익이 과거 예상치보다 좋게 나왔으면 당연히 더 좋다. 실제 이익이 과거 예상보다 조금 나쁘더라도 오히려 가치가 상승할 수 있고, 이게 피셔 스타일 투자의 큰 매력이라는 점을 보여주는 것이니, 오해 없기 바란다. 1권 7장에서 서술한 버핏의 아멕스 투자가 그 전형적인 사례이고, 그래서 피셔가 버핏의 스승으로 불릴 수 있다.

250 필립 피셔, 《보수적인 투자자는 마음이 편하다》, p.65

251 스콧 채프먼, 《더 레슨》, 18장 투자에 대한 영향과 관점. 원 출처는 Outstanding Investor Digest, May 5, 1995, transcript of Charlie Munger's lecture to USC School of Business April 14, 1994.

252 https://buffett.cnbc.com/video/2000/04/29/morning-session---2000-berkshire hathaway-annual-meeting.html 버크셔 해서웨이 주주총회 2000, 오전 세션 챕터 16

253 리처드 코너스, 이건 역, 《워런 버핏 바이블》, 1장 주식투자, '내 눈에 콩깍지' [2004]

254 필립 피셔, 《위대한 기업에 투자하라》, p.142

255 필립 피셔, 《위대한 기업에 투자하라》, p.143

256 필립 피셔, 《위대한 기업에 투자하라》, p.140

257 필립 피셔, 《위대한 기업에 투자하라》, p.145

258 필립 피셔, 《위대한 기업에 투자하라》, p.224

259 필립 피셔, 《위대한 기업에 투자하라》, p.152

260 필립 피셔, 《보수적인 투자자는 마음이 편하다》, p.64

261 1987년 인터뷰, "There are three things to decide on your action here. The first one is selectivity, the second one is selectivity, and the third one is selectivity! I would be very surprised if a lot of stocks hadn't reached a height a few months back that they are not going to reach again. So selectivity is going to be the key. People who think a stock is attractive because it is down 63.2% from its high, whereas some other stock is less attractive because it's down only 44.8%, are barking up the wrong tree." https://www.waardebeleggen.com/what-we-can-learn-from-philip-fisher/

262 https://cafe.naver.com/buffettclub/564 버핏클럽 기고문에 켈리 공식의 기본 의미에 대해서 간단히 언급하였다.

263 대표적으로 버핏의 제자를 자처하는 모니시 파브라이, 채권왕 빌 그로스, 기술주 투자의 대가 빌 밀러, 노마드 투자조합의 닉 슬립과 콰이스 자카리아 등이 있다. 퀀트의 대

가인 에드워드 소프나 제임스 사이먼스는 말할 것도 없을 테고.

264 가격이 5,000원이 되면 베팅 비율은 100%, 즉 '올인'이 최적 투자 비중이 된다(가격이 더 낮아지면 100%를 초과하는 베팅 비율도 나온다). 가격 5,000원에서는 a가 40%로 감소하는데, 현실적으로 주식투자에서 반토막은 언제든 날 수 있으므로 특별한 근거 없이 50% 미만의 잠재손실을 가정하는 것은 위험하다. 거듭 이야기하지만 본문의 설명은 이 비율대로 베팅하라는 것이 아니라 각 변수의 변화가 베팅 비율에 어떻게 영향을 미치는지 직관적으로 이해하기 위함이다.

265 1권 8장 '레슨 2'의 주석에서도 켈리 기준을 잠깐 언급했었다. 거기서는 2:1 이상의 손익비에서 베팅하라고 간단히 이야기했었는데, 그 이유가 여기에 나온다. 여기서 예시로 든 1:0.7의 손익비는 실제 베팅을 하기에 그다지 매력적인 비율이 아니다.

266 '어설픈 GARP 논리'에서의 PER이 유지된다는 가정과 같은 이야기 아니냐는 반론이 있을 수 있다. '레슨 2'에서도 언급했지만, '어설픈 GARP 논리'는 기대수익률도 베팅 비율도 아무것도 말해주지 않는다. 그저 성장이 모든 걸 해결해준다는, 말 그대로 어설픈 논리다. 피셔의 '경영진에 대한 판단'이라는 기준은 'GARP'의 관점에서 다시 해석하자면, 'PER이 유지될 수 있도록 하는 힘'을 뜻한다. 즉 '어설픈 GARP 논리'에서 제시한 어설픈 가정의 맹점을 보완해주어서 진정한 성장주 투자가 될 수 있도록 한다.

267 포트폴리오 구성도 '마르코프 체인'이라는 공식으로 최적 값을 구해낼 수 있다. 그러나 여기에는 주식들 간의 상관계수가 변수로 들어간다. 이건 퀀트 투자자가 아닌 이상 도저히 실무에 적용할 수 없다. 대충 '비슷한 유형의 주식만 너무 담으면 위험하다' 정도만 이해하면 된다.

268 배의 식수통을 의미한다. 루머, 가십이라는 뜻도 있다. 현대의 용어로는 'Water Cooler Conversation'을 의미한다. 회사에서 일하다가 직원들이 정수기 앞, 탕비실 근처나 휴게실 등에서 잡담을 나누는 모습을 연상해보자.

269 필립 피셔, 《최고의 투자》, p.187

270 https://buffett.cnbc.com/video/2018/05/05/afternoon-session--2018-berkshire hathaway-annual-meeting.html 버크셔 해서웨이 주주총회 2018, 오후 세션 챕터 20

271 필립 피셔, 《최고의 투자》, p.191

272 전월의 수출입 실적에 따라 매월 업데이트된다. 한국무역협회 Kstat이나 관세청의 수출입 무역통계 사이트 등에서 확인 가능하다. 이 자료를 취합해주는 사설 서비스도 있다.

투자자들은 이를 통해 기업의 실적을 미리 예측해볼 수 있다. 다만 다수 기업의 품목코드와 지역이 겹치는 경우 어떤 회사의 수출인지 알 수 없고, 코드 분류가 달라지는 경우도 있으며, 3개월 수출 실적과 기업의 분기 실적이 꼭 일치하지 않는 경우도 있다. 그리고 HS CODE 조회는 이제는 꽤 널리 알려진 방법이라, 이런 사소한 '정보 우위'가 초과수익으로 연결될지는 추가로 고민이 필요하다.

273 필립 피셔, 《최고의 투자》 p.200에는 "기업 경영진을 직접 만나거나 전화 통화를 해서 내부 정보를 취득"한다는 표현이 나오고, p.201에는 "기업 경영진이 보내는 신뢰도도 상승해 계속해서 중요한 내부 정보를 얻을 수 있다"는 표현이 나온다. 이는 심각한 오해를 낳을 수 있는 번역이다. 내부자 정보(insider information)를 취득하여 투자에 활용하는 것은 엄격하게 규제하고 있는 불법 행위다. 자칫하면 필립 피셔의 '사실 수집'을 기업 경영진과 친하게 지내서 내부자 정보를 얻으라는 것으로 잘못 해석할 수 있다. 상장기업은 주가에 현저한 영향을 미칠 수 있는 내부 정보를 미공개 정보로 규정하여, 사전 유출을 엄격히 금지한다. 공개 가능한 정보는 가능한 한 다수에게 균등하게 공개하도록 하고 있으며, 기업과 미팅을 할 경우에는 공개 가능한 수준에서 좀 더 디테일한 정보를 얻을 수 있을 뿐이지 미공개 정보를 얻는 게 아니다. 해당 번역의 원문은 "Interviews or telephone conversations with corporate officials about their own company's affairs", "to win the loyalty of the management of such companies and, thereby, to keep themselves well informed from that time on"이다. 여기서 나오는 'company's affair'나 'keep themselves well informed'는 공개 가능한 수준에서의 경영 현황에 대한 정보를 잘 업데이트한다는 의미로 보아야 한다.

274 빌 밀러는 투자에 대략 세 가지 경쟁우위-정보 우위, 분석 우위, 심리 우위-가 있다는데, 이 중에서 분석 우위와 심리 우위가 합쳐졌을 때 지속가능한 경쟁우위가 된다고 하였다. 《노마드 투자자 서한》, 2005년 반기 서한 참고

275 더글라스 호프스태터는 《사고의 본질》(아르테, 2017)에서 사고의 본질은 유추이며, 유추와 범주화는 같은 개념이라고 하였다. 인간의 사고방식은 다층 추상화 모듈로 모델링할 수 있는데, 특정 인풋에 대해서 상위 모듈이 발화되면서 유추가 진행된다. 논리적 사고나 미래 예측은 모두 이러한 사고 과정의 결과물이다. 한편 상위 모듈을 발화시키는 역치는 발화가 반복될수록 낮아진다(물리적으로는 시냅스 간의 연결이 공고해진다). 상위 모듈의 발화 과정은 범주화다. 따라서 외부 자극에 따른 추상화가 진행될 때마다

다음 자극에 따른 범주화 패턴이 달라진다. 그러므로 특정 행위(나쁜 짓을 했다)가 있을 때마다 행위자 분류(나쁜 짓을 하는 아이이다), 즉 미래 패턴 예측(앞으로도 나쁜 짓을 할 것인가)은 계속 달라진다.

276 "The difference between successful people and really successful people is that really successful people say no to almost everything."

277 제목이기도 한 '성공 투자 5원칙' 챕터는 크게 의미를 두지 않아도 된다.